来訪神事典

平　辰彦

JN125554

新紀元社

目　次

凡　例

◎項　目

　1．本辞典は、仮面・仮装の来訪神に関する545項目を選択し、4つの大きな項目に分類、それぞれの来訪神について概説をつけた。

◎配　列

　1．項目は「Ⅰ大和文化圏の来訪神」、「Ⅱ琉球文化圏の来訪神」、「Ⅲ混合文化圏の来訪神」、「Ⅳ海外の来訪神」に分類し、それぞれ五十音順に配列した。

◎文体・用字

　漢字まじりのひらがな書きとし、かなづかいは引用文を除き、現代かなづかいを用いた。

◎年次・年号

　年次表記は原則として和暦を用い、人名の生没年次を示す時は、（　　）内に西暦で示した。

　記述の最後に主要な基本文献となる著書・論文などをあげ、来訪神の研究の便を図った。

◎記　号

　『　　』書名・叢書名などをかこむ。

　「　　」論文名、引用文などをかこむ。

　太字　　特に強調する語句などに用いる。

　〜　　　年号などの数の幅を示す。

◎付　録

　主要な来訪神の行事を示した

序　ユネスコ無形文化遺産となった来訪神

■ 来訪神とは

　世界の様々な国で仮面・仮装の来訪神の出現する祭りがある。来訪神は「おとずれ神」とも呼ばれ、時を定めて人々を訪れ、幸いを与えて災厄を祓う神である。『日本民俗大事典』（吉川弘文館）では、来訪神とは「異界からこの世へ定期的に現われる神」と定義されている。「異界」は日常社会から遠く離れたところにあると考えられているが、実は、ヨーロッパや日本の神話には、「異界」との交流が多く語られている。ヨーロッパでは、「異界」は、森、洞窟、地中、泉などが、日本では、日常世界から離れた天上、山上、海上、あるいは海底、地下がイメージされることが多く、季節の切れ目に「異界」は口を開くと信じられている。こうした「異界」から訪れると信じられている来訪神は「異人」とほぼ同意語として用いられている。遠方から訪れるその姿は**可視化**され、その姿は祭りにおいて仮面・仮装で出現する。

■ 「異人」と「マレビト」

　文化人類学者の岡正雄は『異人その他』で「異人」を「自分の属する社会以外の者」で「畏敬と侮蔑との混合した心態をもって、これを表現」したものと述べている。岡は「異人」の特色として次のような項目をあげている。

(1)「異人」は**季節を定めて**来訪する。
(2)「異人」は**畏敬されつつ歓待**される。
(3)「異人」はその表徴する**音を立てる**。
(4)「異人」は**訓戒を与える**。
(5)「異人」は**冬至**に関係している。

　これらの「異人」の特色は来訪神にも共通して認められる。民俗学者で国文学者の折口信夫は、こうした「異人」を「マレビト」と命名した。「マレビト」は、季節の境目に蓑笠を身につけ、鬼の面などをかぶった「人神的来訪

神」を指す。この「マレビト」の信仰は祭りや民俗儀礼などに際し、「常世」から「稀に来る人（稀人）」に神の姿を認め、神は人々を祝福するという観念である。折口は「マレビト」の故郷である「異界」を「常世」と考え、そこは、常闇の死者の国と考えていたが、後に「常世」は海の彼方にあると考えるようになり、「マレビト」とは海の彼方より訪れる「人神的来訪神」であると論じている。「マレビト」は、本来、年に1度きりの訪れで集落のすべての人々の前に現れ、1年の行事を果していたが、後世には「マレビト」は集落内の各家を訪れ巡るようになった。折口によれば、こうした来訪神の行事は、初め集落全体の「公の祭り」の行事だったものが、その後、集落内に階級が成立すると、最初に大家（旧家）を訪れ、その後、各家を訪れるようになった。

　秋田県の男鹿の「ナマハゲ」行事では、当日、「ナマハゲ」に扮する者は神社に参拝してから集落の各家を巡る。男鹿の北浦2区では、「ナマハゲ」は「オヤゲ」と呼ばれる旧家の家を最初に訪れてから、各家を巡る。

　男鹿の「ナマハゲ」行事にみられるように、定められた時期に仮面・仮装で各家を訪れることと家人への「予祝儀礼」は来訪神行事に共通した重要な要素であると考えられる。

■ ユネスコ無形文化遺産登録

　2018年11月29日、10件の来訪神行事がユネスコ（国連教育科学文化機関）無形文化遺産保護条約の代表一覧表に「来訪神：仮面・仮装の神々」として記載された。

　2019年5月27日には、文化庁にてユネスコ無形文化遺産「来訪神：仮面・仮装の神々」の認定書の伝達式が開催され、さらに2020年2月7日、ユネスコ無形文化遺産登録記念「来訪神サミット 2020 in Oga」が男鹿市民文化会館大ホールにて開催された。パネリストには文化庁の小林稔をはじめ、秋田県男鹿市の男鹿のナマハゲ保存会、石川県輪島市の能登のアマメハギ・面様年頭保存会、石川県能登町の秋吉地区アマメハギ保存会、山形県遊佐町の遊佐のアマハゲ保存会、宮城県登米市の米川の水かぶり保存会、岩手県大船渡市の吉浜スネカ保存会、鹿児島県薩摩川内市の甑島のトシドン保存会、鹿児島県三島村の硫黄島の八朔太鼓踊り保存会、鹿児島県十島村の悪石島の盆踊り保

存会が参加し、「来訪神行事を未来へつなぐ」をテーマに次の世代にどのように来訪神行事を継承してゆくべきか、ディスカッションされた。その後、ユネスコ無形文化遺産に登録された参加団体のうち、秋田県・「男鹿のナマハゲ」、石川県・「能登のアマメハギ」、山形県・「遊佐の小正月行事（アマハゲ）」、宮城県・「米川の水かぶり」、岩手県・「吉浜のスネカ」の5つの来訪神行事の実演が披露された。

　以下、10件の来訪神行事が、どのようなものかを、文化庁の報道発表資料「来訪神：仮面・仮装の神々」を参考にその内容を紹介したい。

① 鹿児島県薩摩川内市の「甑島のトシドン」

平成21年（2009）ユネスコ無形文化遺産登録
所在地：鹿児島県薩摩川内市　指定年月：昭和52年（1977）5月17日
保護団体：甑島のトシドン保存会

■ 概要

　「甑島のトシドン」は鹿児島県薩摩川内市の下甑島の集落に伝承されている正月の来訪神行事である。各集落では毎年、大晦日（12月31日）の晩に、長い鼻で大きな口の奇怪な仮面をつけ、藁蓑の他、棕櫚や蘇鉄の葉などをまとい、「トシドン」と称する神が、山の上に降り立ち、首のない馬に乗って人里を訪れるとされ、子どものいる家々を巡り歩いて、新年を祝福する。

　「トシドン」には、男たちが扮する。家に着くと、各戸の戸口で馬の足音をさせて縁側から上半身を乗り出し、屋内へ入ると、子どもたちを大きな声で脅し、日頃の暮らしぶりなどを問いただし、良い子になるように諭し、時として褒めるなどする。こうして最後に子どもたちに褒美として「年餅」と呼ばれる大きな丸餅を与える。子どもたちは背中に大きな「年餅」を載せて四つん這いで運ばなければならない。「トシドン」は家を去る時には、後ろ姿を見せずにあとずさりしながら外へ出ていく。

　民俗学においては、「トシドン」は「年神」の化身と考えられている。訪問の際に子どもたちに与えられる「年餅」はお年玉の原型で「年霊」ともいわれる。子どもたちは「年餅」を貰うことで、ひとつ年をとるとされる。

　この行事は、「トシドン」が年神として訪れ、人々に祝福を与え、訪れるこ

とで年が改まるといった行事でもある。

　類似した行事は全国に分布するが、甑島の「トシドン」は、わが国の年神信仰をよく示しており、南九州の来訪神行事の典型例として重要である。

【写真提供：甑島のトシドン保存会】
鹿児島県薩摩川内市下甑島に伝承されている「甑島のトシドン」。座敷に上がった「トシドン」は、良い子になるよう子どもたちを諭し、子どもたちの背中に「年餅」と呼ぶ大きな餅を載せる。この餅はお年玉の原型。

【写真提供：甑島のトシドン保存会】
子どもたちは「トシドン」から「年餅」をもらうと1歳年をとることができると信じられている。使われる仮面や名称は地域により異なり「トシトイドン」、「トシノイサマ」、「正月ドン」など様々。国の重要無形文化財指定により「トシドン」の名称に統一された。

② 秋田県男鹿市の「男鹿のナマハゲ」

平成23年ユネスコ無形文化遺産「情報照会」
所在地：秋田県男鹿市　指定年月日：昭和53年（1978）5月22日指定
保護団体：男鹿のナマハゲ保存会

■ 概要

　「男鹿のナマハゲ」は秋田県男鹿市の男鹿半島一帯で伝承されている小正月の行事である。現在は、毎年大晦日（12月31日）の晩、「ナマハゲ」と称する神が人里を訪れるとされ、各集落の家々を巡り歩き、新年を祝福する。昭和

20年代（1945〜1954）までは、「小正月」（1月15日）に行われていた。

　「ナマハゲ」の語源は、「ナモミ」を剝ぐ行為にあるといわれている。「ナモミ」とは冬、囲炉裏に長くあたっていると身体にできる火斑をいい、何もしない怠惰の象徴と考えられていた。「ナマハゲ」は、その「ナモミ」を剝ぎとってしまう、「ナモミ剝ぎ」の転訛で、怠惰を戒める意味から、そう呼ぶようになったとされる。

　「ナマハゲ」には各地域の青年たちが扮するが、木の皮やザルに紙や紙粘土を貼るなどして作った恐ろしい鬼のような仮面をつけ、「ケデ」あるいは「ケラ」と呼ばれる藁蓑を着、手には作り物の包丁や手桶・御幣などを持って、「泣く子はいねがー、親の言うこど聞がね子はいねがー」、「ここの嫁は早起きするがー」などと大声で叫びながら、家々を訪問し、子どもがいるところでは、子どもを厳しく戒める。その後、「ナマハゲ」は家の主人に料理や酒で丁寧にもてなされ、次の家へと向かう。「ナマハゲ」が去った後、座敷に落ちたケデの藁くずは無病息災のお守りとして神棚に供えられたりする。「ナマハゲ」は、災厄を祓って、福をもたらす神といわれ、現在も男鹿半島の多くの集落で実施されている。

　この行事は、「お山」（本山・真山）などから「ナマハゲ」が訪れ、子どもに訓戒を、人々に祝福を与え、地域に幸いをもたらすといった行事である。

　類似行事は全国に分布するが、特に「男鹿のナマハゲ」は、わが国の修験道の山岳信仰の形態をよく示しており、秋田県男鹿半島における来訪神行事の典型例として重要である。

【写真提供：男鹿のナマハゲ保存会】
秋田県男鹿市真山地区では、大晦日の晩、「男鹿のナマハゲ」が、真山から夫婦1組で家々を訪れる。顔には角のない独特な仮面、身体には「ケデ」と呼ばれる藁蓑をつけて現われ、子どもたちを厳しく戒める来訪神。

【写真提供：男鹿のナマハゲ保存会】
ナマハゲを迎えた家では、酒や「ナマハゲ御膳」と呼ばれる正月料理などを出して丁重にもてなす。最後に松葉とユズリ葉を添えた「ナマハゲモチ」を渡す。

③ 石川県輪島市並びに石川県能登町の「能登のアマメハギ」

所在地：石川県輪島市・能登町　指定年月日：昭和54年（1979）2月3日
保護団体：能登のアマメハギ・面様年頭保存会

▋概要

「能登のアマメハギ」は、石川県輪島市および鳳珠郡能登町に伝承されている正月や節分に行われる行事である。「能登のアマメハギ」は、「男鹿のナマハゲ」と同様、人々に福をもたらし、災厄を祓う神とされる。

能登半島では、正月中の所定の日（6日・14日・20日など）あるいは節分の日（2月3日）の晩になると、「アマメハギ」と称する神が人里を訪れるとされ、家々を巡り歩き、新春を祝福する。

輪島市の輪島崎町（わじまざきまち）では、「面様年頭（めんさまねんとう）」と呼ばれ、毎年1月14日と20日の2回行われる。14日を「お出で面様（いで）」、20日を「お帰り面様」という。男子児童たちが輪島前神社（わじまさき）で神職の祈祷を受けた後、串柿面（男面）と女郎面（女面）をつけ、夫婦神の「面様」として氏子の家々を巡る。この地区では、「面様」は一切言葉を発しないのが習わしとされている。戸口に来ると、手にした榊（さかき）の小枝で強く叩いて清めてから家にあがり、神棚に拝礼する。家の主人は「面様」を丁寧に迎え、挨拶をする。「面様」は主人から差し出されたお賽銭を受け取り、家を立ち去る。

輪島市河井町の「面様年頭」は、毎年、1月14日に行われる。河井町は大人が「面様」を務める。重蔵神社（じゅうぞう）で神職の祈祷を受けた後、串柿面と女郎面と呼ばれる古面をつけ、「面様」は家々を巡る。戸口で「面様年頭」と声をかけ、

家に入ると、神棚の前で拝礼し、手にした幣で家を祓う。家の主人から賽銭を受け取り、家を立ち去る。

　輪島市門前町皆月の「アマメハギ」は近年まで1月6日の晩に行われていたが、現在は1月2日に実施されている。日吉神社で神職の祈祷を受けた青年たちは、仮面・仮装して「アマメハギ」として3人1組で家々を巡る。

　天狗面をつけた「アマメハギ」は狩衣に手に幣を持つ。「ガチャ」と呼ばれる鬼面をつけた「アマメハギ」は白麻地に浅黄色模様の単衣をはおり、手には、鑿と細工槌を持つ。猿面をつけた「アマメハギ」はハッピ姿で布製の大袋をかつぐ。その大袋には、貰った餅などを入れる。「アマメハギ」は子どもたちの怠惰を戒め、最後に家人から差し出された餅などを、猿面をつけた「アマメハギ」が受け取り、立ち去る。

　「アマメハギ」の語源は、「ナマハゲ」と同様に火斑を意味する「アマメ」を剥ぐ行為にあるといわれている。「アマメハギ」には各地区の青年や子どもたちが扮するが、用いられる面は様々で、天狗面や鼻ベチャ面、猿面、あるいは男面・女面などがある。そして、これも多くの「ナマハゲ」と同じく手には作り物の包丁などを持って、各家を訪れ、「アマメを作っている者はいないか」などと大声で叫び、怠け者や悪い子がいないかを問いただし、怠惰を戒めて去っていく。

　輪島市五十洲では、青年たちは五十洲神社で神職の祈祷を受けた後、天狗面・ジジ面・ババ面をつけ、3人1組で「アマメハギ」に扮し、餅かつぎと共に家々を訪問する。家に入るとまず天狗面の「アマメハギ」が神棚に礼拝し、手にした御幣で祓う。次いでジジ面とババ面をつけた「アマメハギ」が鑿や擂粉木などを振りながら、子どもたちの怠惰を戒める。最後に付き添いの餅かつぎが家人から餅を受け取り、立ち去る。

　能登町秋吉の「アマメハギ」は、毎年、節分の2月3日の晩に実施される。子どもたちが木の皮やボール紙で作った鬼のような面をつけ、藁蓑を着て「アマメハギ」に扮して家々を巡る。家に入ると、手にした作り物の出刃包丁などを振りまわしながら、怠け者を戒め、「アマメ」を剥ぐ仕草をする。

　この行事は、年の初めや初春にあたって「アマメハギ」が訪れ、人々に祝福を与え、地域の厄災を祓うといった行事である。

　類似の行事は全国に分布するが、なかでも「能登のアマメハギ」は、地域

によって「天狗面」が用いられたり、神主が登場するなど、わが国の民間信仰や神道の信仰形態をよく示しており、石川県能登半島の来訪神行事の典型例として重要である。

【写真提供：能登のアマメハギ・面様年頭保存会】石川県輪島市五十洲の「能登のアマメハギ」は、正月2日、男衆と呼ばれる青年たちが仮面をつけ家々を訪れる。中央は鼻の高い朱色の「天狗面」左が「ジジ面」右が「ババ面」をつけた「アマメハギ」。

【写真提供：能登のアマメハギ・面様年頭保存会】輪島市大野町では、「赤鬼」、「青鬼」、「神主」が、門前町では「天狗」、「ガチャ」、「猿」などが「能登のアマメハギ」となって来訪し、子どもたちの怠惰を戒める。

【写真提供：能登のアマメハギ・面様年頭保存会】輪島市皆月では、「アマメハギ」に扮するのは、「天狗」、「ガチャ」と呼ばれる鼻ペチャの面（2面）、「猿」の4人1組。座敷に上がると子どもたちを厳しく戒める。

【写真提供：能登のアマメハギ・面様年頭保存会】石川県輪島市輪島崎町では、「能登のアマメハギ」を「面様年頭」と呼び、正月14日と20日に行われる。両日とも串柿面（男）と女郎面（女）の2人1組で来訪神「面様」となって家々を訪れる。

【写真提供：能登のアマメハギ・面様年頭保存会】石川県輪島市の「能登のアマメハギ」は、地域により使われる仮面、名称なども異なるがいずれも正月の特定の日及び節分に家々を来訪し、怠惰な子どもたちを厳しく戒める来訪神。

【写真提供：能登のアマメハギ・面様年頭保存会】石川県能登町秋吉では、「能登のアマメハギ」行事は毎年節分の夜に行われる。「ボンボロ」と呼ばれる竹筒を作り物の包丁で打ち鳴らしながら、顔には鬼のような面をつけ藁蓑を着て来訪する。

13

④ 沖縄県宮古島市の「宮古島のパーントゥ」

所在地：沖縄県宮古島市　指定年月日：平成5年（1993）12月13日指定
保護団体：島尻自治会、野原部落会

■ 概要

　「宮古島のパーントゥ」は、沖縄県宮古島市の島尻と野原で伝承されている、季節の節目に行われる行事である。島尻では毎年、旧暦9月上旬に、野原では旧暦12月の最後の丑の日に実施されている。この日、「パーントゥ」と称する異形の神が集落内を巡り歩き、地域とその人々の災厄を祓う。「パーントゥ」とは、「お化け」、「鬼神」などを意味する語であり、海の彼方からやってくる来訪神とされている。

　島尻では、この行事を「パーントゥ・プナカ」とも呼び、毎年、旧暦9月上旬の2日間にわたって行われる。「スマサラ・ツカサ」と呼ばれる村人が集落入口に左縄を張り巡拝を行った後、夕方、集落の古井戸に青年たちが集まり、「パーントゥ」に扮する。椎木葛を身体に巻きつけた3人の青年が、井戸の底の泥を身体中に塗りつける。頭上には、「マータ」と呼ばれる芒を結んだものを1本挿す。片手で仮面を顔に当て、もう1方の手に、「暖竹」で作った杖を持って集落を訪問する。途中、出会った人々に厄除けとして泥を塗る。「パーントゥ」は翌日も同様に家々を訪問し、集落を巡る。

　新築の家や赤子のいる家では、福をもたらす神として特に歓迎される。野原では、この行事を「サティパロウ（里祓い）」と呼び、毎年、旧暦12月の最後の丑の日に行われる。全戸の婦人と小学校高学年の男子が参加する。普段着で面をつけ、「パーントゥ」に扮する男子1人、ほら貝を吹く男子2人、小太鼓を叩く男子1人、その他は行列につき従う。一行は大御嶽の近くまで行き、礼拝した後、災厄を祓いながら、集落を練り歩く。婦人たちは頭や腰にクロツグ（ヤシ科の常緑低木）や仙人草を巻きつけ、両手に藪肉桂の小枝を持つ。行事の最後に集落の南西端で身につけていたクロツグと仙人草を棄てる。

　この行事は、秋・冬の節目にあたって神が訪れ、地域とその人々の災厄を祓うと共に、幸いをもたらすと信じられている行事である。

　類似の行事は南西諸島にも分布するが、なかでも「宮古島のパーントゥ」は、沖縄県の来訪神行事の典型例として重要である。

【写真提供：島尻自治会】宮古島市島尻の「パーントゥ・プナカ」。青年たちが古井戸の底の泥を身体に塗りつけ、片手で仮面を顔に当てもう一方の手で杖を持ち、集落を巡る。

【写真提供：野原部落会】宮古島市野原の「サティパロウ」。小学校高学年の男子が顔に「パーントゥ」の仮面をつけ、草を身にまとった主婦たちが両手に小枝を持って家々を訪れる。

⑤ 山形県遊佐町の「遊佐の小正月行事（アマハゲ）」

所在地：山形県遊佐町　指定年月日：平成11年（1999）12月21日指定
保護団体：遊佐のアマハゲ保存会

■ 概要

　「遊佐の小正月行事（アマハゲ）」は、山形県遊佐町（吹浦の女鹿、滝ノ島、島崎）の3つの集落で伝承されている小正月行事である。

　「遊佐の小正月行事（アマハゲ）」の語源は、「ナマハゲ」と同様で「アマメ」を剥ぐ行為にあるといわれている。遊佐町では、冬、囲炉裏（いろり）に長くあたっていると身体にできる火斑（ひだこ）を「アマメ」といい、何もしない怠け者の象徴と考えられていた。「アマハゲ」は、その「アマメ」を剥ぎとってしまう、「アマメ剥（は）ぎ」の転訛（てんか）で、怠惰を戒（いまし）める意味から、そう呼ぶようになったとされる。

　「アマハゲ」は赤鬼、青鬼などの面をつけ、藁（わら）で編んだ「ケンダン」と称す

15

るものを幾重にも身に巻きつけ、若者たちが扮する。多くは、太鼓打ちと「アマハゲ」数名が一団となって巡る。家に入ると、主人と新年の挨拶を交わしたのち、身を揺すりながら、大声をあげ、子どもや娘、若い嫁や若い婿などを威嚇し、やがて太鼓の合図と共に終える。次に、酒や料理で接待を受けるが、この時、当家と「アマハゲ」の間で餅の授受がある。

　女鹿では、昭和初期まで1月15日の小正月に実施されていたが、現在では毎年1月（1・3・6日）の晩に行われる。八幡神社に5人の青年が集まり、「日山（比山）番楽」で使われる「赤鬼（大将）」、「青鬼（大将の妻）」、「ジオウ」、「ガングチ」、「カンマグレ」の面をつけ、「ケンダン」と呼ばれる蓑のような着衣を着て、「アマハゲ」に扮して、家々を訪問し、子どもたちを戒め、丸餅を護符として授けて、立ち去る。「アマハゲ」の残した「ケンダン」の藁くずは「コモジ」と呼ばれ、無病息災のお守りとして神棚に供えられる。

　アマハゲは、家々をまわり終えると、「ホンデ焼き」と称して村はずれで「ケンダン」を焼き、八幡神社に面を返す。

　この行事は、正月の特定の日あるいは2月初午にあたって「アマハゲ」が訪れ、人々に祝福を与え、餅をやりとりするなどして地域の豊穣を約束するといった行事である。

　類似の行事は全国に分布するが、なかでも「遊佐のアマハゲ」はわが国の民間信仰などの形態をよく示しており、山形県庄内地方の来訪神行事の典型例として重要である。

【写真提供：遊佐のアマハゲ保存会】
赤鬼や青鬼の面をつけ、「ケンダン」を身につけた「アマハゲ」と呼ばれる来訪神が子どもたちを厳しく諭しているところ。

⑥ 宮城県登米市の「米川の水かぶり」

所在地：宮城県登米市　指定年月日：平成12年（2000）12月27日指定
保護団体：米川の水かぶり保存会

■ 概要

「米川の水かぶり」は、宮城県登米市で毎年、2月初午に行われる。藁蓑や被り物を身につけた奇怪な姿の者たちが火伏せ（火災除け）を祈願して沿道の家々に水をかけながら、社寺などを参詣する。

代々、宿を務める家で、青年たちと厄年を迎えた男たちが身に纏う蓑状のものと頭にかぶる大きな苞状のものを藁で作り始める。これを「オシメ」という。できあがると、裸になって「オシメ」を身につけ、顔には、竈の煤を塗る。厄年の者は水かぶりに扮することで、厄祓いができると信じられている。水かぶりの一団は、奇声をあげて大慈寺に向かい、境内に祀られている秋葉権現社に詣で、用意された桶の水を本堂の屋根にかけた後、先端に幣束をつけたボンデンを手にした還暦の者を先頭に集落をまわる。神社へ向かう途中の家々では、玄関先に用意されている水をその家の屋根にかける。人々は一団が通りかかると、水かぶりの着衣の藁を抜き取り、火伏のお守りとして屋根の上に載せる。

ひょっことおかめに扮した2人組の「役の者」は家々を訪問して祝儀を貰う。この行事は初午の日以外に実施すると、火事が起こるともいわれている。

この行事は、初午に行われる火災除けを祈願する火伏せの行事であるが、同時に藁蓑や被り物を身につけた奇怪な姿の異装をし、正体がわからないように顔には、竈の煤を塗るなど、異形異装の来訪神行事の要素も合わせ持っている。

「米川の水かぶり」は、わが国の稲作信仰や民間信仰の形態をよく示しており、宮城県北部における火伏せ行事の代表例であると共に、地域的特色を有したものとして重要である。

【写真提供：米川の水かぶり保存会】宮城県登米市で行われている「米川の水かぶり」という来訪神行事。この行事では、「役の者」と呼ばれる「ひょっとこ」の面と「おかめ」の面をつけた2人1組が家々を訪れ、祝儀をもらう。

【写真提供：米川の水かぶり保存会】2月初午の日、藁製の「オシメ」に注連縄を腰と肩に巻きつけ、顔には、竈の煤を塗り、頭には藁製の被り物をかぶった来訪神たちが梵天を持った者を先頭に行列をなし、火伏を願って沿道の家々に水をかけながら集落を巡る。

⑦ 佐賀県佐賀市の「見島のカセドリ」

所在地：佐賀県佐賀市　指定年月日：平成15年（2002）2月20日指定
保護団体：加勢鳥保存会

■ 概要

「見島のカセドリ」は、佐賀県佐賀市蓮池町見島地区で、毎年、旧暦の1月14日に行われていたが、現在は毎年2月第2土曜日の晩に実施されている。「カセドリ」は「加勢鳥」とも表記され、神の使いの雄雌つがいの鳥とされ、青

竹を地面に打ちつけて悪霊を祓うとされる。

　この行事では、2人の青年が顔を隠すように笠をかぶり、藁蓑を着て「カセドリ」に扮し、家々をまわる。「提灯持ち」、「天狗持ち」、「御幣持ち」、「籠担い」などの役も、つき従う。このうち、「提灯持ち」は一行を先導し、「天狗持ち」は赤と青の一対の天狗面を持つ。一行は熊野権現社での儀礼の後、家々を訪れる。

　「カセドリ」は下半分を縦に細かく裂いた長さ2メートルほどの青竹を持ち、これを引きずりながら歩く。家に着くと、「提灯持ち」が主人に挨拶した後、「カセドリ」が玄関に勢いよく飛び込み、青竹を激しく床に打ちつける。家人が「カセドリ」に酒などをふるまうと、それに「カセドリ」は応じるが、訪問中は無言を通し、その後、再び青竹を打ち鳴らし、立ち去る。最後に「提灯持ち」が主人から祝儀を貰い、引き換えに大福帳を渡す。

　この行事に登場する「カセドリ」は神の使いとされ、人々に祝福を与えると共に悪霊を祓う。この行事は、その年の家内安全や五穀豊穣を祈願する行事である。

　類似の行事は全国に分布するが、なかでも「見島のカセドリ」は、地域的特色を有したものとして重要であり、九州北部の来訪神行事の典型例としても重要である。

【写真提供：加勢鳥保存会】「カセドリ」に扮した2人の青年が顔を隠すように笠を深くかぶり、藁蓑を着て、長い青竹の棒を手にして家々を来訪する。

【写真提供：加勢鳥保存会】「見島のカセドリ」は手に長さ2メートルほどの長い青竹の棒を持っている。この青竹は下半分が細かく縦に裂かれており音が出るようになっている。引きずりながら夜道を歩き、家に入ると、この棒を床に打ちつけかき鳴らすように大きな音を立てる。

⑧ 岩手県大船渡市の「吉浜のスネカ」

所在地：岩手県大船戸市　指定年月日：平成16年（2004）2月6日指定。
保護団体：吉浜スネカ保存会

■ 概要

　「吉浜のスネカ」は、岩手県大船渡市三陸町の吉浜地区で、昭和30年代まで毎年、旧暦の1月15日に実施されていたが、現在は新暦の1月15日の晩に行われている。「スネカ」の語源は、冬、囲炉裏の火にあたっている怠け者の身体にできる火斑を意味する「スネカワ」を剥ぐ行為、「スネカワタグリ（脛皮たぐり）」に由来するといわれている。

　この行事では、青年たちは奇怪な仮面をつけて藁蓑などを着て、「スネカ」に扮し、家々を訪れる。かつては、厄年の男性が厄祓いのため「スネカ」に扮した。「スネカ」は手に「キリハ」と呼ばれる小刀を持ち、「ユズケ」と呼ばれる雪沓を履き、腰には、来訪を知らせるアワビの殻を吊りさげ、靴が入った俵を背負う。この靴は「スネカ」がさらった子どもを表している。またアワビは豊漁、俵は豊作を意味するといわれている。腰に下げたアワビの殻がジャラジャラと大きな音を立てることで家人は「スネカ」たちの来訪に気づく。家に着くと、「スネカ」は玄関の戸を揺すり、中に入ると「キリハ」で子

どもたちを威嚇する。「スネカ」は家の主人と問答を交わした後、餅や金銭を受け取り、去っていく。

　この行事は、小正月に「スネカ」とよばれる仮面・仮装の来訪神が訪れ、人々に春を告げ、その年の豊穣をもたらすと共に、怠け者や泣く子を 戒 めるといった行事である。

　類似した行事は全国に分布するが、特に「吉浜のスネカ」は、地域的特色を有したものとして重要であり、わが国の民間信仰の形態をよく示しており、岩手県三陸地方における来訪神行事の典型例として重要である。

　「スネカ」は、奇怪な面を顔につけ藁蓑を着て、背には俵を背負い、手には「キリハ」と呼ばれる小刀を持って訪れる。

【写真提供：吉浜スネカ保存会】岩手県大船渡市の「吉浜のスネカ」は、小正月（1月15日）の晩に「スネカ」と呼ばれる来訪神が山から家々を来訪し、春の到来を祝福する。

【写真提供：吉浜スネカ保存会】「スネカ」は五穀豊穣や豊漁をもたらす神と考えられている。「スネカ」に用いられる面は大きく奇怪な面である。

21

⑨ 鹿児島県三島村の「薩摩硫黄島のメンドン」

所在地：鹿児島県三島村　指定年月日：平成29年（2017）3月3日指定。
保護団体：硫黄島の八朔太鼓踊り保存会

■ 概要

　鹿児島県鹿児島郡三島村の硫黄島では、毎年、旧暦8月1日・2日に行われる八朔の太鼓踊りに伴って「メンドン」と称する来訪神が現われる。太鼓踊りは、豊臣秀吉の朝鮮出兵に従軍した島民が凱旋した際に始められたと伝えられている。「メンドン」は、恐ろしいモノとされ、普段は矢筈岳にいて時を定めて人々の邪気を祓うために訪れるという。

　青年たちは背負い籠に竹ヒゴを組んで紙を貼り、墨と赤絵具で模様を施した「テゴ」と呼ばれる独特の面をつけ、藁蓑を着用して「メンドン」に扮する。手には、神木である「スッベ」と呼ぶ枝葉を携える。仮面をつけるのは、「ニサイ」と呼ばれる青年である。

　8月1日、夕方、歌を歌いながら、鉦を叩く「カネタタッドン」を中心に10名ほどの青年たちが胸に抱いた太鼓を叩きながら、輪になって八朔太鼓踊りを始める。しばらくして突如、「メンドン」が踊りの輪に飛び込んでくると踊り手の周囲を3周まわり、去っていく。その後、次々と何体もの「メンドン」が飛び込んできて踊りの邪魔をし、「スッベ」と呼ばれる葉のついた木の枝で周囲の人々をしきりに叩いたりする。「スッベ」で叩かれると、魔が祓われると信じられている。やがて踊りは終了するが、「メンドン」は3日未明まで島内の集落を自由に歩きまわり、最後に海辺で、鳴り物によって災厄を海の彼方に送り出す「タタキダシ」と呼ばれる行為を行う。

　この行事は、夏・秋の節目にあたって「メンドン」と呼ばれる来訪神が訪れ、地域とその人々の災厄を祓うと共に、幸いをもたらすといった行事である。

　類似の行事は南西諸島に分布するが、なかでも「薩摩硫黄島のメンドン」は、南西諸島の民間信仰の形態をよく示しており、種子島・屋久島地方における来訪神行事の典型例として重要である。

【写真提供：硫黄島の八朔太鼓踊り保存会】太鼓踊りの輪の中に「メンドン」と呼ばれる来訪神が現われたところ。「メンドン」は手に持った枝葉で人々を叩いて邪気を祓う。

【写真提供：硫黄島の八朔太鼓踊り保存会】この写真は八朔の太鼓踊り。「薩摩硫黄島のメンドン」はこの八朔の太鼓踊りに伴って現われる。太鼓踊りとは、歌を歌いながら鉦を叩く「カネタタッドン」を中心に輪になって太鼓を打ち群舞する民俗芸能の総称。

⑩ 鹿児島県十島村の「悪石島のボゼ」

所在地：鹿児島県十島村　指定年月日：平成29年（2017）3月3日指定。
保護団体：　悪石島の盆踊り保存会

▌ 概要

　鹿児島県十島村の悪石島で、毎年、旧暦の7月16日に実施されている来訪神行事。「ボゼ」はこの地域で盆の期間中に6日間ほど行われる盆踊りの最終日である旧暦7月16日に登場する。

　この行事では、3名の青年が赤土を水で溶いた「アカシュ」を地色に墨で縞模様を施した独自の面をつけ、身体には枇榔の葉を巻き、手足には棕櫚の皮やツグの葉を当て、「ボゼ」に扮する。

　また手には、先端に「アカシュ」が塗られた「ボゼマラ」と呼ばれる男根を模した1メートルほどの杖を持つ。

16日、夕刻、盆踊りが一段落すると、呼び太鼓の音に導かれ、「ボゼ」が現われる。「ボゼ」は、「ボゼマラ」の先端に塗った「アカシュ」を人々に擦りつけようと追いまわす。「アカシュ」をつけられると、悪霊が祓われ、女性は子宝に恵まれるという。

　やがて「ボゼ」は太鼓の音に合わせ、踊り始め、次いで激しい太鼓の音で再び暴れ出し、その場を立ち去る。悪石島の人々は、「ボゼ」が邪気を祓って子孫繁栄を促すために現れるという。

　この行事は、夏・秋の節目にあたって「ボゼ」が訪れ、地域とその人々の災厄を祓うと共に、幸いをもたらすといった行事である。類似の行事は南西諸島に分布するが、なかでも「悪石島のボゼ」は、南西諸島の民間信仰の形態をよく示しており、トカラ列島における来訪神行事の典型例として重要である。

【写真提供：悪石島の盆踊り保存会】
「悪石島のボゼ」と呼ばれる来訪神が「ボゼマラ」と呼ばれる杖を手に持ち、その杖を人々にこすりつけて地域と人々の邪気を追い祓う。

【写真提供：悪石島の盆踊り保存会】
ボゼは赤土を水で溶いた「アカシュ」を地色に墨で縦模様を施した独特の面をつけ、身体には枇榔の葉を巻きつけ、手足には、棕櫚の皮やツグの葉を当てがう。「ボゼマラ」の先端についた「アカシュ」を擦りつけられた女性は子宝に恵まれるという。

■日本列島の来訪神文化圏

　仮面・仮装の神々として認識されるこうした来訪神の行事は、南北に長い日本列島では、季節感も農耕暦も多様なため行事の時期、仮面・仮装の実態などに大きな差違が認められる。

　民俗学者・下野敏見は著作『ヤマト文化と琉球文化』の中で、日本列島の来訪神文化は大和文化圏、琉球文化圏、混合文化圏の3つの文化圏に大別することができると指摘している。

　大和文化圏とは鹿児島県のトカラ列島以北の日本列島の本州の文化圏を、琉球文化圏とは沖縄県の琉球列島の文化圏を指し、この両者の混合文化圏が鹿児島県の南部と奄美大島より北の薩南諸島の文化圏である。

　大和文化圏の来訪神は、秋田県の「男鹿のナマハゲ」に代表されるように大晦日や小正月を中心とする冬季に出現する。

　琉球文化圏の来訪神は沖縄県の「宮古島のパーントゥ」に代表されるように旧暦の6月から9月頃の夏季に出現する。

　大和文化圏と琉球文化圏では、何故来訪神の出現時期が異なるのか。その違いを理解するには、まずそれぞれの文化圏で生活している人々の生業について調べてみる必要がある。

　大和文化圏の人々の伝統的な生業は稲作であるが、その早苗のタネマキは春の彼岸をもって始まる。そして梅雨の時期に田植えをし、やがて収穫する。収穫時期は地域や種の品種によっても違うが、大体、旧暦の9月頃が中心となる。この稲作栽培の過程に応じて様々な稲作儀礼が行われる。

　大和文化圏の正月は、このような1年間の稲栽培および稲作儀礼を背景に成立している。

　一方、琉球文化圏では、9月にタネオロシ（種まき）をし、1月から2月に田植え、6月から7月には収穫する。この間にタネオロシの行事が集落ごとに芸能を交えて盛大に行われる。

　奄美大島では、旧暦8月、初丙の日を「新節」といい、先祖の霊を家々に招いて拝み、また新しい節の豊穣と家内安全を願う。南の島の夏正月である。

　八重山列島では、奄美大島の「新節」にあたるのが、「節」である。その時期は、島によって6月、7月に行うところや9月に実施するところもある。

　沖縄の本島でも奄美大島や八重山列島のように夏季に祖霊祭や新年祭が行

われている。

　大和文化圏と琉球文化圏の生業暦を比較すると、その相違がはっきりする。すなわち大和文化圏の**冬正月**と琉球文化圏の**夏正月**は、それぞれ夏作システムと冬作システムの生産システムに対応して成立しているのである。

　来訪神はタネマキやタネオロシにも現れるが、最も顕著に出現するのが、収穫祭とそれに続く正月を中心とする時期である。

　下野敏見は大和文化圏と琉球文化圏の来訪神の出現時期や背景を次のような図式で示している。

　　大和文化圏……夏作システム（稲作優越）➡冬正月➡来訪神の出現
　　琉球文化圏……冬作システム（畑作優越）➡夏正月➡来訪神の出現

　上記のように大和文化圏と琉球文化圏の来訪神の出現時期の相違は、生産システムの差違によるものである。

　さらに南九州から薩南諸島にかけての地域の来訪神が、夏、冬、2つの時期に出現する理由も、この地域が冬作システムと夏作システムの混合地域であることによる。

　大和、琉球両文化圏の接点に近い鹿児島県の十島村「悪石島のボゼ」などは、夏に出現し、同じ地域でありながら「甑島のトシドン」は冬、「硫黄島のメンドン」は「ボゼ」と同様に夏に出現する。同一地域でありながら、夏正月と冬正月が混在するところから、薩南諸島は混合文化圏と考えられる。

　これらの文化圏に登場する来訪神行事は主に農村部で行われていて、若者や子どもが仮面・仮装して来訪神に扮することが多い。彼らは分散して家々を訪れ、子どもに訓戒を与え、持参した贈り物を配り、唱え言を言って、人々を言祝ぐ。人々はこうした来訪神に餅や米などをもって返礼する。

　10件の来訪神行事は、国の主導のもと、典型的事例として日本政府によって提案され、ユネスコという国際機構に認められた。

　この10件の選定は、危機的伝承を守るという無形文化遺産の理念に即した登録であり、その影響力は大きく、今後、来訪神の用語やそのイメージは、この10件をモデルとして定着していくと思われる。文化庁では、この来訪神行事を次のように定義している。

　「正月など年の節目となる日に仮面・仮装の異形の姿をした者が来訪神として家々を訪れ、新たな年を迎えるにあたって怠け者を戒めたり、人々に幸や福をもたらしたりする行事」

　登録された10件の来訪神行事は、いずれも具体的な姿で出現する来訪神だが、全国的な視点から来訪神行事をみてみると、能登半島の「アエノコト」のように具体的な姿を見せない**不可視**の来訪神行事もある。

　各地で実施されている来訪神行事には、このように様々なタイプがあるが、ユネスコに登録された10件の来訪神行事は、いずれも**可視化**された「仮面・仮装の異形の姿」をしている行事が対象とされている。

　本著では、ユネスコ無形文化遺産に指定された10件の来訪神行事を中心に日本及び世界各国の仮面・仮装の来訪神行事の開催時期、起源・伝承、仮装の姿、仮面の形態、素材、地域の信仰、風土、行事の内容を理解する上で必要な用語について解説を試みた。この事典を通して仮面・仮装の来訪神が、どのようなものかを理解し、その全体像を知っていただければ、幸いである。

日本の来訪神の分布図

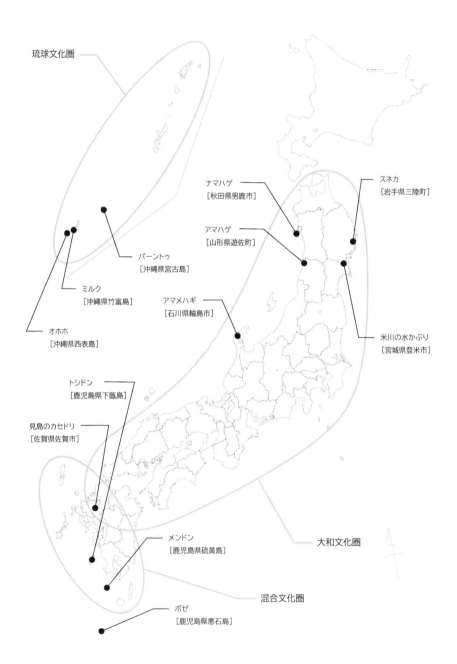

琉球文化圏

ナマハゲ
[秋田県男鹿市]

スネカ
[岩手県三陸町]

アマハゲ
[山形県遊佐町]

パーントゥ
[沖縄県宮古島]

ミルク
[沖縄県竹富島]

アマメハギ
[石川県輪島市]

米川の水かぶり
[宮城県登米市]

オホホ
[沖縄県西表島]

トシドン
[鹿児島県下甑島]

見島のカセドリ
[佐賀県佐賀市]

大和文化圏

メンドン
[鹿児島県硫黄島]

混合文化圏

ボゼ
[鹿児島県悪石島]

様々な来訪神

I 大和文化圏の「ナマハゲ系儀礼」

▌幸をもたらし、災厄を祓う異形の神

　日本の来訪神行事は、北は青森から南は琉球列島まで分布しているが、大和文化圏では、師走の大晦日あるいは小正月の晩に来訪神が出現する。秋田県男鹿市の「ナマハゲ」は現在、大晦日の晩に集落内の家々を訪問するが、本来は小正月の民俗行事であった。民俗学者の柳田國男は「ナマハゲ」を「小正月の訪問者」と呼んでいて、「年の折り目・年越しの晩に神が来臨して、祝福を与える行事」として知られている。

　文化人類学者、民俗学者の小松和彦は、「小正月の晩に行われる、鬼もしくはそれに類する仮面・仮装の行事」を「ナマハゲ系儀礼」と呼んでいる。こうした「ナマハゲ系儀礼」は大和文化圏に集中して認められる。

　秋田県男鹿市の「ナマハゲ」をはじめ、青森県の津軽地方の「カパカパ」、岩手県大船渡市の「スネカ」、宮城県登米市の「米川の水かぶり」、山形県遊佐町の「アマハゲ」、石川県輪島市の「アマメハギ」、福井県福井市の「蒲生町のアッポッシャ」や「白浜町のアマメン」などは、代表的な「ナマハゲ系儀礼」である。

福井県福井市の「蒲生町のアッポッシャ」
【写真提供：福井市】2月6日の夜、福井県福井市越廻地区の蒲生の集落に、「アッポッシャ」と呼ばれる来訪神が海からやって来て家々を訪れる。「アッポッシャ」は紺染めの麻の作業着を着て鬼の面をつけている。

福井県福井市の「白浜町のアマメン」
（県指定無形民俗文化財）
【写真提供：福井市教育委員会・白浜町アマメン保存会】「白浜町のアマメン」は毎年2月3日の晩、画用紙にアマメンの顔を描いた面をつけ4人1組で、家々を訪れる。「悪い子はいないか」と叫びながら子どもへ詰め寄り、「悪いことをしないと誓うか」との問いかけに「悪いことはしない」と誓う子ども。

　江戸時代後期の旅行家、博物学者の菅江真澄は、「ナマハゲ」の名称を、炉の火にあたり過ぎるとできる火斑を意味する「ナモミ」を剥ぐことから「生身剥」となったと述べていて、この「火斑語源説」は広く知られている。また、「アマミハギ」、「ナモミタクリ」と呼ばれる来訪神もいるが、「アマミ」も「ナモミ」も同じく火斑を意味する地域語（方言）で、それを剥ぐ者を「アマミハギ」、「ナモミタクリ」という。

　秋田県男鹿市の「ナマハゲ」は、他の地域に較べて「ナマハゲ系儀礼」が同時期に集中して実施される。

■ ナマハゲ文化圏

　民俗学者でナマハゲ研究家として知られる鎌田幸男は、「ナマハゲ」の原像を考える上で、現在の男鹿市、そして隣接する若美町、天王町の3地域を「ナマハゲ文化圏」と呼び、そこには、「ナマハゲ」の古い民俗が濃密に残っていると指摘している。また男鹿市の「お山」といわれる本山と真山は、古くから修験の山として知られており、山岳信仰の強い影響を受けている。

■ 神と鬼の二面性

　来訪神としての「ナマハゲ」は、家々を祝福するために訪れる善なる**神**としてそれを迎える家の主人に接遇される一方で、その家の子どもたちにとっては、恐ろしい仮面をつけて乱暴を働く邪悪な**鬼**のような存在として意識される。

　「ナマハゲ」には、このように**神**としての側面と**鬼**としての側面の二面性が認められ、そこには、民俗芸能にみられるプリミティブな形態が残されている。

　日本の仮面芸能は、古来、土着の文化に渡来の文化を混在させながら、様々な要素を重層的に複合させ、歴史的に発展してきた。

　男鹿市の「ナマハゲ系儀礼」も地元の人々の素朴な空想的な産物ではなく、様々な文化や信仰が複合され、形成されたものであると想定できる。

■ 秘密結社と「ナマハゲ系儀礼」

　民族学者の岡正雄は、この「ナマハゲ系儀礼」に「母系的・秘密結社」の痕跡を認め、それが「メラネシアやニューギニアの母系的・タロ芋栽培民社会の秘密結社」と類似していると指摘、「神－祖霊－妖怪として村々に出現し、女や子どもを威嚇する」いわゆる「秘密結社」の「民俗化したもの」と見なしている。そしてこの文化の一分流が中国を経て日本に渡来したものと想定している。

　文化人類学者の中村たかを（本名・中村俊亀智）はこの岡の説を踏まえて「ナマハゲ」に「祭祀的秘密結社」の痕跡を見出している。

　このように「ナマハゲ系儀礼」のこうした始原的研究は民俗学や比較民俗学、文化人類学の視点から考察されてきているが、未だ定説といえるものが

ない。

　しかし、中国や朝鮮半島における民俗行事との比較研究が進み、文化人類学者の大林太良らによって日本・中国・朝鮮半島などの文化に著しい共通性があることが指摘されており、比較民俗学の視座に立った研究から新しい「ナマハゲ」の原像が探究されつつある。

■ 東アジアの仮面芸能と「ナマハゲ」の原像

　中国を中心とした共通の暦と年中行事の体系が存在する東アジアの世界の仮面行事には、日本の「ナマハゲ系儀礼」を想起させるものがある。その原像には、山岳信仰の修験道をはじめ、天台密教・真言密教などの仏教、道教、神道などの他、中国や朝鮮半島の鬼や翁の芸能の影響も認められる。特に災いを祓い、福を招くことを目的として中国で行われている「儺戯（宗教性のある仮面芸能）」の祭りで用いられる鬼の仮面には、「ナマハゲ」の仮面と造型が似ているものが認められる。

　中国民俗学者廣田律子が著書『鬼の来た道』で紹介している中国・貴州省の「ツオタイチー（撮泰吉）」や中国・湖南省のトゥチャ族の「マオグース」の仮面・仮装には、祖先霊（祖霊）としての性格が強く現れている。

　また中国・江西省の石邨村では、旧暦の正月、儺戯祭りの最終日に祖先を模した仮面をかぶった鬼が、家々を訪ねて厄を祓う。

　「ナマハゲ系儀礼」の原像には、中国のこうした正月行事にみられる鬼の芸能と共通する芸能的要素も認められる。

　民俗学者、国文学者の折口信夫は、「ナマハゲ」を「春来る鬼」と呼び、その鬼を海から訪れる「マレビト」と規定した。

　民俗学者、芸能史研究家の山路興造は修正会の春迎えの行事の中で最も特色のあるものとして国東半島の修正鬼会を取り上げているが、そこに登場する鬼には折口信夫が「春来る鬼」と呼ぶ「ナマハゲ」の原像が認められる。

　また同じ国東市の国見町では、「ケベス祭」が毎年旧暦9月14日に行われ、そこには「ケベスドン」と呼ばれる来訪神が登場する。

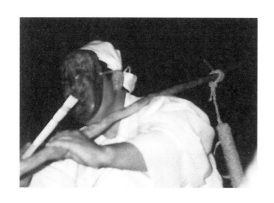

大分県国東市国見町櫛来字古江の岩
倉八幡社の「ケベス祭」
【写真提供：平辰彦】旧暦9月14日、
「ケベスドン」と呼ばれる奇妙な面を
つけたケベス神は「藁苞」を結びつ
けた「サスマタ」と呼ばれる杖を肩
に担い、右手に持った扇子で杖を叩
き、笛と太鼓の拍子に合せて進む。

　ケベスは境内をひと回りし、庭火に向かって突き進む。白装束で火を守る
男たちが突進してくるケベスを棒で遮り、押し戻す。やがてケベスは火の中
に飛び込んで火を跳ね飛ばす。現在は新暦の10月14日に行われている。

■ 男鹿の「赤神」と漢の武帝伝説

　男鹿では、古くから「ナマハゲ」は「お山」と呼ばれる本山・真山からやっ
て来ると答える人が多い。この「お山」は、「本山」を「大峰」と称し、「真
山」を「新山」とも書きならわしていることから紀州熊野山の本宮・新宮に
なぞらえていることがわかる。また早くから熊野修験が入り、熊野信仰の影
響が認められ、平安時代から「天台密教系修験道場」であったと考えられて
いる。

　「お山」の麓には、それぞれ神社がある。「本山」には、赤神神社が、「真山」

には、真山神社があり、どちらも「赤神」を祀っている。この「赤神」を祀る両神社が開創された際には、それぞれ別当寺として日積寺永禅院と遍照院光飯寺があったが、いずれも慈覚大師円仁の開創と伝えられている。

　この男鹿の「お山」には、漢の武帝が飛来したという伝承があり、こうした伝承が「ナマハゲ」の伝説の中にも深く浸透している。特に赤神神社に伝わる「本山縁起別伝」の鬼の伝説は「ナマハゲ」の起源が中国にあることを示唆しており、そこには、「赤神」の謂れと漢の武帝の伝承の関連性が語られている。

　この「本山縁起別伝」によれば、「赤神」は前漢の武帝であり、天より飛翔し、男鹿に至る。この時、「5鬼」は「5色」の「蝙蝠」に姿を変え、武帝の使者として武帝と共に男鹿に飛来したという。縁起に記されている内容は『漢武帝内伝』に基づいて記されており、道教の思想的影響も認められる。

　この縁起は江戸時代末期、男鹿船越村の村役人だった鈴木平十郎重孝の記した『絹篩』に収録されている。また内容を曼荼羅風に描いた「漢武帝飛来之図」と呼ばれる掛け軸も赤神神社に伝えられているが、この画像には、中国の南宋や元の絵画の技法が認められ、中国からの招来物ともいわれている。

　「漢武帝飛来之図」と赤神神社の縁起には、中国の宋代の絵画や信仰の影響が認められる。このことから「ナマハゲ」の源流には、中国の仏教や道教の思想が色濃く反映されていることが確認できる。

　赤神神社の縁起には、「本山縁起別伝」(梅津本縁起)の他に、寛文4年(1664)の「赤神山権現縁起」(根田本縁起)、享保11年（1726）の「赤神山大権現縁起」(吉重本縁起) それに「真山縁起」などがある。このうち菅江真澄が『牡鹿の嶋風』に収めた「赤神山大権現縁起」には、「5鬼」のことが記されている。「5鬼」とは、「眉間」、「逆頬」、「眼光鬼」、「首人鬼」、「押領鬼」。「眉間」と「逆頬」は夫婦で、残りの3鬼は夫婦の子ども3兄弟。この「5鬼」のうち3兄弟の鬼は、「赤神」とその妃と共に「本山」の中腹にある五社堂に祀られている。

　この縁起によれば、「赤神」の本地は「薬師如来」であり、その妃「赤木大明神」は「不動明王」である。そして「眼光鬼」は「普賢菩薩」、「首人鬼」は「文殊師利菩薩」、「押領鬼」は「阿弥陀如来」となっている。この記述から「本山」の中心信仰が天台宗の「薬師如来」の信仰であったことがわかる。

35

秋田県男鹿市の赤神神社の「漢武帝飛来之図」
【写真提供：平辰彦】「赤神」が前漢の武帝であると記
述されている「本山縁起別伝」の内容を曼荼羅風に描
いてある。中央に描かれているのが武帝。ナマハゲ伝
説の原像とも伝えられる5匹の蝙蝠が周囲に描かれて
いる。永遠の生命の象徴である桃の実を武帝に捧げて
いる。

▌男鹿の「赤神」と赤山明神

さらにこの縁起では、男鹿の「赤神」は円仁が入唐後、帰朝して日本にも
たらした中国の異神「赤山明神」であると記されている。「赤山明神」は中国
の山東半島の赤山村の「赤山法華院」で祀っていた守護神である。天慶2年
(939) に記された『慈覚大師伝』によれば、円仁は入唐して「赤山法華院」
に詣で「山神」に求法成就の大願を発し、成就の暁には、日本に勧請して「禅
院」を建立して「山神」の加護に感謝したいと誓ったという。しかし円仁は
生前この宿願を果たすことができなかったので、弟子たちが師の遺言によっ
て、比叡山の西坂本に「赤山明神」を祀った「赤山禅院」を建てたのである。

男鹿の「お山」では、この「赤山明神」は「赤神」と呼ばれ、「十王信仰」
と習合しながら、「泰山府君」に変容していく。その時期は、「十王信仰」が
隆盛を極める鎌倉時代だと想定できる。

▌護法神・「赤山明神」と「摩多羅神」

ところが、天台宗では、仏法守護の護法神「赤山明神」が、道教の神であ
る「泰山府君」であることを認めず、これを円仁が日本へ請来した「摩多羅
神」であるとした。正嘉元年 (1257)、『私聚百因縁集』(巻7) に記された「慈
覚大師事」には、「慈覚大師ノ赤山亦ハ摩多羅神」と記されている。

　また文保2年（1318）にまとめられた『渓嵐捨葉集』（巻67）の「常行堂怖摩事」には、「摩多羅神」は「一切衆生終焉」の時、加持護念し、衆生を浄土に往生させる「奪精鬼（奪精神）」の「鬼神」であると記されている。この記述では「摩多羅神」は「奪精鬼」と同一であるとされている。

　さらに『渓嵐捨葉集』（巻39）の「常行堂摩多羅神事」には、口伝として「摩多羅神」は、その発音の近似から「魔訶迦羅天（大黒天）」と同体とされ、「荼枳尼天」とも同体であると述べられている。

　『十王経』によれば、「荼枳尼天」は「奪精鬼」であり、「大黒天」が降伏して臨終の正念を得た「鬼神」であると説かれている。

　文化人類学者、民俗学者、宗教学者の鈴木正崇は、「摩多羅神」が、このように「大黒天」と「荼枳尼天」と同体化するのは、「調伏する側と調伏される側の関係を高次の結合に導き人間を救済する」とみている。

　また日本神道・仏教美術学者の景山春樹は、『摩多羅神信仰とその影像』で「後世に摩多羅神信仰が福神として広く世俗的な発展を遂げるのは、こうした大黒天との混同や中国における泰山府君の福神としての性格とから来たもの」と推定している。

　男鹿の「ナマハゲ」は、この「摩多羅神」の持つ福神の性格を強く表出しているが、一方で「摩多羅神」の持つ障礙神の性格も合せ持っている。

　男鹿の起源を物語る「赤神山大権現縁起」でも、「赤神」は男鹿の海上渡船の人々にとっては海上渡航を安穏にした護法神だが、その神に無礼なことをすると罰をかぶり、障礙神となる。

　海上渡船の多い男鹿では、「赤山明神」や「摩多羅神」と同一視される「赤神」は広く信仰されたものと想定できる。

　以上のことから「ナマハゲ」の原像は、円仁が中国から勧請した「摩多羅神」に求めることができる。そしてその原像の形成には天台仏教の赤山明神と道教の泰山府君の習合から生まれた赤神信仰が大きな影響をもたらしたとみることができる。

　この「摩多羅神」を祀る祭りとして知られているのが、茨城県真壁郡大和村の雨引山楽法寺の「摩多羅鬼神祭」である。この祭りでは、般若の面をつけた「摩多羅神」が馬に跨り、5色の仮面をつけた「5鬼」を伴って登場する。

雨引観音の「摩多羅鬼神祭」の摩多羅鬼神と5鬼の仮面
【雨引山楽法寺（雨引観音）所蔵】【写真提供：平辰彦】茨城県大和村の雨引山楽法寺（雨引観音）では、11月3日に「マダラ鬼神祭」が行われている。この祭りで摩多羅鬼神は5匹の鬼の眷属を引き連れ、馬に乗って現われる。左が摩多羅鬼神。右上が眷属の5匹の鬼。

■「春来る鬼」と九十九伝説

　男鹿では、この「赤神」は漢の武帝の飛来伝説と結びつけられ、論じられることが多いが、漢の武帝に舞を見せたと伝えられる「舞台嶋」が今も存在していて、「武帝嶋」と称することもある。このような場所を折口信夫は「桁」と呼んだ。折口信夫は「春来る鬼」として海の彼方から来る者は、まず「桁」と呼ばれる場所に上陸し、それから山に登り、「山神」になると考えた。こうした来訪神としての「春来る鬼」の伝説は今も男鹿の人々によって伝承されている。

　また奇岩の多い男鹿には、「ナマハゲ」の起源と直接、関連して語られるものがある。それは、鬼が九百九十九段の石段を造ったという九十九伝説と「逆木」の伝説である。これらは五社堂にまつわる伝説として男鹿の人々にはよく知られており、「鬼の隠れ里」と呼ばれる幾重にも岩が積み重ねられた場所も寒風山にはある。九十九伝説は全国に見られるが、この男鹿の鬼の伝説と類似した伝説が国東半島の修正鬼会が実施されている地域でも見られることは興味深い。

秋田県男鹿市門前町の「武帝嶋」

【写真提供：平辰彦】海上に突き出た岩が「武帝嶋」。この岩石は武帝が海から陸地にあがる前に、一旦降りた場所といわれ、「武帝嶋」は折口信夫が「春来る鬼」で述べている「桁」ともいえる場所である。

寒風山の「鬼の隠れ里」

【写真提供：平辰彦】男鹿半島の寒風山には、「ナマハゲ」の鬼の伝説に関連した鬼が隠れ住んだといわれる「鬼の隠れ里」がある。幾重にも人工的に積みあげられた岩の中には、鬼が住めるような3畳ほどの空間が広がっている。

秋田県男鹿市の「鬼の九百九十九段の伝説」

【写真提供：平辰彦】秋田県男鹿市の「五社堂」に至る石段は鬼が作ったとの伝説がある。「五社堂」の「漢武帝の赤神伝説」と各地に伝えられる「鬼の九十九伝説」が融合され、男鹿の「ナマハゲ」の伝説が誕生したといわれている。

秋田県男鹿市の「鬼の逆木伝説」
【写真提供：平辰彦】五社堂の境内には、杉の古木が
柵の中に横たわっており「逆木の神木」として保存さ
れている。伝説では五社堂に祀られている鬼が杉の大
木を根こそぎ引き抜き、逆さにその大木を差し込んだ
という。

岩戸寺の修正鬼会－「盃の儀」－
【写真提供：平辰彦】院主と松明入衆
の結縁の「盃の儀」では、黒い頭巾に
鬼と書いた白い鉢巻をしめ、背中に
鬼と書いた白い袢纏を着た松明入衆
が院主に対面し、1列に座す。院主は
1人1人に「魂」を入れる。

大分県豊後高田市の長岩屋山の天念寺の修正鬼会

【写真提供：平辰彦】天念寺の講堂で仏の化身である「災払い鬼（赤鬼）」と「荒鬼（黒鬼）」が燃える松明を振りまわし、暴れ踊る。五穀豊穣・無病息災を祈願する天念寺の修正鬼会の最高潮の場面。

大分県国東半島の国東町岩戸寺の角のある災払鬼面と鎮鬼面

【写真提供：平辰彦】岩戸寺では、「荒鬼」を親しみと尊敬を込めて「鬼様」と呼ぶ。この「荒鬼」の面には、額の中央に1本角のある「災払鬼」の面（画面前列中央）と角のない「鎮鬼」の面（前列右）がある。この他、柔和な表情の「鈴鬼」の2面（前列左と後列）がある。

大分県国東半島の国東市の六郷満山の寺院の成仏寺の災払鬼

【写真提供：平辰彦】龍下山・成仏寺の修正鬼会の鬼面には、角のない荒鬼と災払鬼の面があり、僧侶が扮する災払鬼の面には赤鬼の面が使用される。

龍下山・成仏寺の修正鬼会の荒鬼
【写真提供：平辰彦】大分県豊後高田市の国東半島にある六郷満山の寺院で、旧正月に修正鬼会と呼ばれる「正月に修する鬼の行事」に登場する鬼のこと。龍下山・成仏寺では僧侶が扮した荒鬼は松明をもって各集落をまわる。

岩戸寺の修正鬼会－集落の家々を訪れる鬼と松明入衆
【写真提供：平辰彦】岩戸寺では、鬼は松明入衆と共に集落の家々を訪れる。家の戸口で鬼とテイレシは並んで、「オニハヨー、ライショワヨー」とかけ声をかける「三・三・九度の法」を行い、座敷に上がり、読経する。

国東半島の修正鬼会では、鬼は「祖霊」の神として家々を訪れる。この時、鬼の仮面をつけるのは僧侶である。一方、男鹿では、「ナマハゲ」に仮装するのは僧侶ではなく、集落の青年である。

男鹿の「ナマハゲ」が集落の青年によって仮装されるのは、そこに集落社会の秩序を再強化させる目的があり、「ナマハゲ」役の青年が身につける仮面は集落共同体の秩序を表象するものである。そして「ナマハゲ」となった青年はこの行事に参加し、「ナマハゲ」を務めたことで集落の一員として認められるのである。

男鹿の「ナマハゲ系儀礼」には、このような通過儀礼の機能もあり、その時、用いられる仮面には、「鬼神」のもつ2つの側面が集落共同体に生きる大人と子どもたちに示されるのである。

男鹿では、鬼の伝説が「ナマハゲ」の由来として語られているが、この伝説では、鬼は乱暴で恐ろしい邪鬼として描かれる。人々はその鬼の祟りをおそれて神として五社堂に祀ったのである。五社堂に祀られた鬼は、人に乱暴を働く邪鬼から怠け者を諫め、子どもに訓戒を与える「祖霊」の性格を有した「鬼神」に変容するのである。

秋田県男鹿市の「五社堂」
【写真提供：平辰彦】五社堂の全景。中央堂に主神「赤神」を祀り、赤神神社となった。この五社堂には、「赤神」とその妃の他、3匹の兄弟の鬼が祀られている。この3匹の兄弟の鬼が「男鹿のナマハゲ」の原像との説もある。

「ナマハゲ」が祀られている男鹿の「お山」は、長い間、天台宗の仏教が信じられていたが、明徳年間（1390〜1394）には、真言宗に改宗される。特にこの頃は南北朝が合一される時代で、殺伐とした時代の気風が鬼の信仰を生み、「鬼を以って諸民を威嚇し、法を以って鬼を封ずる真言の呪法」が、当時の男鹿の人々に受け入れられ、「5鬼」という思想を生んだものと想定できる。

そこには、「陰陽五行説」などの影響もみられるが、「5鬼」と「5社」は同じ思想で祀り上げられ、「赤神山大権現」などを拝するに至ったと推定できる。

　男鹿の「ナマハゲ」はこのように天台宗が全国に普及し、浸透していった平安時代後期に胎動し始め、鎌倉時代に、「十王信仰」が各地に流布し、「追儺」と称される仏教行事の「鬼やらい」の影響なども受けながら、その姿が形成されたと考えられる。

　男鹿の「ナマハゲ」は、天台宗の「赤山明神」と習合した「赤神」に「十王信仰」などが習合され、「鬼神」の性格が強く表出された「来訪神」としての鬼が男鹿の風土や信仰的土壌を巧みに入れながら創造された。

▌鬼の仮面と「空吹」の仮面

　現在、男鹿の「ナマハゲ」の仮面は多くの地域で鬼面が用いられているが、秋田県内の能代市の「ナゴメハギ」では、鬼の仮面と共に「空吹」の仮面に類した仮面が用いられている。秋田県外では、新潟県村上市の「アマメハギ」、青森県下北郡風間浦村蛇浦の「ナガメヘズリ」、岩手県種市町の「ナモミハギ」でも「空吹」の仮面に類した「ひょっとこ」の面が用いられている。

　「ナマハゲ」という名称が最初に文献に現れるのは、菅江真澄が『牡鹿の寒風』に記した文化8年（1811）の正月の記述で、現在の若美町で「ナマハゲ」を見聞した記事である。

菅江真澄の『牡鹿乃寒かぜ』写本
【秋田県立図書館所蔵】江戸時代の紀行家・菅江真澄が文化8年（1811）に男鹿半島の宮沢集落を描いた「ナマハゲ」。これが「ナマハゲ」の文献初出。そこには鬼の面とウソブキの面をつけた「ナマハゲ」が描かれている。

　この記事によれば、江戸時代の若美町の「ナマハゲ」は、小正月の15日に赤い、角が2本ある鬼の面をつけたものと、緑色の角のない「空吹」の面をつけた者が登場。衣装は「肩蓑」というものを着ている。手には、小刀を持ち、腰には「からからと鳴る箱」をさげ、雪沓を履いている。

　挿絵に描かれた若美町の2体の「ナマハゲ」の仮面は、宗教的行事に使用される「追儺面」の変容した仮面と想定できる。国東半島の修正鬼会の仮面にも鬼の仮面と共に「空吹」の仮面が含まれており、男鹿の仮面の源流を考える上でこの事例は貴重な例証となる。

　「ナマハゲ系儀礼」に使用される「空吹」の仮面は、いわゆる「もどき」の面で、これは農耕多産を祈ることから発したものと考えられる。猿楽の「三番叟」の古い面には、「空吹」の面や「ひょっとこ」の面と同型のものがある。

　古美術研究家、評論家の料治熊太は、『日本の土俗面』の中で、「空吹」の面や「ひょっとこ」の面を猿楽の「黒尉面の末流」であると指摘し、中世における「黒尉面」は「空吹」という名の翁の面であったと想定している。このことから「ナマハゲ系儀礼」で使用されていた仮面には、鬼の仮面と翁の仮面の2つの系統があったと菅江真澄の記述から想定できる。

　「空吹」の面は、室町時代まで寺院で盛んに舞われた「延年の舞」でも使用され、平泉の中尊寺や日光の輪王寺にも所蔵されている。

　天明6年（1786）、菅江真澄は正月二十日、平泉の毛越寺で「延年の舞」を見学し、見聞録を記している。それによれば、「延年の舞」は「摩多羅神」を本尊として実修された。神話学者山本ひろ子が『異神－中世日本の秘教的世界』の中で指摘するように「摩多羅神」には、(1)芸能神、(2)常行三昧堂の道場神、(3)玄旨帰命壇の本尊の3つの属性を認めることができる。

　毛越寺の「延年の舞」では、「祝詞」の演目で「鼻高」の翁の面をつけた者が「摩多羅神」の本地（仏教以外の神を様々な仏の化身として対応させたもの）を秘文として唱える。

■ 日光・輪王寺の北斗七面と摩多羅神

　「摩多羅神」は鬼と翁という対極の存在である2つの仮面を用いて表現されるが、日光の輪王寺には、「北斗七面」と呼ばれる古面が所蔵されている。こ

れらの面は北斗七星を表象しており、制作時期は南北朝から室町時代にかけてと推測され、「摩多羅神の御輿迎え」の七面の行道に使用されたものと伝えられている。「北斗七面」のひとつである「貪狼星《たんろうしょう》」は、「空吹」の口の形をしていて、「空吹」の面にも「摩多羅神」の信仰が色濃く反映されている。

「日光・輪王寺の北斗七面」
【写真提供：日光山輪王寺】男鹿の「ナマハゲ系儀礼」で使用されていた「空吹」の面も輪王寺の「貪狼星」の面も翁を源流とするものであり、そこには、「摩多羅神」の「芸能神」としての性格が強く表出されている。

「日光・輪王寺の摩多羅神と二童子」
【写真提供：日光山輪王寺】日光山は勝道上人が奈良時代末の天平神護2年（766）四本龍寺を建立して開山したと伝えられ、「延年の舞」は久安元年（1145）に創建された常行堂で「摩多羅神」の神事として行われた。

▌男鹿の赤神と日光修験

　男鹿の「赤神山大権現縁起」には、日光山を開山した勝道上人の名が記されている。この記述から男鹿の「お山」の信仰が勝道上人に代表される日光修験の影響下にもあったことが容易に想像できる。

　男鹿の「ナマハゲ」は、このように「摩多羅神」の行事が民俗化され、変容した修験の影響を受けた来訪神の民俗行事であると考えられる。

▌「ナマハゲ」の修験の仮面と修正鬼会の鬼面

　男鹿の各地域で使用されていた「ナマハゲ系儀礼」の面と習俗についてまとめた『ナマハゲ－その面と習俗－（改訂版）』（日本海域文化研究所）には、

江戸後期のものと推定される「ナマハゲ」の面が数面紹介されている。

　例えば、「真山のナマハゲ」は毎年、大晦日に角のない独特な面をかぶり、「ケデ」と呼ばれる衣装を身につけ、集落の家々を巡る。この「真山のナマハゲ」行事は、男鹿真山伝承館で常時、鑑賞することができる。

「ナマハゲ」の衣装「ケデ」
【写真提供：平辰彦】「ナマハゲ」行事で使われる衣装のひとつ。「ケンデ」ともいう。「ナマハゲ」の着る「ケデ」は肩から上体にタスキかけにかけたり、腰にまいたりして用いられる。家を訪れた「ナマハゲ」が落とした藁は、無病息災のお守りとされる。

秋田県男鹿市の「真山のナマハゲ」
【写真提供：平辰彦】秋田県男鹿市真山地区の「男鹿のナマハゲ」において、使われる面は角のない独特な面。目鼻が金色のものは男、銀色は女。どちらも杉の木製。

男鹿真山伝承館（オガシンザンデンショウカン）
【写真提供：平辰彦】男鹿真山伝承館、通称、「なまはげ館」で行われている真山地区の「ナマハゲ」の実演風景。常時、観光客が「ナマハゲ」行事を鑑賞できる機会を設けている。

また毎年、2月に真山神社では、観光用の「ナマハゲ柴燈祭（せどまつり）」が開催される。そこでは、「なまはげ太鼓」や「なまはげ踊り」などが観光客に披露される。

「ナマハゲ柴燈祭」
【写真提供：小賀野実】雪山から鬼の仮面をかぶり、「ケデ」を身につけ、片手に松明を持った「ナマハゲ」たちが行列をなして現れる。これは、男鹿の「ナマハゲ」行事と神事の「柴燈祭」を融合させ、観光化したものである。

男鹿のナマハゲ柴燈の「ナマハゲ（なまはげ）踊り」
【写真提供：小賀野実】「ナマハゲ踊り」は、昭和36年（1961）に秋田県出身の現代舞踏家・石井漠（1886〜1962）が振りつけを行い、その息子の作曲家・石井歓（1921〜2009）が曲をつけた勇壮な創作舞踏である。

男鹿のナマハゲ柴燈の「ナマハゲ（なまはげ）太鼓」
【写真提供：小賀野実】「ナマハゲ太鼓」は、昭和62年（1987）に太鼓店を営む鈴木孝喜により創作された「創作太鼓」で、演奏者は「ナマハゲ」に扮して激しく動きながら、太鼓を打つ。現在まで地元の青年有志らによって伝承されてきた。

最古の「ナマハゲ」の面と思われるのは、船川港地区の小浜の杉彫りの四ツ目の方相氏の面を彷彿とさせる面である。その造型から、この面には中国の「追儺」の方相氏の面の影響が強く認められる。（「方相氏」参照）

秋田県男鹿市船川港地区の「小浜のナマハゲ」
【写真提供：平辰彦】この地区の「ナマハゲ」の面には四ツ目の方相氏を彷彿とさせる杉の木で彫られた古面がある。これは、江戸時代後期のものと推定される男鹿の「ナマハゲ」の面で最古の面のひとつといわれている。

　同じく船川港地区の女川の「ナマハゲ」の面は角がなく、額に3本の波状の線が刻まれている。こうした線が刻まれている面には、熊野系修験の古い呪術的紋様の残滓がうかがわれる。

　男鹿の五里合地区の橋本の「ナマハゲ」の面には、額に6個の植毛孔があり、その下に2条のシワを刻む。この額に刻まれた2条の紋様も修験の面と結びついた紋様であると想定できる。これら橋本、女川の仮面は天台系山岳寺院の修験の芸能である、番楽面の形状ともよく似ている。

　同寺にこの橋本の面の形状、額の下の2条のシワの波線は、国東半島の胎蔵寺の修正鬼会で用いられる「荒鬼面」とも酷似している。

　国東半島の修正鬼会は、中世の時代より天台系山岳寺院で行われており、胎蔵寺は熊野権現を同寺の鎮守としていた。この仮面の類似性から橋本の「ナマハゲ」の面が天台系山岳寺院の熊野系修験の信仰によって造型されたものであることが想定される。

　同じく「ナマハゲ系儀礼」である秋田県象潟町小滝の「アマノハギ」で使用

49

される面も小滝修験の芸能である小滝番楽で用いられる鬼面が使われている。

　山形県遊佐町女鹿の小正月行事「アマハゲ」で使用されている仮面も、遊佐町の杉沢比山の鳥海修験の芸能である「日山番楽」の面（赤鬼・青鬼・ジオウ・ガングチ・カンマグレ）が用いられている。

山形県飽海郡遊佐町の「遊佐の小正月行事（アマハゲ）」

【写真提供：平辰彦】山形県飽海郡吹浦遊佐町女鹿の「遊佐の小正月行事」では、毎年、正月（1月3日）の晩に「アマハゲ」と称する神が赤鬼や青鬼などの面をつけ、「ケンダン」と称するものを身に巻き、「ホーホー」と奇声をあげ、家々を訪れ、新年を祝福する。

遊佐町滝ノ浦の「遊佐の小正月行事」では、毎年、正月元日（1月1日）の晩に、「アマハゲ」の角のない翁の面をつけて声を出さずに、家々を訪問する。

遊佐町から鳥海山系に向かったところにある集落で行われている杉沢比山の番楽で使用される面を「アマハゲ」の面として使用している。左から「尉面」、「ガンゴジ」、「青鬼面」（古）、「赤鬼面」（古）、「青鬼面」（新）、「赤鬼面」（新）。

　男鹿でも、かつてはこうした修験の番楽面が用いられていたところがあり、修験の番楽面と「ナマハゲ系儀礼」の面には類似性が認められる。このような仮面の類似性からも「ナマハゲ系儀礼」と修験の信仰とは密接な関わりがあることがわかる。

■「ナマハゲ系儀礼」とは

　ここまで、大和文化圏における中心的な来訪神行事である「ナマハゲ系儀礼」に焦点を当てこの文化圏を概観してきたが、「ナマハゲ系儀礼」に共通する要素がいくつかあるので、最後にまとめて記しておくこととする。

　来訪神の出現時期が大晦日から正月にかけて、あるいは、小正月、節分など「年の変わり目」であることから「年神」としての性格を有した予祝儀礼である。

　「ナマハゲ」、「ナマメハギ」、「アマハゲ」、「スネカ」など、怠惰な者の象徴である火斑を剥ぐ行為がその名称の由来になっていることや子どもたち、初嫁などを厳しく戒めることから「怠惰を戒め、新しい年に向かって勤勉を促

す」行事である。

　仮装する場合には、藁、茅などを使用しており、「五穀豊穣を願う」あるいは、「豊かな実りへの感謝を捧げる」稲作儀礼としての性格を有する。

　仮面、仮装により正体を隠して「異界」より訪れる「マレビト」といえる。

　使用される仮面には、天台密教、修験の芸能である番楽、又、その起源を遠く中国まで求めることができる「翁」面などとの密接な関わりが認められる。

　上記、5点を「ナマハゲ系儀礼」の特徴として挙げておくこととする。

Ⅱ 琉球文化圏の来訪神「ニライ・カナイ」

■ 琉球の来訪神と文化圏

　明治12年（1879）に沖縄県となるまで、約450年間、沖縄は琉球王国と呼ばれて独自の文化圏を形成してきた。日本列島の最南端に位置し、南北1300キロの海域には300余りの島々が点在している。気候は亜熱帯性で、季節は夏と冬に二分される。

　この沖縄本島を中心に九州から台湾に至るまで点々と弧状に連なる島々が形成する文化圏は、大別して奄美群島、琉球列島、宮古列島、八重山列島の4つの地域に区分される。

　この文化圏は、大和文化をはじめ、南中国、台湾、朝鮮、インドネシアの文化などの影響を強く受け、多様な文化が複合され、沖縄独自の文化を形成している。

■ 垂直型の来訪神と水平型の来訪神

　16世期末から17世紀にかけて本州から那覇に来た浄土僧の袋中良定上人（1552〜1639）という人物がいる。この袋中が慶長10年（1605）に著した『琉球神道記』（巻5）に記した琉球神話に、琉球文化圏の来訪神として2つのタイプが紹介されている。

　ひとつは、天からやって来る垂直型の来訪神であり、もうひとつは、海の彼方からやって来る水平型の来訪神である。

　この『琉球神道記』では、「ギライ・カナイ（別称 ニライ・カナイ）」という神が天から、「オボツ・カグラ」という神が海からやって来ると記されているが、『琉球神道記』より後に著された『琉球国由来記』（1713）や『混効験集』（1711）では、「ニライ・カナイ（別称 ギライ・カナイ）」ははるか遠い海の彼方から、「オボツ・カグラ」は「天上」からやって来ると記されており、袋中が著した『琉球神道記』の叙述は両者を取り違えていると考えられる。（註：本田安次『沖縄の祭と芸能』、第一書房、1991年、参照）

　つまり、天からやって来る垂直型の来訪神が「オボツ・カグラ」であり、

海からやって来る水平型の来訪神が「ニライ・カナイ（別称 ギライ・カナイ）」
である。

　垂直型の「オボツ・カグラ」の神には、「山の神」のイメージがあり、水平
型の「ニライ・カナイ（別称 ギライ・カナイ）」の神には、「海の神」のイメー
ジがある。また「ニライ・カナイ」とは、来訪神の名前であると同時に来訪
神の住む理想郷、「異界」を指す言葉とも考えられている。

　琉球文化圏の来訪神には、このように2つのタイプが認められるが、宮古島
の「パーントゥ」は、海の彼方にある「ニライ・カナイ」からやって来た水
平型の来訪神だと考えられる。なぜなら、「パーントゥ」に扮する青年たちは
身体中に古井戸の底の泥を塗りつけて仮装するが、この古井戸の底は「ニラ
イ・カナイ」に通じていると古くから信じられていることから推察される。

■ 島尻の「パーントゥ・プナカ」

　島尻は、宮古島の北部、池間島に向かって細長く突き出た半島の一画にあ
る。この集落では、この行事を「パーントゥ・プナカ」と呼ぶ。「プナカ」と
は「祈願祭」のこと。すなわち「パーントゥ・プナカ」とは、海の彼方ある
いは海の底から来訪する神「パーントゥ」の出現を願う祭りという意味であ
る。古老の言によればこの行事の起源は、「ムトゥズマ（元島）」のクバマ海
岸にクバの葉に包まれた異様な形相の木製の仮面が漂着したことが発祥であ
るという。このような海の彼方から漂着したものには、霊力があると古くか
ら信じられている。いわゆる「漂着神（寄り神）」である。つまり、この漂着
した仮面は海の彼方から来訪する神聖な漂着神である。「パーントゥ」とは、
「異様な形相をした化けもの」とか「鬼神」を意味する語から生まれた名称で
あるといわれていて、事実、「パーントゥ」で用いられる仮面は異様な恐ろし
い形相をしている。島尻では、現在、「パーントゥ・プナカ」で用いられてい
る仮面は3面あるが、古老によれば、漂着した「ウヤ（親）パーントゥ」を模
して「ナカ（中）パーントゥ」と「ファ（子）パーントゥ」の仮面が作られ
たという。これらの仮面は、ふだんは、旧村落跡のムトゥズマ（元島）のフッ
ムトゥ（拝所）に「ウヤパーントゥ」が保管され、「ナカパーントゥ」と「ファ
パーントゥ」は現集落の2軒のムトゥ（元家）に保管されている。「パーントゥ」
に扮する者はこの仮面を身につけている。そこには、民俗学者、国文学者・

折口信夫が提唱する「来訪神」＝「マレビト」の姿が認められ、海の彼方あ
るいは海の底からやって来た異形の存在であることを物語っている。青年た
ちは最初に「キャーン」と呼ばれる椎木 葛 のつる草を身体中に巻きつけるこ
とから始める。頭から顔の部分だけ残し、全身にかなり厚目に巻きつける。
つる草を固定するのは「ミーピツナ」といわれる特別な縄が使われる。これ
は「パーントゥ・プナカ」の前に行われる「スマッサリ」という悪魔祓いの
行事の時に、豚骨を吊るして集落の各所の出入口に張っておいた縄である。

　頭部のつる草のところには「マータ」と呼ばれる芒 を輪にしたものを差し
込み、固定する。この「マータ」は魔除けの呪具として使われているもので
ある。つる草の装着が終わると、「ンマリガー（産井）」と呼ばれる古いカー
（井戸）に入り、底の泥をつる草の上から全身に塗りつける。「パーントゥ」
の仮面にも泥が塗られ、青年たちは異形の鬼神へと変身していく。「パーン
トゥ」が「ンマリガー」から出現するのは、井戸の底が海の彼方とも、海の
底ともいわれる場所にある「ニライ・カナイ」という異界に通じていると考
えられているためである。

　「パーントゥ」は、片方の手には暖竹で作った「グッシャン（後生杖）」を
持ち、もう一方の手に持った仮面で顔を隠し、村落を巡り歩く。

　島尻では、「パーントゥ」は旧暦9月の 戊 の日から2日間、出現するといわ
れている。現集落は、ウィ（上）里、ンナカ（中）里、パイ（南）里の3区の
サトゥ（里）に分けられ、それぞれのサトゥには、トゥマズヤームトゥ（上
里）、ウプヤームトゥ（中里）、ツツムトゥ（南里）のムトゥヤ（元家）があ
る。

　第1日目に3体の「パーントゥ」はムトゥズマ（元島）の拝所に詣で、その
後、現集落のトゥマズヤームトゥ（上里）を最初に訪れる。その後、ンナカ
里、パイ里の順に各ムトゥをまわった後「パーントゥ」は1体ずつ単独で家々
を訪れ、人々に泥をこすりつける。この泥は厄を祓い、福をもたらすものと
考えられている。

　「パーントゥ」の村落巡りは、夕刻から約2時間続き、午後8時頃に終了する。
3体の「パーントゥ」は村はずれで合流し、ムトゥズマ（元島）の海岸の闇に
消え去っていく。2日目も夕刻から「パーントゥ」が出現し、前日と同様に村
落を巡るが、「パーントゥ」に扮する青年は1日目とは違うメンバーである。

いずれも平成5年（1993）に国の重要無形民俗文化財に指定され、平成30年（2018）には、ユネスコの無形文化遺産に登録された。

宮古島の島尻の「パーントゥの仮面（レプリカ）」
【写真提供：平辰彦】画面右手からウヤ、ナカ、ファの3面。

● 「ウヤ（親）パーントゥ」の仮面

両目の横に3本線がある仮面は昔、クバマ海岸にクバの葉に包まれて漂着した仮面神だといわれている。この仮面は戦争で焼失し、現在、使用されている仮面は戦後、再生されたものである。

● 「ナカ（中）パーントゥ」の仮面

中央に置かれている仮面はクバマ海岸に漂着した「ウヤパーントゥ」を模して作られた仮面とされる。「ウヤパーントゥ」の仮面は厳しい表情をしているが、「ナカパーントゥ」の仮面は母親のようにやさしい表情をしている。

● 「ファ（子）パーントゥ」の仮面

「ファパーントゥ」は「ウヤパーントゥ」と「ナカパーントゥ」の子どもとされる。「ファパーントゥ」の仮面はどこかおどけた表情をしている。

■ 野原の「サティパロウ」

野原では、この行事を「サティ（里）パロウ（祓い）」という。旧暦12月最後の丑の日に実施され、旧正月前に人々を祓い清め、福を迎え入れる行事である。丑の日に行われるのは、牛が持つと信じられている強い神聖な霊力を里祓いに取り込むためだといわれている。使用される仮面は1体だけである。古老によれば、160年ほど前に制作されたものであるという。この行事もその

頃、始められたと考えられる。里祓いは村の悪霊を祓って新年を迎えるために行われる。クジで選ばれた婦人がこの仮面を1年間保管する。翌年に保管する家はまたくじ引きで選ばれる。

　この仮面を小学生が顔につけ「パーントゥ」になる。服装は普段着のままである。島尻と異なり、野原では「パーントゥ」が泥を人々に塗りつけることはない。この行事で特徴的なのは、「パーントゥ」をとりまく婦人たちが草装していることと、ホラ貝の音に合わせて「ホーイホーイ」とかけ声をかけ、時おり円陣を組んでは、「ウルルルル……」と唱え、独特の踊りを踊ることである。

　野原の集落には、「ウブウタキ」、「ナカウタキ」、「ニシウタキ」があるが、「ウブウタキ」と「ナカウタキ」は野原の先住者の住居跡と考えられており、この先住者は宮古島の豪族に滅ぼされたといわれている。したがって3つのウタキと現住者たちとの血縁関係はみられない。しかし年中行事は、3つのウタキを中心にして行われる。特に「ウブウタキ」が中心的な拝所である。戦前は「ウブウタキ」の最高神職者であるツカサンマは終身で特定の家から出ていたというが、現在は、ウタキを管理し、祭祀をつかさどる神役も特定の家から出ることはなく、クジで選出されている。

　野原の「パーントゥ」は各戸の婦人たちと小学生たちとで行う。婦人たちはマーニ（クロツグ）、つる草（琉球牡丹蔓）、木の葉（藪肉桂）で扮装し、頭と腰にはマーニとつる草を身につけ、両手には木の葉を持つ。

　午後6時頃、「パーントゥ」の仮面を顔につけた少年を先頭に婦人たちは両手の木の葉を上下させながら、「ホーイ、ホーイ」のかけ声を発する。「ウプウキタ」に向かって整列して礼拝し、最後に両手の木の葉を振り上げ、円陣の中心に向かって集まる。終ると、両手の木の葉を上下させながら、「ホーイ、ホーイ」のかけ声で整列する。公民館に着くと、建物のまわりを1周し、前記の動作を行う。行列移動の時、婦人たちは両手の木の葉を上下させ、「ホーイ、ホーイ」のかけ声を繰り返す。

　集落の南端の出入り口で婦人たちは礼拝の後、身につけていたマーニ、つる草、木の葉を捨て、行事は終わる。「パーントゥ」の仮面はその場で新任の保管を任された婦人に引き渡される。行事は約1時間で終了となる。

　この「パーントゥ」の行事には、琉球王国の誕生以前から続いている「ニ

ライ・カナイ」という信仰が認められる。宮古島では「ニライ」は「ニッジャ」と呼ばれていて、死者の魂は、そこに帰って祖霊神になると信じられている。そしてその祖霊神が年に1度、海の彼方または海の底から「マレビト」として集落の家族のもとへ異形の神の姿「パーントゥ」として現われると信じられている。

　一方、八重山の人々は、「ニライ・カナイ」を「地の底」とみている。八重山では、地下の深いところを「ニーラ底」といい、井戸を掘った時、深い底にいる虫を「ニーラ・コンチェンマ」という。このように八重山の人々は「ニライ・カナイ」を海の彼方ではなく、「地の底」と考えているのである。

　また八重山地方の井戸は、20〜30メートルも掘り抜いた深いものだが、その井戸の底のことを「ニーラ底」という。

　井戸の底は果てがなく、海の底の「ニライ・カナイ」まで通じていると考えられている。この来訪神は、井戸の底から出現するのである。

　琉球文化圏の来訪神信仰には、この「ニライ・カナイ」と呼ばれる異界観が認められる。「ニライ・カナイ」とは、人間の魂が死後赴く世界であると同時に再びこの世に戻ってくる、いわば、魂の原初となる所であると考えられている。

　琉球文化圏の地域では、宮古島の「パーントゥ」をはじめ、八重山列島に伝わる「アカマタ・クロマタ」、「ダートゥーダー」、「ミルク」、「アンガマ」、石垣島の「マユンガナシ」、西表島の「オホホ」など様々な来訪神がよく知られている。

　琉球文化圏の仮面・仮装の来訪神には、名称の異なる様々なものがあるが、水平型の来訪神「ニライ・カナイ」の信仰を読み解くことが重要なキーとなっている。

竹富町の種子取のミルク（弥勒神）の仮面
【写真提供：竹富町教育委員会】竹富町島の種子取祭は、五穀豊穣と子孫繁栄を祈る島最大の行事。ミルクは五穀豊穣をもたらす来訪神。その「ミルク」の仮面は海を渡って島の海岸に流れ着いた仮面の漂着神といわれる。この仮面は神として島の人々に崇敬されている。

西表島の国の重要無形文化財指定節祭に登場する来訪神オホホ
【写真提供：竹富町教育委員会】西表島の節祭は、五穀豊穣をもたらす伝統行事。干立地区では、この祭りに「オホホ、オホホ」と奇声をあげながら、札束をみせびらかしながら「オホホ」が登場。一説には島に流れ着いた異国人がモデルとされている。

Ⅲ 混合文化圏の「お年玉」の起源となった来訪神

▌冬正月と夏正月の混合文化圏

　わが国の来訪神を出現する時期から大別すると、冬季に出現する大和文化圏と、夏季に出現する琉球文化圏の2つになるが、この両文化圏が混在している混合文化圏とも呼べる、南九州からトカラ列島の薩南諸島においても来訪神行事は数多くみられる。

　例えば、鹿児島県薩摩川内市の甑島の来訪神「トシドン」は冬の正月行事として12月31日の大晦日の晩、地域の家々を訪れ、子どもたちを厳しく戒め、最後に「年餅」と呼ばれる餅を四つん這いの子どもの背にのせ、去っていく。

　鹿児島県屋久島では、12月31日の大晦日に厚紙の仮面をつけ、鉦を打ち鳴らして「トイノカンサマ」と呼ばれる来訪神が現われ、子どもを戒め、餅を与え、去る。

　鹿児島県の「トシドン」や「トイノカンサマ」など仮面・仮装の来訪神は秋田県男鹿市の「ナマハゲ」と同じく、冬に出現する来訪神であり、そこには、「年神（歳神）」の性格が認められる。

　また九州各県で1月14日の晩、「カセダウチ（別名・カセドリ）」と呼ばれる来訪神行事が行われる。これらの中でも、薩摩の入来や知覧では、1月14日の晩、蓑笠をかぶり、顔に仮面をつけた「カセダウチ」が家々を訪れる。

　この他にも冬の小正月に出現する九州の来訪神には、種子島の「クサイモン」、「カーゴマー」、鹿児島県の「ハラメウチ」、「ナレナレ」、「モグラウチ」などがある。また、佐賀県には、「七福神」が正月の来訪神として出現する。

　一方、混合文化圏では「夏正月」といわれる旧暦7月・8月にも、仮面・仮装の来訪神が登場する。

　南九州の薩摩知覧町（現・南九州市）の中央部では、旧暦8月15日の夜、不可思議な藁帽子や蓑をつけた来訪神の「ソラヨイ」と呼ばれる一群が現れ、奇妙な仕草を行う。「ソラヨイ」は7歳から14歳の子どもたちの行事で、それは14歳の「オヤンカシタ（親頭）」と呼ばれる子どもたちによって運営されている。各集落の伝承によれば、里芋などを供える収穫祭に際し、大地を踏み

しめ、指で地面を指し示して地霊を呼びおこして、「ソラヨイ」と唱えながら、過ぎる年への感謝と新しい年への祈願をする古い節祭りである。

またトカラ列島の北隣にある三島村（硫黄島、黒島、竹島）では、旧暦8月1日の八朔踊りに仮面・仮装の来訪神「メンドン」が出現する。

三島村の「メンドン」は各地域三者三様の相違を見せながら、展開している。使用している仮面や仮装、出現の仕方などに相違はあるが、3島とも八朔の太鼓踊りに伴って現われ、「スッベ」、「柴」、「しゃもじと摺りこぎ」などで見物している人々を叩いてまわり、厄払いをする。

「メンドン」は茅で編んで作った腰蓑を巻き渦巻き紋様を描いた大きな耳と1本の角のついた仮面をかぶっている。注目されるのは耳や胸の紋様である。この紋様は修験道と結びついた古い呪術の紋様の残滓であると考えられる。「メンドン」は硫黄権現の鳥居前の庭に出現するが、この硫黄権現は熊野神社ともいわれており、胸や耳の紋様は、熊野系修験道と結びついた紋様であると想定できる。

異なる文化圏であるが、大和文化圏における中心的な来訪神「ナマハゲ」と混合文化圏の硫黄島の「メンドン」との間には、熊野系の修験と結びついたわが国の呪術的な古層文化の共通性が認められる。

トカラ列島の悪石島では、旧暦の12月24日から27日まで「ヒチゲー（日違い）」と呼ばれる古い神祭りが行われる。24日には、「手切れ、足切れのシューマテ」と呼ばれる悪魔が来ないように、イバシ（食わず芋）の根に、匂いの強いトベラギを突き刺したものを、門口や玄関などに掛けて置く。翌25日には、「フムスビ」といって麻の紐をところどころ丸く結んだものを首に掛けて悪霊祓いをする。悪石島では、こうした悪霊祓いをした後、26日に、この神祭りで最も重要である厳かな神事が行われる。この日「ホンボーイ（本祝人）」は宮々を清めてまわり、潮浴みし、トンチ（殿地）に神々を招く。女性神役のネーシ（内侍）が神がかりして神言葉を発するので、人々はそれを聞くために集う。これを「カミキキ」という。このようにして集落内の人々を祓い清めた後に、神々を勧請し、島の平穏と豊作を祈願する。

悪石島では、「ヒチゲーには東の根神山から神様が来る」とか「ヒチゲーは島の神々を集めて大きな祭りをする日である」などといわれている。

この「ヒチゲー」に現われる神は馬に乗った神と考えられているが、これ

は、甑島の「トシドン」が首切れ馬に乗って現れるのと類似している。

「ヒチゲー」の神と異なる「悪石島のボゼ」は毎年旧暦の7月16日の午後に出現する。古老によれば、「ボゼは村を浄める神」であるという。「ボゼ」は「ヒチゲー」の神ではないが、トカラ列島の他の島では、「ボジェ」などと呼ばれ、冬期に出現するところもある。

中之島の、「ボジェ」は旧暦1月16日の晩、「ヒチゲー」の前夜に出現する。暗くなると、「ボジェ」」は、5、6人1組となって、子どものいる家を訪れ、座敷へあがり込む。子どもたちに「おっとはん、おっかはんのいうこと聞くか」などと尋ね、子どもたちは「いうことを聞く」と答えたり、泣き出したりする。

中之島では、「恐ろしいもの」を「ボジェ」と言った。「あそこの山からボジェが来る」などと言って親が子どもを脅すこともあった。この中之島の「ボジェ」は甑島の「トシドン」と同様に新しい節の始まる前夜に出現する。

このように混合文化圏では、仮面・仮装の来訪神が夏季と冬季の両方の時期に出現する。

▌ 正月の意味

来訪神儀礼の考察で欠かせない視点は出現時期と仮装する姿である。日本の来訪神の出現する時期は大和文化圏では、冬正月であり、琉球文化圏では、夏正月である。このように正月こそが来訪神の出現時期であり、正月以外に来訪神が出現する場合でも、その時期は季節の大きな変わり目であり、正月と同じ性格を持つ時期である。

それでは、正月とは何か。日本の稲作文化は、新年を軸として円環的な構造をもっている。新年は「アラタマ」の時期であり、天地創造をした**神**が人の世界に訪れて来る時である。その訪れる神は「正月さま」と呼ばれ、擬人化される。民俗学では、「年神」と呼ばれる。その基盤には、「祖霊」や「穀霊」あるいは「稲魂」と呼ばれる存在がある。

「正月さま」が「祖霊」でありながら、「穀霊」である証は、鹿児島県薩摩川内市甑島の「トシドン」の行事によく現れている。

「トシドン」は、秋田県男鹿市の「ナマハゲ」と同様、毎年大晦日の12月31日の晩に出現する。子どもを戒めた後、「年餅」を与えるが、この「年餅」は

お年玉の原型といわれている。かつて男鹿の「ナマハゲ」も「トシドン」の与える「年餅（年玉）」と同義の「新玉〔にだま〕」を配っていた。

　この「年玉」や「新玉」は丸い形の餅で、魂をあらわしている。のちに金銭にかわる「お年玉」は本来、「穀霊」としての「年神」の新しい活力のある魂であった。それは人の**いのち**を維持するエネルギー源としての「稲魂〔いなだま〕」である。

　薩摩半島の川辺郡知覧町一帯には、「ソラヨイ」と呼ばれる来訪神の儀礼があるが、この名称は「ソレ、よいしょ」という掛け声に由来するといわれている。

　知覧町中福良の「ソラヨイ」は茅〔ちがや〕で仮装している。この行事は旧暦の8月15日の夜に行われる。この行事では仮装の男の子たちが歌にあわせて「シコ」を踏むような動作をする。

　男の子たちは、全身を茅で覆い、茅の束を頭からすっぽりかぶり、「ヨイヨイ笠」と呼ばれる茅で作った帽子をかぶり、茅で作った腰蓑を腰に巻く。現在、茅から藁に素材を変えたところもある。

　「ソラヨイ」のように茅で仮装した来訪神の儀礼は稲作文化の古い形態である茅信仰の影響と考えられる。こうした茅信仰の源流は中国に求めることができる。

Ⅳ　グローバルな来訪神

▌中国の来訪神

　中国民俗学者の廣田律子が著作『鬼の来た道』で中国・貴州省のイ族による正月行事「ツオタイチー（撮泰吉）」のことを紹介している。ここで用いられている、白い髭を蓄えた1700歳の老人をあらわす「アプモ」の仮面や髭の無い1000歳の老人をあらわす「ヘイプ」の仮面は「ナマハゲ」の仮面との形状的類似点も多いため、ルーツではないかと類推できる。このイ族の仮面の正月行事は仮装した祖先をあらわす夫婦の来訪神が村の家々を巡り、除災と祝福を与える行事から成立したと考えられている。

　また中国の湖南省のトゥチャ族の伝統芸能に登場する「マオグゥス」も旧暦の正月に村々を仮面・仮装してまわるが、その演者は稲藁で全身を包んだ姿で現われる。この「マオグゥス」は祖先霊としての性格が強いものである。

　秋田県秋田市内の雄和町平尾鳥には、藁製の最も素朴な「ナマハゲ」の面が用いられているが、この「ナマハゲ」の藁製の面は、祖先霊の性格を有した「マオグゥス」の仮面と類似している。

　中国の来訪神の「マオグゥス」の装いは薩摩半島の知覧一帯に分布している「ソラヨイ」と呼ばれる「来訪神」の儀礼と酷似している。

　他にも中国の江西省の石郵村では、「祖先を模した仮面をかぶった人」を意味する鬼が祭りの最終日に家々を訪ねて厄を祓う行事がある。これも男鹿半島の「ナマハゲ」にきわめて近い印象を受ける。

　これらの「ツオタイチー」や「マオグゥス」には、農耕民俗の習俗が、よく反映されている。

▌ヨーロッパの来訪神

　さらに日本や中国の「ナマハゲ系儀礼」と共通する来訪神がヨーロッパにも存在する。

　ヨーロッパの文化はキリスト教文化が基層にあるが、そこにはギリシア・ローマの文化やゲルマン文化などの様々な文化が重層的に複合されている。

ヨーロッパの祭りには、多くの場合、キリスト教伝播以前の古代のアニミズムに基づく民俗的な習俗が認められる。特にそこで用いられる仮面には、フランス文学者ジャン＝ルイ・ベドゥアン（Jean Louis Bedouin）が『仮面の民俗学』で述べているように、「異教的な古代信仰の影響」が認められる。

　ヨーロッパの民間信仰では、冬に出現する「悪霊」に打ち勝つために、恐ろしい鬼のような仮面をかぶり、仮装することによって、霊力を授かると考えられていた。そして「悪霊」の魔力を追い払う行事が冬至の頃に盛んに行われたのである。古代の人々はこの日を境に太陽の光が再び強くなる冬至を1年の大きな節目の日と考えた。

　クリスマスを控えて行われる様々な祭りの中で最も重要な祭りは12月6日の「聖ニコラウス」の祭りである。

　この祭りの日に「聖ニコラウス」と共に「クネヒト・ループレヒト」が現われる。「聖ニコラウス」がよい子にご褒美を与えるのに対して、「クネヒト・ループレヒト」は男鹿の「ナマハゲ」のように悪い子どもを懲らしめる。

　「聖ニコラウス」は、後に「サンタ・クロース」と呼ばれ、クリスマス・イブに子どもたちにプレゼントを配るようになる。

　アルプスの山岳地帯では、この「聖ニコラウス」の祭りに恐ろしい鬼のような仮面姿の悪魔が登場する「ニコロシュピーレン」という行事がある。そこに登場する「クランプス」は現在、キリストの伴として登場しているが、かつては、季節の変わり目に人々の前に現れ、人々に平安をもたらし、「祖先」を崇拝し、「穀物霊」の復活を祈る来訪神だった。

　古い民間のゲルマン信仰では、冬と夏の季節に死者の霊、「デーモン」が生まれ、村の家々を訪れると言い伝えられている。出現の時期は「ラウネヘテ」（十二燻夜）と呼ばれる頃で、毛皮をまとい、仮面をかぶり、妖怪や死者などに扮した者が暴れたり、騒いだりすることを「ペルヒト走り」という。

　この「ラウネヘテ」に出現する「ペルヒト」は、ねじれた鼻、赤くただれた眼、異様な口をした恐ろしい老婆の姿である。この「ペルヒト」はオーストリアやスイスなどに言い伝えられている。それは「埋葬された死者の霊」の表象であると考えられていたが、やがて子孫に対して大地の稔（みの）りを豊かに恵んでくれる「祖霊」と考えられるようになった。そのため「ラウネヘテ」の祭りは「デーモン」を鎮める祭りから「祖霊」を祀る行事へと変容していっ

たのである。

　人々は、「ペルヒト」をワインや料理で歓待する。「ペルヒト」は、日本の「ナマハゲ」と同様に善と悪の二面性をもった存在である。すなわち人々に恵みを与える「美しいペルヒト」と人々に災いを与える「醜いペルヒト」がいる。人々は害を及ぼす「醜いペルヒト」を追い払い、恵みを与える「美しいペルヒト」を迎えようとするのである。

　スイスのアペンシェル州ウルナッシュの村では、「ペルヒト」と非常に類似している来訪神「クロイセ」の祭りが旧暦の大晦日に行われる。

　年末年始に登場する「クロイセ」や「ペルヒト」のようなヨーロッパの「来訪神」は、初め恐ろしい「死霊」であったが、やがて生前の罪を償って、「祖霊」となり、人々を災いから守る「守護霊」となって、季節や年の変わり目に訪れる来訪神となるのである。

　19世紀のギリシアでも、「十二夜」には、「カリカンツァロイ」という恐ろしい化け物が徘徊すると信じられていた。この化け物は、ギリシア人には、「山羊の化け物」と考えられていた。この化け物が出現するのは、クリスマスから公現祭（エピファニー）までの12日間だけであった。この時期にギリシアの各地では、身体に鐘をつけ、歌いながら、家々をまわって歩く習俗があった。少年たちの何人かは仮面をつけ、鐘あるいはキツネの尾を持ち、化け物のように見える扮装をしていたといわれている。これは、日本の「小正月の訪問者」といわれる来訪神の行事に類似している。

■ 古代にみる来訪神の起源

　古代ギリシアにおいても、演劇の神として知られるディオニュソスの神は来訪神として冬から春の季節の変わり目にギリシアの集落や町を来訪する。ギリシアの集落や町で開催されるディオニュソス祭は、いずれも来訪神ディオニュソスを迎えるための祭りであったと考えられる。例えば、アテネで行われたディオニュソス祭は、冬から春にかけての季節の変わり目に実施された。

　まず「田舎のディオニュソス祭」が、11月の終わりから12月の初めに行われる。その後、「レナイア祭」というディオニュソスを祀る祭りが1月の終わりに、「アンテステリア祭」が2月の初めに行われて、最後の締めくくりとな

るのが、2月の終わりに行われる「大ディオニュソス祭」である。

　紀元前6世紀頃、アテネの僭主ペイシストラトスは、ディオニュソスの神を崇敬しており、2月初めの「アンテステリア祭」を最古のディオニュソスを祀る祭りと考え、この祭儀を重視し、その拡張を図った。彼は、アテネのアクロポリスの南側にディオニュソスの神殿を建てた。そしてこの神殿の近くに、この神を賛歌する「ディテュラムボス」（Dithyrambos）を謳い踊るコロス（合唱舞踊団）の劇場が建てられた。演技の場である円形の踊り場「オルケストラ」と観客席の「テアトロン」を備え、年に1度、春にディオニュソスを祀る祭りを開催したのである。

　春はギリシア人にとって「開けの月」であり、春の祭りこそ彼らにとって年の始まりであった。ギリシア人は、この春祭りに彼らの神ディオニュソスを讃える「ディテュラムボス」を行った。

　アリストテレスは『詩学』の中でこの「ディテュラムボス」から「悲劇」が誕生したと述べている。またプラトンはこの「ディテュラムボス」がディオニュソスの誕生の歌であると指摘している。

　古代ギリシアの悲劇は、このようにディオニュソスを祀る祭りから誕生したが、それは仮面劇であった。

　古代ギリシアの仮面は、祭祀の道具として用いられたが、それに改良・工夫が加えられ、古代ギリシア悲劇の仮面が創造された。俳優は仮面を顔につけ、仮装して演じた。古代ギリシアの呪術的な祭祀社会では、こうした仮面や仮装は、神話に登場する神々の霊を客観的に具象化するために必要だったのである。

　古代ギリシアの仮面劇では、演劇の神ディオニュソスやディオニュソスの従者で半人半獣の農耕神サチュロスのために仮面・仮装の祭りが行われ、特に「田舎のディオニュシア祭」では、ディオニュソスの神を祀る祭りが真冬の冬至に行われた。太陽は真冬の冬至において新しく生まれる。そして新年を迎え、春が始まる。これは太陽が衰える冬を太陽の**死**と考え、冬至を境にそれが新しく**復活**し、春を迎え入れるとの考えからだった。

　神話学者の吉田敦彦は「ヨーロッパの来訪神」（諏訪春雄・川村湊編『訪れる神々』所収）の中で、ディオニュソスを冬の季節に外からやって来る来訪神の性格を持つ神と捉え、ディオニュソスの祭りは来訪神の「ディオニュソ

スを迎えるための祭り」と指摘している。

　古代ローマの仮面は、こうしたギリシアの仮面を模倣して作られたが、古代ギリシアの半人半獣のサチュロス神は森の精ファウヌスと同一視され、農耕神とも考えられていた。その姿は山羊に似た、しばしば大きな角をもった姿でイメージされた。そして古代ローマでも、古代ギリシアと同様にこうした神々のために仮面・仮装の行列が行われた。

　東ローマ帝国マケドニア王朝の皇帝コンスタンティノス7世・ポルフィロゲネトスは文人皇帝と呼ばれ、ギリシア風文化の「ヘレニズム」とキリスト教文化の「ヘブライズム」の融合された「ビザンチン文化」の黄金時代を築いた。この皇帝が1月2日に行われた「ト・ゴティコン」と呼ばれるゴート人の年始の儀礼について述べた記事が残されている。そこには、毛皮による仮装・仮面の典型的な古い仮面習俗が記されている。

　またこの儀礼でゴート人が「ユル、ユル」と叫びながら、去る情景が記されているが、「ユル、ユル」は北欧で最大の祭りである冬至祭（ユール）を示している。これは、おそらくゲルマン人の仮面・仮装の行事の最古の例であると考えられる。

■ 仮面が持つ意味

　「仮面」をあらわす英語の「マスク」(mask)はドイツ語では、「マスケ」(Maske)というが、このドイツ語は「網目」を意味する「マッシュ」(Masche) と同系語である。これは、元来、死者を包む網を意味したものと考えられる。未開人は死者を網で包み、墓の上に網を張って死者が出てこないようにした。やがて「死者を包む網」が「幽霊」や「悪霊」の意味をもつようになり、「仮面」をあらわすようになった。16世紀のオランダでは、網の仮面がよく使われたという。

　またドイツ語で「仮面」をあらわす「ラルフェ」(Larve)はラテン語（larva）からの借用語で、「仮面」の他に「幽霊」の意味をもつ。

　さらにドイツ語では、「仮面」をあらわす「シュメン」(Schemen) という語があるが、この語は、元来、「影」を意味し、その後、「空虚な影のような霊魂」の意味で用いられるようになる。オーストリアとイタリアにまたがるチロル地方などでは、この語は「木彫りの面」の意味で使用される。

ヨーロッパでは、こうした仮面行事はアルプス地方を中心にドイツ、スイス、オーストリアに数多くみられる。ヨーロッパの人々は、冬を「死」と考え、様々な儀礼を通して祖霊を敬い、仮面をかぶり、雪などの自然がもたらす災害を追放し、再び緑あふれる春が来ることを願った。こうした仮面行事には、来訪神が登場する。

　ヨーロッパの人々は、冬に出現する悪霊に打ち勝つために恐ろしい鬼のような仮面を身につけ、仮装することによって神から霊力を授かると考えていた。こうして冬至の頃には悪霊を追い払う来訪神行事が多く行われている。

　オーストリアのアルプス山脈の東の麓にあるミッテンドルフという村では、聖ニコラウスの祭りの晩に聖ニコラウスは、恐ろしい仮面をつけた鬼の「クランプス」や「シャープ」と呼ばれる麦藁で全身を包んだ異様な姿の妖怪を伴って村を訪れ、子どもたちにキリストへの祈りを教え、規律を破った者には罰を与える。現在では、麦藁の「シャープ」や「クランプス」の仮面をつけた者はキリストに仕える役割を果たしているが、かつては、祖先を崇拝し、穀物霊の復活を祈る来訪神であった。特に「シャープ」が身につけている麦藁には、穀物霊が宿ると信じられている。村の人々は「シャープ」は「私たちの先祖の姿をあらわしている」と話している。

　ハンガリー南部バラニャ県の街モハーチでは毎年、2月に「ブショーヤーラーシュ」の行事が行われる。この名称は「ブショーの行進」という意味。「ブショー」の恐ろしい仮面をつけた来訪神たちが登場する。

　ハンガリーの来訪神「ブショー」は、「ナマハゲ」と同じように**鬼**のような仮面をかぶり、練り歩く。

　さらにスイスのアペンシェル州ウルナッシュ村では、旧暦（ユリウス暦）の大晦日に来訪神の「クロイセ」の祭りが行われる。この祭りの日、「クロイセ」は山から里に、特別な衣装と飾り、大きな鈴を胸につけ、恐ろしい仮面をつけて集落を訪れ、雪におおわれた集落の家々を歩きまわる。「クロイセ」は現在、6人が1組になり、グループで鈴の音を響かせながら、家々を巡り、旧年の悪を追い払い、新年の繁栄を祈るが、かつては、1人か2人で家々を訪れていたという。

　またスイスの西南部ヴァリス州のレッチェンタール渓谷の集落には、恐ろしい仮面と山羊の皮を身につけ、大きな鈴を鳴らして集落を駆けまわる「ロ

イチェクタ」が出現する。この「ロイチェクタ」は恐ろしい仮面を身につけ、荒々しく振る舞うことによって、災いをまき散らすあらゆる悪を追い払い、春の到来を促す役割を果たす。村の農耕民の人々は農作物が冬になって死に、春に再生するように、人間もまた、死後、死霊となり、やがて祖霊として人々に豊穣をもたらすと信じている。

　写真家、民俗・民族学者の遠藤紀勝は『仮面　ヨーロッパの祭りと年中行事』で、こうした来訪神の仮面は「農耕民と密接なつながりを持ち、死者あるいは死霊、そして祖霊の象徴」であり、アルプスを中心とした山岳地方の仮面行事は、そのほとんどが「農耕と牧畜生活を営む山岳地帯に集中している」と指摘している。

　ポーランド、マウォポルスカ県ドブラでは、「ジャディ・スミグスン（祖先）」と呼ばれる来訪神が復活祭の翌日の月曜日に出現する。

　またヨーロッパにおける冬の祝祭の儀礼には、「ワイルドマン（獣人）」と呼ばれる仮面・仮装の来訪神が登場する。ドイツでは、「ヴィルダーマン」、フランスでは、「オム・ソヴァージュ」と呼ばれる。

　伝説によれば、「ワイルドマン」は1組の熊と女性が結ばれ、誕生した息子だといわれている。いわゆる異類婚によって生まれた「ワイルドマン」は「超人」的な存在とみなされ、草などの天然素材や動物の毛皮を身にまとっている。顔には、仮面をつけるか、黒く塗って隠すか、装束で全身を覆おうかして、手には木の枝切れやこん棒のような武器を持ち、時には、大きな鈴を腰にぶらさげている。

　また「藁男」も春や冬の到来を告げる来訪神である。ドイツ、バーデン＝ヴェルテンベルク州、エンフィンゲンでは、懺悔の土曜日と日曜日に「シュトローマン」と呼ばれる「藁男」が登場する。

　「異界」に存在にしている悪魔や魔女も冬の祝祭（カーニバル）に来訪する。オーストリア、シュタイアーマルク州タウプリッツでは、12月6日の聖ニコラウスの日にルシファーとその悪魔が来訪する。

　さらに動物の仮面をつけた者も冬の祝祭に登場する。特に熊と山羊の仮面をつけた者が、ヨーロッパの各地でみられる。熊の仮面では、スロバキア、リプトフ地方ルジョムベロクの「メドヴェド」、ドイツ、バーデン＝ヴェルテンベルク州エヴァッティンゲンの「シュトローベア（藁の熊）」、同州のエン

フィンゲンの「ライズィヒベア（柴の熊）」、「エルプセンベア（豆の熊）」、ルーマニア、バカウ県パランカの「ウルスル」などが知られている。

　衣装も熊の仮装はヨーロッパ全土に広まっていて、特にオーストリア、北ヨーロッパ、アルプスなどの山岳地帯でよく見かける。この衣装は家畜の毛皮や草、麦藁、豆のツルなどの植物で作られている。多くの場合、熊使いの男と一緒に来訪する。一般的に、神話では、熊は11月前半の聖マルティヌスの日に冬眠のために穴籠りをし、2月1日から2日にかけての夜、復活祭の到来を告げる冬の月が夜空に現れると、穴から出るといわれている。このように冬眠から目が覚めた熊は春の到来を告げる存在であり、春の神として現れる。

　「山羊」の仮面・仮装も多くみられる。特にルーマニアでは、「カプラ（山羊）」、オーストリアでは、「ハーベルガイス（山羊）」と呼ばれ、聖ニコラウスの旅の伴をする。その仮面は顎の部分が動かせるようになっているが、この仕掛けは来訪のときに音を立てる山羊の仮面・仮装には、不可欠である。山羊は幸福と健康と富をもたらすと考えられており、来訪を報せる音を聞いた人は繁栄が保証されるといわれている。

　牡鹿は山羊の仮面・仮装と同じように考えられている。ギリシア・ローマの神話に登場しており、ケルト神話では、「ケルヌンノス」、すなわちガリアで崇拝されている角のある神だった。

■ グローバルな来訪神

　ヨーロッパやアジアの来訪神も、日本の「ナマハゲ」と同様に仮面・仮装の姿で登場し、農耕民俗の信仰に根ざした儀礼と関係を持ち、その仮面には、祖先の霊が表象されている。

　ポーランドのマウォポルスカ県ドブラでは、祖先をあらわす来訪神「ジャディ・スミグスン」が復活祭の翌日の月曜日に出現する。この来訪神は、通りがかりの人に水をかける。特に若い娘がターゲットになる。水は復活祭の行事では、重要な役割を果たす。水をかける行為は悪霊を追い払い、女性の多産と大地の豊穣をもたらすと考えられている。

　「ジャディ・スミグスン」は宮城県登米市の「米川の水かぶり」のように、藁製の帽子をかぶり、顔は覆面でおおい、「ナマハゲ」と同じように藁製の「ケデ」のようなものを身にまとい、藁沓を履き、手には、手桶と巨大な水鉄砲

のような物を持っている。

　またオーストリア、シュタイアーマルク州タウプリッツの来訪神「シャープ」は、藁製の衣装をつけており、その姿は、佐賀県佐賀市の見島の「カセドリ」を彷彿とさせる。

　世界の来訪神は、このように日本の来訪神と多くの類似点を持っている。

来訪神用語辞典

I 大和文化圏の仮面・仮装の来訪神

●相川（アイカワ）

　男鹿市の北浦地区にある集落の名称。男鹿半島の北部は北磯と呼ばれている。明治22年（1889）、北浦・北浦表町・相川・野村・安全寺・真山・湯本・西黒沢・畠・西水口を合わせて北磯分村と称した。明治24年（1891）、北磯村となり、さらに明治35年（1902）、町制を施行し、北浦町と改称した。その後、昭和30年（1955）に男鹿市に編入した。海に面した北浦や相川では、漁業も盛んであり、冬場のハタハタ（鰰）漁が有名。

　相川の「ナマハゲ」の面は赤い面である。その正体はロシア系の者だと地元では考えられている。相川の「ナマハゲ」は海岸側と山側とに分かれ、各家をまわる。最後は「オヤケ」と呼ばれる旧家で合流する。ナマハゲは家に入ると、「七五三」と足踏みをするのが決まりとなっている。

●アエノコト

　能登半島の能登町・穴水町・門前町・珠洲などで行われる目に見えない来訪神の神迎えの農耕儀礼。「アエ」とは「饗」であり、もてなしを意味し、「コト」は「まつり」を意味する。

　毎年、稲作終了後の12月4日あるいは5日に田の神を迎えて収穫を感謝し、2月9日には新年の豊作を祈願して田の神を送るという家ごとの年中行事。この行事は能登では、「タノカンサア（田の神さま）」と呼ばれている。儀礼の内容は家ごとに異なり、農家では格式ばった丁寧なもてなしの作法を伝えている。はじめに家の当主が正装して田圃（たんぼ）へ赴き、実際には目に見えていない「田の神」を迎え家に招く。泥を落とすために風呂へ案内し、山で伐採した木の枝で囲炉裏の火を焚く。茶の間に祭壇を設けるが、「田の神」は男女2神なので、料理を盛った膳や箸、二股大根、新米で作った甘酒など供え物を2組用意しなければならない。やがて当主は、ねぎらいの口上を述べるが、元来、「田の神」は盲目なので供え物の品々を声を出して説明する。儀礼が終わると、「田の神」は翌年の春まで各家に留まり過ごす。

2月9日の「アエノコト」も12月と同じ所作を繰り返すが12月と異なるのは、「勧請松」と呼ばれる3層の若松を俵に刺し、それを翌10日の鍬祭りの後に苗代田に挿すことである。

　この「アエノコト」の大きな特徴は祀る人の目には見えない神を、あたかも目に見え、実際に「田の神」が来臨しているかのように遇することにある。「田の神」は長い間、泥の中に留まって田を守ってきたなどの理由で、目に見えないことになっている。この祭りは日本の正月の原型を示しているといえるだろう。

●赤神（アカガミ）

　男鹿のお山の麓には、それぞれ神社がある。いずれの神社も「赤神」を祀っている。お山は平安時代から天台密教系修験道場であった。

　「赤神」にはその原像について諸説あるが、代表的なものは以下の5説である。

(1)漢の武帝とする説
(2)「鰐田の浦の神」とする説
(3)「赤山明神」とする説
(4)「摩多羅神」とする説
(5)越王（古四王）とする説

　(1)は赤神神社の「本山旧記」(1681)、「本山縁起別伝」などに記されていて、最もよく知られている説である。

　赤神神社の「本山縁起別伝」には、「赤神」は前漢の武帝であると記述されている。この縁起の内容は『漢武帝内伝』に基づいたものである。また赤神神社には、この縁起の内容を曼荼羅風にした『漢武帝飛来之図』がある。

　(2)は郷土史家・曲田慶吉が『男鹿半島の文化』の中で本山の赤神神社の祭神は「鰐田の浦の神」に相違ないと主張した説。

　(3)は「赤神」は天台宗の慈覚大師・円仁の祀った赤山明神であるという説である。『赤神山大権現縁起』では、男鹿の「赤神」は円仁が入唐後帰朝して日本にもたらした中国の異神「赤山明神」であると記されている。

(4)「赤神」は「赤山明神」として男鹿で信仰されていたが、海上生活者の多い男鹿では、いつしか渡航の護法神の「摩多羅神」と「赤山明神」とが同体と考えられるようになったという説。『私聚百因縁集』(巻7)の「慈覚大師事」では「慈覚大師ノ赤山ハ摩多羅神」と記されており「赤山明神」は「摩多羅神」とも同体とされている。この同体説を秋田で最初に提唱したのは郷土史家・栗田茂治である。『赤神山大権現縁起』では、「摩多羅神」の性格が「赤神」の性格として語られている。

「摩多羅神」はその発音が近似した「摩訶迦羅天（大国天）」との混同から「福神」の性格が表出されている。

(5)は「越王（古四王）」が「赤神」という説。これは歴史学者、地理学者・吉田東伍が『大日本地名辞書』の「羽後国南秋田郡赤神神社」の項で提唱した説。

以上、「赤神」の起源について5つの説を紹介したが、男鹿の来訪神である「ナマハゲ」についても「赤神」の起源についての諸説にみられるような多面的な性格が認められる。

●赤神神社（アカガミジンジャ）

男鹿の本山には、赤神神社がある。「開山縁起」によれば「赤神」は前漢の武帝であり、武帝は5色の蝙蝠に姿を変えた5匹の鬼を使者として従え天より飛翔し、男鹿に至ったと伝えられている。「ナマハゲ」の起源は、この使者である5鬼のうちの3匹の鬼と信じられていて、3匹の鬼は、「赤神」と共に本山の中腹にある五社堂に祀られている。『漢武帝飛来之図』には、中国の宋代の絵画や信仰の影響が認められる。このことから男鹿の「ナマハゲ」の源流には中国の仏教信仰の影響が確認できる。

●悪霊祓い

一般的にイメージされる西洋のエクソシストとは異なり、ここでは悪霊や災禍を祓い清める行為を指す。「ナマハゲ」は大きな声をあげ、戸を叩いたり足を踏み鳴らすなど荒々しい行為をして家々を訪れる。「ナマハゲ」のこうした荒々しい行為は、悪霊（悪魔）や災禍を祓い清めるといわれている。

●アッポ

　福井県の方言で餅のこと。福井県福井市の蒲生と茱崎集落で2月6日の夜に出現する「アッポッシャ」あるいは「アッポッチヤ」といわれる来訪神の名称はこの「アッポ」に由来している。

●アッポッシャ

　福井県福井市越廼地区蒲生と茱崎集落に2月6日の夜、海中から陸地にあがって来る来訪神行事及び来訪神の名前。この日は月遅れの「6日正月」で、この地域では、「6日正月」を「ムイカドシ」と呼んでいる。この地域では、餅のことを「アッポ」と言い、「アッポッシャ」とは「餅をくれ」という意味。

　この来訪神は3人1組で家々を巡る。服装は「サックリ」という紺染めの麻の作業着を着て仮面は鬼の面をつけている。「チーン」、「チーン」と金属片を叩きながら、集落内を歩きまわる。子どものいる家に上がると、子どもは恐ろしいアッポッシャの姿を見て泣き叫ぶ。母親や祖父母はこの来訪神に「ひとつ赦してやってくれませんか」と言って「アッポッシャ」に渡すようにと子どもに餅を渡す。アッポッシャは子どもから餅を受け取るとそれを貰って立ち去る。

　この来訪神は、男鹿の「ナマハゲ」と同じように、角が2本はえた赤い顔に金色で釣り上がった目で耳まで裂けた口の仮面をつけて現れる。振り乱した髪は、「ホンダワラ」という海藻を取りつけている。

　福井県は、「ナマハゲ系来訪神」が分布する南限といわれるが、現在、この行事は実施されていない。

●油餅神事（アブラモチシンジ）

　秋田県男鹿市にある北浦地区真山では、古くから油餅神事と呼ばれる神事が行われている。この神事では、直径3尺の大きな鏡餅が用いられる。餅の中央に窪みをつけて、そこに油を注ぎ柴燈護摩の火であぶられる。襷をかけた神官は燃えている餅を素早く外へ投げる。

　社人は太鼓を叩き笛や法螺貝を吹き鳴らし、参詣者は乱声と呼ばれる大きな叫び声をあげる。この時、山から「ナマハゲ」の正体といわれる3鬼が来て油餅をつかみ取り去る。油餅は3鬼への人身御供の代わりといわれている。こ

の油餅には霊験があると伝承されている。

●アマノハギ

秋田県象潟町（きさかた）（現・にかほ市）小滝で、毎年、正月15日に行われている来訪神行事の名称。2人1組で集落の家々を訪問する。

秋田県象潟町（現・にかほ市）小滝は鳥海山麓の西側にあり、集落の北東が耕地で西側に山林と峰立山がある。近世には、小滝修験の宗徒が活躍した。この小滝修験の芸能に鳥海小滝番楽と呼ばれる山伏神楽があり、作祭りのご神事として6月から8月に行われている。この小滝番楽で使われる「大江山」と「田村」の面が「アマノハギ」の仮面として用いられている。「大江山」は鬼退治で知られる物語で、「田村」も同様に鬼面が用いられる舞である。「アマノハギ」は**鬼神**と考えられているので、これらの面を用いていると想定できる。

「男鹿のナマハゲ」でも、かつては番楽面を用いた地域があり、同系列の来訪神行事である能代市の「ナゴメハギ」においても番楽面が使用されている。このように番楽面と「ナマハゲ系儀礼」で用いられる仮面には形状に類似性が認められる。この仮面の類似性により「ナマハゲ系儀礼」も「番楽」も共に修験との密接な関わりがあると考えられる。小滝では、「番楽」が行われる時は、面は常に幕内の祭壇に安置され、舞うたびに礼拝をしてかぶることになっている。

「アマノハギ」の時にも同様に、用いられる「番楽」の鬼面は宿に安置され、神酒と小正月の祝い膳が供えられ、関係者の礼拝から始められる。このように仮面に対する信仰は「番楽」と同じように「アマノハギ」にも継承されている。

頭部には、シャグマ（毛冠）と呼ばれる「番楽」で用いられる赤く染められた毛束を当て、番楽舞の着物ともっぺ（もんぺ）をはき、その上に「クゴケラ」と呼ばれるクゴ（水草）でできた「ケラ」を前後に着て、紐で縛り、手足に「ハバキ」と呼ばれる藁で編んだ脛当てを巻きつける。「アマノハギ」に扮するのは「カスマ」と呼ばれる布製の袋と包丁を持つ者、それに斧を持つ者の2人である。（「クゴ」、「ケラ」は「蓑（みの）」参照）

●アマハゲ

山形県遊佐町の女鹿や滝ノ浦などの地区では、「ナマハゲ系儀礼」の来訪神である「小正月の訪問者アマハゲ」の行事が伝承されている。

女鹿では、「日山（比山）番楽」の番楽面が「アマハゲ」の仮面として用いられている。1月3日、「アマハゲ」に仮装する人々は八幡神社に集合し、面開きを行う。その後、鬼面をつけ、家々を訪れる。アマハゲは「ギーギー」という奇声をあげ、各家にあがり込み、子どもたちを追いまわし、家の主人から酒などの饗応を受け、祝儀と餅を受け取る。餅を受け取る際には手を見せないようにする。

滝ノ浦では、以前は小正月に実施されていたが、現在では元日に行われている。「アマハゲ」に扮する人々は、大鳥神社に集合し、面開きをしたのち、仮面をつけて家々を訪れる。この地区では、「アマハゲ」は鬼ではなく神であるとされ、「翁」の「ジオウ」と呼ばれる面をつける。女鹿のように「アマハゲ」が奇声を上げることはなく玄関先で「ハゲ、ハゲ」といった後はほとんど喋らない。荒々しい行為もしない。帰る際に餅を受け取るが、女鹿と同じようにやはり、手を見せないようにする。「アマハゲ」は家を出入りする時に反閇のように足を踏み鳴らしているが、番楽面の使用、反閇のような足遣いなどから修験の痕跡がみられる。

一説によれば、アマハゲは鳥海山大物忌大神の眷属とする解もある。

●アマミ

福井県越前市や石川県門前町の方言で火斑・火型のこと。

福井県越前市では、正月に出現する恐ろしい鬼のような存在の来訪神を「アマミオコシ」というが、その名称は、火斑・火型を表す「アマミ」に由来する。

石川県門前町の各集落においては、囲炉裏に長くあったできる火斑・火型を「アマミ」あるいは「アマメ」という2種類の言い方がある。

●アマミオコシ

福井県福井市荒木新保町や越前市などで正月に行われていた来訪神行事に出現する来訪神の名前。「アマミオコシ」とは、この地域の方言で火斑を意味

する「アマミ」を剥ぐ行為がその名称の由来になっている。現在では消滅して実施されていない。(「アマミ」、「アマメサン」参照)

●アマミツキ

　福井県今立郡今立町南中には「アマミツキ」という方言が残っている。「アマミツキ」とは、囲炉裏の強い火に長くあたっているとできる火斑のことで、何もしない怠け者を指す言葉である。この怠け者を戒めるためにその火斑を剥ぐ来訪神が登場したが、現在では消滅して実施されていない。「アマミツキ」は「アマミ」、「アマメ」の別称。

●アマメ

　福井県福井市や石川県の門前町、七瀬地区などの方言で火斑・火型のこと。「なまくらもん」ともいう。こうした地域には、この火斑を剥ぐ恐ろしい鬼のような存在の来訪神が正月に登場する。

●アマメサン

　福井県福井市国見地区の白浜集落では、2月3日の節分に「アマメサン」と呼ばれる鬼のような存在の来訪神がやって来る行事が行われる。

　「ナマハゲ」系の来訪神「アマメサン」は鬼のような仮面をつけ「ナマハゲ」のように「悪い子はおらんか」と子どものいる家を訪れる。

　名称の由来も「ナマハゲ」と同様で、この地域の言葉で「アマメ」といわれる火斑を剥ぐことによるといわれている。

　行事の趣旨も「ナマハゲ」と同じく怠惰を戒め、災厄を祓うことにある。福井市白浜の集落では、「アマメサン」は「アマミヤサン」とも呼ばれている。現在では消滅して行われていないが福井市荒木新保町や越前市の「アマミオコシ」も同系列の来訪神行事である。

●アマメハギ

　石川県輪島市の門前町、輪島崎町では、1月に「アマメハギ」と称される行事が行われる。名称が囲炉裏の火にあたる時にできる「アマメ」と呼ばれる火斑を剥ぐことに由来することからも分かるように、怠惰を戒める趣旨で行

われている。

　門前町では、現在は1月2日の晩に行われるが、昭和40年（1965）までは1月6日の晩に行われていたという。主役は面様と呼ばれる天狗面をかぶった来訪神で、白足袋白装束に下駄を履き、手には幣を持つ。この面様には「ジジ」と「ババ」が従い提灯持ちと「餅モライ」が続く。

　同じ門前町の皆月集落では、「アマメハギ」は「アマメンサマ」あるいは「アマメオドシ」ともいわれる。この地区、「アマメハギ」は年越しの晩に行われ、子どもの怠惰を戒めると同時に厄祓いをする。

　一行は五十洲神社に参拝後、東出→中町→西出の順に各家を訪れる。先導役以外は無言で神棚のあるカッテ（居間）へ進む。カッテで天狗は無言で神棚に進み、着座し、参拝の後、お祓いをする。天狗が家人の方を向くと、「ジジ」は鑿の頭を槌で叩き、「ババ」は摺りコギで床や子どもの尻をこするようにふるまい威嚇する。そして「母親の言うことをきくか」などと問いただし、良い子になることを約束させる。一行は神棚にあった餅を貰って戸外へ出る。

　輪島崎町では、1月14日と1月20日に行われている。前者を「お出で面様」、後者を「お帰り面様」と言い、合せて「面様年頭」と称されている。この行事は昭和55年（1980）以降、地区内の小学校6年生の男子4人がその役を担う。男面が1人。女面が1人、袋持ちが2人。4人は輪島神社でお祓いを受けた後、地区内の各家を巡る。

　面様は並んで戸口に立ち、榊の小枝で戸口を叩き家に入り神棚の前で並んで立礼する。その後、神棚を背にして着座する。家の主人に、挨拶すると賽銭を受け取り立ち去る。家を巡る順路は14日と20日では逆順となる。この男女の面様は夫婦神といわれている。なおこの地域には、現在では使われていないが、天文10年（1541）の刻印のある鼻高面が残されている。

　この来訪神行事は大部分が海岸地帯の農村で行われており、「アマメハギ」も「男鹿のナマハゲ」と同じように海の彼方から来訪する仮面・仮装の来訪神と考えられるのである。

　石川県鳳珠郡能登町秋吉地区に、2月3日の夜に家々を訪れる「アマメハギ」は「鬼共」とも称され、鬼の面をかぶり、蓑、前垂をつけ藁で編んだ深沓を履く。手にはサイケと呼ばれる酒桶またはボンボロと呼ばれる竹製の容器とベンボチャと呼ばれる作り物の出刃包丁を持つ。「アマメハギ」はボンボロを

打ち鳴らしながら出現し、居間に入ると、家人の脛についた「アマミ」を剥ぐ仕草をする。「アマメ」とは囲炉裏にあたってばかりいる時にできる火斑のこと。幼児らに「怠け者はいないか」などと脅す。

●アマメン

「アマメン」は福井県福井市白浜町地区に伝わる来訪神の行事で上記の「アマメサン」とほぼ同じ行事、地区によって名称が異なっている。

福井県では、南条郡河野村甲楽城の「オドシ」、三方郡三方町向笠の「アマメハギ」、今立郡今立町南中の「アマミツキ」、福井市蒲生町の「アッポッシャ」なども同系列の来訪神行事だが、これらは現在実施されていない。

現在も実施されている福井市の「白浜のアマメン」は県指定無形民俗文化財である。

●安全寺（アンゼンジ）

男鹿市北浦地区の集落の名称。この地区の「ナマハゲ」は「戻りナマハゲ」といわれる。名称の由来は「ナマハゲ」が「お山（真山）」から降りてきて村を巡り、最後に安全寺を通って「お山」に戻ることから名づけられた。使用される面は、代々伝わるもので、木彫りやケヤキの皮面に、金紙や銀紙を貼ってある。それぞれの面には、名前がつけられており、リーダー格の面は「オクヤマノオクノスケ」乱暴者の面には、「キバノキンスケ」、唄の上手な面は「ササデノサンスケ」という。夫婦とその子どもといわれていて3人1組で巡る。

現在では大晦日に行われているが、以前は1月の小正月に実施されていた。

●飯ノ森（イイノモリ）

男鹿市の集落の名称。この地区では、「ナマハゲ」は「八郎潟のシガ（氷）を渡って来る」と信じられている。面は杉の木彫りで、赤色と青色に彩色してある鬼面である。面の牙には、金紙や銀紙が貼られている。

責任者の「親ナマハゲ」は訪れた家の主人に新年の挨拶をするが、別の「ナマハゲ」は子どもがいるかどうか家じゅうを探しまわる。主人が「子どもは寺に行ったみたいだ」と言って、「ナマハゲ」を膳の前に座らせると、「ナマハゲ」は「山（寒風山）にいるから子どもが親の言うことをきかなければ、

いつでも山からやって来る」と言って立ち去る。

●異界（イカイ）

「異界」は日常社会から離れた所に存在する非日常の世界と考えられている。ヨーロッパでは、森、洞窟、泉などが異界と考えられ、そこには人々に不幸をもたらす悪魔、魔女、妖怪などが棲息しているといわれる。一方、人間を幸せにしてくれる**神**や精霊、祖遷霊などもそこにいると信じられている。

来訪神は、こうした「異界」から威嚇と慈愛の二面性を持って季節の変わり目にやってくる。人々は迎えた来訪神を「祭り」の「ハレの日」に歓待、交流し、再び「異界」へ送るのである。

日本では、山中、海上、海底、地下世界などが「異界」と考えられており、そこには、**神**や仏、祖霊、精霊などの**善霊**の他に**鬼**や幽霊、怨霊などの**悪霊**も棲んでいると信じられていた。

●異人（イジン）

文化人類学者の岡正雄は、論文「異人その他」の「異人論」の中で、秘密結社において人が扮した来訪神を「異人」と呼んでいる。

秘密結社においてその男性構成員が定められた季節の変り目に恐ろしい仮面をかぶり、異様な服装で、音を出してその出現を報じ、家々を巡り歩く。子どもたちには訓戒を与え、言うことをきかぬ子には威圧を与える。迎えた家の主人は、訪れた異人、仮面・仮装の神に酒を振るまい歓待する。

●岩倉（イワクラ）

秋田県男鹿市の集落の名称。この岩倉地区では「ナマハゲは太平山からシガ（氷）を渡って来る」とされている。この地区の「ナマハゲ」の面はブリキ・木・ザルなどで作られていて、ザルで作った面には赤い鬼面と青い鬼面がある。前者をバンバ（婆）面、後者をジッコ（爺）面という。この地区の「ナマハゲ」は10人程度の人数で2組に分かれて、家々を巡る。当日は十王堂に集合し、準備をする。出発する時には「ナマハゲ」は毘沙門沢とユノデ沢に向かって雄叫びをあげてから各家へと向かう。家に入った「ナマハゲ」は家中を巡ったのちに膳につき、家の主人に「おめでとうございます」と新年

の挨拶をし、床の間を背にした上座に座る。主人は神棚を背に座り、問答を交わし、「ナマハゲ」を歓待した後、餅などを渡す。

●引声（インゼイ）

　天台声明における歌い方のひとつ。声をかなり長く伸ばし様々な装飾をつけて歌う。来訪神の出現する儀礼や民俗芸能には、仏教系のもの、神道系のもの、修験道系のものなどがあるが、仏教系の来訪神の出現する民俗芸能には、「延年の舞」があるがこの「延年の舞」の中にも引声が歌われるものがある。

●引声阿弥陀経（インゼイアミダキョウ）

　阿弥陀経を1語1語引くようにゆるやかな節で読経すること。第3代天台座主・慈覚大師・円仁（794〜864）は遣唐使として中国（唐）に行き、そこで五台山の「引声念仏」を相伝し、帰国して日本に伝えた。

　『渓嵐捨葉集』（第39）の「常行堂摩多羅神の事」では、円仁が五台山の「引声念仏」を相伝し、帰国の折、船中で虚空から「摩多羅神」の声が聞こえて感得。帰国の後、比叡山に常行堂を建立、勧請し、「常行三昧供（じょうぎょうざんまいく）」を始修。以降、阿弥陀信仰を始めたと記されている。

　また京都左京区にある天台宗の鈴声山・真正極楽寺（通称・真如堂）では、毎年、10月14日〜16日に「引声阿弥陀経会（いんぜいあみだきょうえ）」が行われる。人々はこの「引声念仏」により、極楽浄土を願った。

●後戸神（ウシロドガミ）

　後戸神は寺院の本尊の裏側に祀られる神で、「摩多羅神」のことを指す。「修正会」、「修正鬼会」、「延年の舞」などの芸能は、この神に捧げられたものと考えられている。その意味でこの神は芸能神の一面も持っていると言える。

　この「摩多羅神」は「赤山明神」や「赤神山権現」とも同体とされ、「ナマハゲ」の原像を考察する上で重要な神である。（「摩多羅神」参照）

●空吹（ウソブキ）

　男鹿の「ナマハゲ」の文献初出は江戸時代後期の旅行家、博物学者の菅江真澄が著した紀行文『牡鹿乃寒かぜ』にみられる。文化8年（1811）の正月に

若美町でナマハゲを見聞したという記述である。挿絵を見ると赤い「鬼」の仮面と「空吹」（うそぶき）の仮面が描かれていて、赤い「鬼」の面には角が2本あり、緑色の「空吹」の仮面には角がなく、赤いハチマキをしている。「空吹」とは「口をつぼめて息を吹くこと」の意味である。「うそ」は口笛の古称。

　現在、男鹿の地区では、「空吹」の仮面は用いられていないが、同じ秋田県内の能代市では、「ナゴメハギ」で「鬼」の仮面と共にこの「空吹」の仮面が用いられている。他県では、新潟県村上市の「アマメハギ」や青森県下北郡風間浦村蛇浦の「ナガメヘズリ」岩手県種市市の「ナモミハギ」などでも「空吹」の仮面に類した「ひょっとこ」の面が用いられている。

　鉱山民俗学者・若尾五雄著『金属・鬼・人柱その他』によれば、「鬼」は女性をあらわし、「ひょっとこ」は男性をあわすという。民俗学者の柳田國男は「ひょっとこ」の原義が「火男」であるとし、その面は「火を吹く顔」を写した「もどき」の面であると想定した。同じく民俗学者、国文学者の折口信夫は「空吹」の面も「もどき」の面であるという。折口によれば、それは「もの言う約束をもった面」であり、「神に対してもどく精霊の表出」であるという。

　この「空吹」の面は長野県伊那郡新野で行われる「雪まつり」の「翁の舞」でも用いられる「翁」の面と同じく、折口の言うように「もの言う約束をもった面」であった。「雪まつり」の「翁」は「言い立て」と呼ばれる唱え言を行うが、この「翁」の「言い立て」は「もどき芸」といわれている。

　民俗芸能における「翁」や「空吹」の面は、世阿弥が大成した猿楽の「翁」の面や狂言の「空吹」の面の延長線上に位置すると考えられる。「ナマハゲ系来訪神儀礼」と猿楽、狂言などの古典芸能の間には密接な相関関係がうかがえる。

●エボシマ

　秋田県男鹿市の「ナマハゲ」行事で用いられる裂織りの長着のこと。夜着としても使用される。男鹿市船川港地区門前の「ナマハゲ」は、このエボシマの上にケラをつけて出現する。これは門前地区の特徴である。

I　大和文化圏の仮面・仮装の来訪神

●延年の舞（エンネンノマイ）

　延年とは「命を延ぶる」、「長命」という意味。元来は、貴族社会の遊宴の歌舞をさしたが、平安時代末から鎌倉時代にかけて、「延年」は修正会や修正鬼会などの寺の法会の後に催された法楽の芸能大会を意味する名称に変容していった。「延年の舞」とは、その「延年」で舞われる民俗芸能を指し、主に社寺で行われていた。

　その内容は時代・寺院により異なるが、猿楽・田楽・白拍子・舞楽などの当時行われていた芸能を広く含んでいる。現在では岩手県の毛越寺、栃木県の日光輪王寺などに伝えられている。九州の来訪神行事である修正鬼会の「延年の舞」には、「翁」や「鬼」の仮面をつけた来訪神が登場し、舞を舞う演目もある。

　各地で行われる「延年の舞」の代表的なもののひとつに岩手県の平泉毛越寺の 常 行堂で催される「延年の舞」がある。特に1月20日夜に行われる「摩多羅神祭」では、僧たちによって「 常 行 三昧供」が厳修される。そこで執り行われる『祝詞』は、最も重要な式であり、古くより秘文とされていて、来訪神「ナマハゲ」の原像と想定される「摩多羅神」について説かれているとされている。

●太平山（オイダラ）

　秋田県中央部、秋田市と上阿仁村とにまたがる山。標高1170メートル。奥岳には、太平山三吉神社の奥宮が設置されている。古くから薬師の峯・修験の山として知られている。「男鹿のナマハゲ」は、「お山からやって来る」といわれるが、田谷沢や岩倉の地域では「ナマハゲは太平山から来る」といわれ、恐い鬼神とされている。

●太平山ノ三吉（オイダラノサンキチ）

　太平山三吉神社の祭神・三吉霊神の愛称。太平山三吉神社は白鳳2年（673）役行者小角の創建と伝えられ、祭神として「三吉霊神」が「大己貴大神（大国主命）」、「少彦名大神」と共に三柱として祀られている。三吉霊神は「さんきちさん」、「みよしさん」の愛称で親しまれ、力の神、勝負の神と知られている秋田の神様。この神様は元、太平の城主・藤原鶴寿三吉という名君

であったが、他の豪族に追い出され、世を捨てて、太平山に籠り、太平山の大己貴大神と少彦名大神の神を深く信仰し、修行して力を身につけ、神様として祀られたと伝えられている。

「男鹿のナマハゲ」（郷土史家・吉田三郎著『男鹿寒風山麓農民手記』所収）には、3匹の「ナマハゲ」について記されているが、「1番ナマハゲ」は男鹿の「真山」、「本山」からやって来て、「二番ナマハゲ」は太平山の方から、「三番ナマハゲ」は八郎潟の方から「シガ（氷）を渡って来る」といわれている。また、男鹿の脇本地区では、「ナマハゲ」は「太平山からやって来る」との伝承もある。これは、三吉霊神が江戸時代には太平山三鬼神と記されていたことから三吉霊神を鬼神と信仰し、「ナマハゲ」を三吉霊神の化身と捉えるようになったことに起因すると考えられる。

● お祝いそ（オイワイソ）

　徳島県の来訪神行事。藁製の銭縒を持ち家々を巡り「お祝いそうにこーとこと」と言いながら銭や菓子を貰って歩く来訪神行事。別称「お祝いそう」。
　徳島県麻植郡（現在では吉野川市）山川町では、正月14日（小正月）の夜に子どもが「御祝いそうにこーとこと」とか「大判、小判、小正月、お祝いそコトコト」と言って家々を訪れ、徳島の雑穀・高黍の茎で色々な自作した作り物の農具と餅を交換するよう求めた。この時、子どもの「シジ」（男児の陰茎）を握ると、その年の蚕のできが良いという俗信があり、子どもは握られまいとした。
　徳島県阿波市阿波町や吉野町では、旧正月14日の朝、4〜5人1組となった子どもが袋をさげ、「お祝いそコトコト」と言いながら近隣の家々を訪ねるお祝いそと呼ばれる来訪神行事が戦前まで行われていた。各家では、あらかじめ用意してあった餅や、しろ麦、くろ麦という丸い小さな輪になった麦粉で作ったお菓子などを子どもに与えた。しかし、「人から物を貰って歩くのは教育上好ましくない」との理由で現在は行われていない。

● 押領鬼（オウリョウキ）

　男鹿の本山・赤神神社の「赤神大権現縁起」に記されている「5鬼」のうちの1匹の鬼の名前。武帝の使者として5色の蝙蝠に姿を変え武帝と共に天より

男鹿に飛翔した。「眉間」と「逆頬」は夫婦で「眼光鬼」、「首人鬼」、「押領鬼」は夫婦の子どもの3兄弟である。この3匹の鬼が「ナマハゲ」の正体であるとの伝えられており、「赤神」と共に3兄弟一緒に五社堂に祀られている。(「五社堂」参照)

●大倉（オオクラ）

　秋田県男鹿市脇本・船越地区の集落の名称。この大倉では、「ナマハゲ」は「オイダラ（太平山）からシガ（氷）を渡って来る」と信じられており、太平山の神・三吉さんの化身と信じられている。

　この地区の「ナマハゲ」は2人1組で3組に分かれて家々を巡る。使われる面は、ザルに古い新聞紙を貼り、藁を入れて針金でふくらみをつけ、頭の毛には馬の尾の毛を用いた。服装はケデを身につけ藁沓を履く。「ナマハゲ」は行事の前の晩に三嶋神社の境内で古い神札や杉の枝で柴燈を焚いて餅を焼く。この餅は魔除けになるとされ、家に持ち帰る習慣がある。行事当日は三嶋神社に参拝し、「ナマハゲ」の面に酒を供え、面に「シン」（魂）を入れてから出発、集落を東、中、西の3地区に分けて家々を巡る。

●大林太良（オオバヤシ・タリョウ）

　文化人類学者の大林太良（1929～2001）は民族学を学び、比較神話学の視座から『日本神話の起源』(1960)を刊行。昭和57年（1982）、日本民族学会会長に就任。『正月の来た道』(1992)では、岡正雄の「異人」説を踏まえて「ナマハゲ系儀礼」の文化的背景を考察し、そこに「子どもとして死に大人として再生する」成年式（通過礼）の要素があることに注目する。更に、「ナマハゲ」には「脱皮のモチーフ」があると指摘した。

　編著に『岡正雄論文集　異人その他』（岩波文庫）がある。

●男鹿真山伝承館（オガシンザンデンショウカン）

　「ナマハゲ」は、昭和53年（1978）に国の重要無形民俗文化財に指定された行事で、毎年、大晦日の晩に男鹿半島のほぼ全域で行われている。中でも真山地区の「ナマハゲ」は古い伝統としきたりを厳格に受け継いでいる。男鹿真山伝承館、通称、「なまはげ館」では、この由緒正しい真山地区の「ナマハ

ゲ」の習俗を体験し、理解してもらうために学習講座を開設している。

「なまはげ館」では常時、12月31日の「ナマハゲ」行事を再現し観光客が鑑賞できる機会を設けている。

●岡正雄（オカ・マサオ）

民族学者・岡正雄（1898〜1982）はウィーン大学で民族学を学び、日本の民族学、文化人類学を主導しその礎を築いた。

著作『異人その他』で「ナマハゲ」を「異人」と呼び、メラネシアやニューギニアの種族にみられる儀礼と類似していると指摘。岡によれば、神は垂直に出現するものと水平に出現するものがあるが、「ナマハゲ系儀礼」に登場する神は海の彼方からやって来る水平に出現する神で、その神には、「母系祖先的色彩の強い血縁的祖先崇拝」の傾向が著しく、メラネシアやニューギニアの人々は「仮面・仮装の異形の来訪者を祖先・祖霊」と考え、そこには、「原始秘密結社的な宗教・社会形態が認められる」という。こうしたメラネシアやニューギニアの種族文化と日本の男鹿半島の「ナマハゲ系儀礼」の文化に類似性がみられるのは、「ナマハゲが東南アジア大陸のどこからか南海に流入し、その一流が南部中国を経て日本列島へ渡来したからである」という学説を提唱した。この岡の学説は「ナマハゲ系儀礼」の民族学的比較研究の先駆をなすもので、その学史的意義はきわめて大きいといえる。

●岡本太郎（オカモト・タロウ）

マルチタイプの芸術家として知られる岡本太郎（1911〜1996）はパリ大学哲学科在学中に、人類学博物館（Musee de l'Home）で民族学（Ethnologie）を学び、その視座から独自の「ナマハゲ論」を展開した。

岡本は日本の民俗学で「ナマハゲ」を「春来る鬼」（折口信夫）と捉えるフォークロアの考え方に異論を唱えた。岡本は「ナマハゲ」を「あらゆる原始的な人間社会にみられる霊の現れである」という。「ナマハゲ系儀礼」で用いられる仮面に注目し、それがメラネシアやニューギニアの秘密結社で用いられている仮面と類似している点に着目。「ナマハゲ」がアジア全体で広く信仰されているシャーマニズムと関係があると指摘し、「ナマハゲ」に代表される東北文化の源流にシャーマニズムを見出し、そこに縄文人の生きた時代の

狩猟文化の痕跡を認めている。

●おこない

　集落内の豊作・大漁・安全などを祈願して1月から3月に行われる行事。「おこない」は集落の永続を祈念する中心的な行事と意識されている。

　「おこない」の起源は、五穀豊穣などを目的として執り行われた奈良時代の「修正会」の記録に求めることができる。「おこない」は神事と強く意識され、神社を中心に行われる地域と寺院での乱声など魔除け行為を中心とする地域との2つに大別することができる。

　この「おこない」は古くは寺院で執り行われていたものが、鎌倉時代以降に密教系寺院が減少したこと、更に明治初年の神仏分離などにより神事へと変容していったものと想定できる。

　寺院などで魔除け行為として執り行われる際に行われる乱声は「ナマハゲ系儀礼」でも用いられることがある。

●女川（オナガワ）

　秋田県男鹿市の女川地区は3区にわかれる。東側は「オヤブラ」中は「ナカブラ」、西側は「ニシブラ」。この3地区では、かつて「ナマハゲ」の面は「オヤケ」といわれる旧家が持っており、神棚に置いていた。

　12月31日夕方、若者たちが八幡神社に集まり、着装する。「ナマハゲ」は「ニシブラ」から巡るものと「オヤブラ」から巡るものとの2組に分かれて出発する。ナカブラに入って2組がかち合う家があるが、この2組がかち合う家は縁起が良いとされた。

　「ナマハゲ」は四股を踏んで家に入り、座敷に上がって、主人と問答する。帰る時には松葉、ユズリ葉が添えられた角餅を2枚渡される。「ナマハゲ」から落ちた藁は無病息災の守りとして神棚にあげ、その日は座敷の掃除はしない。

●鬼（オニ）

　人々に危害を加える邪悪な霊や死者のイメージを基本としながら、祝福をもたらす性格も合わせ持った存在を鬼という。

　中国の鬼は死者の魂や亡霊を意味し、現在でも、中国や台湾では、「鬼」と

いえば、基本的に死者の幽魂を指す。

　日本語の鬼の語源については「隠(おん)」が変化したという説などがある。折口信夫は古代の和語においては神と鬼は同義であったという説を提唱し、時代の変化の中で恐怖のイメージや邪悪な性格のみが鬼に集約されるようになったと考えた。この折口説は民俗学の定説として鬼の概念に大きな影響を与えた。

　古代では、鬼の外来語に「モノ」や「カミ」など様々な読みが当てられたが、平安時代以降、次第に「オニ」に統一されるようになった。鬼は仏教・道教・陰陽道・修験道などから影響を受け、さらに昔話などの口承文芸に取り入れられる中でその性格やイメージは多彩な展開を遂げた。

　折口が指摘した神と一体化した鬼は男鹿の来訪神「ナマハゲ」に代表される鬼で、折口は「ナマハゲ」を「春来る鬼」と呼び、時を定め海の彼方から来訪する「マレビト」であると考えた。これは日本の鬼の原型であるといえる。

●鬼剣舞（オニケンバイ）

　岩手県北上市・奥州市の「鬼剣舞(おにけんばい)」の鬼は風流念仏踊り系の来訪神。剣舞とは盆に祀られる「精霊(しょうりょう)（先祖の霊魂を意味する）供養」のための風流念仏踊り。「ケンバイ」は「ケンベエ」とも呼ばれ「剣舞」、「顕拝」などの字が当てられる。

　剣舞は岩手県のほぼ全域と宮城県仙台市周辺で行われている。岩手県の「剣舞」は、「大念仏」、「鬼剣舞（念仏剣舞）」、「ひな子剣舞」、「ちご剣舞」、「鎧剣舞」、「高舘剣舞」などに大別できる。

　大念仏は岩手県の中部に分布し、阿弥陀堂をあらわす大笠を頭上に載せてふる踊りが中心となる。華やかな衣装を着て唐うちわ、太刀などを持つ踊り子が円舞する。念仏回向の意識が強い。

　「鬼剣舞（念仏剣舞）」は県南部に分布し、異形の鬼の面をつけ、太刀を持って、激しく踊るので、北上地方では、「鬼剣舞」という。胆沢郡衣川村（奥州市）の「川西念仏剣舞」、北上市の「岩崎鬼剣舞」などがある。反閇(へんばい)による悪霊退散、念仏による衆生斉度の意識があるが風流化が進んでいる。（「風流」の項参照）

　「鬼剣舞（念仏剣舞）」の鬼はお盆になると、地区の家々を巡り、供養のため、「鬼剣舞（念仏剣舞）」を踊った。地域の大きな家で踊った後、その家に

入り、**鬼**は膳を並べた座敷で歓待を受けた。

●鬼やらい（オニヤライ）

兵庫県の一帯では、「鬼やらい」と呼ばれている**鬼**を追って払う「追儺^{ついな}」の行事が多く残っている。こうした「鬼やらい」の行事に登場する**鬼**も「春来る鬼」の来訪神である。

神戸市の近江寺では、2月11日に正月の法要である修正会が営まれた後、「鬼やらい」が始まる。まず、「ばば鬼」と呼ばれる**鬼**が松明を持って、**子鬼**を引き連れ登場。やがて**子鬼**たちは本堂に入り、手にした智慧の棒を打ちあう。やがて**赤鬼**と**青鬼**が登場。この赤と青の**鬼**は不動明王と毘沙門天の化身だと考えられている。つまりこの2匹は**鬼**の姿は仮の姿で、本来は仏の化身なのである。

●オヤゲ

秋田県の男鹿の方言で旧家のこと。旧若美町の宮沢地区の「ナマハゲ」面は赤と青の2種類がある。いずれもケヤキの皮で作り、馬の毛などで、髪や髭をつけた。仮面の保存には、古くはオヤゲ（旧家）のフダラと呼ばれる馬屋の2階に置かれた。また男鹿の北浦地区の相川では、「ナマハゲ」は海岸側と山側に分かれて、それぞれ最寄りの家からまわり、最後にオヤゲで合流する。北浦地区の安全寺集落ではかつては最初にオヤゲの家からまわっていた。

「ナマハゲ系儀礼」の来訪神行事ではオヤゲは重要な役割を担っている。

●折口信夫（オリクチ・シノブ）

民俗学者・国文学者・歌人・小説家（1887～1953）。歌人として釈迢空の筆名で創作活動を行う。明治20年（1887）、大阪生まれ。明治38年（1905）、国学院大学に入学。明治43年（1910）、国学院大学卒業。大正4年（1915）に柳田國男の『郷土研究』誌上に論文を掲載したのを契機に柳田國男に師事。民俗的な視点に立った独自の国文学の方法を模索する。大正11年（1922）、国学院大学の教授となり、昭和3年（1928）以降、慶応義塾大学の教授を兼ね、終生その職にあって、国文学、民俗学、芸能史などを講じた。

昭和4年（1929）から昭和5年（1930）にかけて『古代研究』国文学篇・民俗学篇（第1冊）・民俗学篇（第2冊）の全3巻の論文集を刊行。折口学の輪郭

を初めて世に示した。折口は自らの学問の目的を古代の探究に置いた。

　折口信夫が民俗学の研究史上、果たした大きな成果のひとつに「マレビト」論がある。折口は「マレビト」を「ごくまれに、時を定めて海の彼方からこの世に出現する人にして神なるもの」と規定し、この「マレビト」が文学・芸能の起源であると説き、独自の日本文学・日本芸能の発生論を打ち立てた。

　生涯、多くの旅をしたが、折口が民俗学者として意識して訪れた地域は、沖縄本島、宮古島・八重山諸島などの地域と、長野・愛知・静岡などの山間地域であった。

　折口は生涯独身で過ごしたが、昭和19年（1944）、長年、居をともにしていた門弟の藤井春洋が戦地に赴くのを機に彼を養子として入籍する。しかし、春洋は翌年、戦死する。春洋亡き後、岡野弘彦が書生として同居し死期をみとった。昭和23年（1953）、67歳で死去。

　主な著書には、処女歌集『海やまのあひだ』（1925）、小説に『死者の書』（1935）などがある。

●カショゲ

　秋田県の方言で手桶のこと。男鹿の地域では、大晦日の夜に男鹿の「お山」から訪れる来訪神「ナマハゲ」は、片手に木に銀紙を貼りつけた作り物の出刃包丁を持ち、もう一方の手にはこのカショゲを持って出現することが多い。

　男鹿の船川港地区の女川の集落でも「ナマハゲ」はカショゲを持って出現する。女川では、カショゲに注連縄を張り松葉、ゆずり葉、タラノキ、干ハタハタを差し込んで使った。

●カセドリ

　佐賀市蓮池町見島地区で、毎年2月の第2土曜日の夜に行われる来訪神行事の名称。「カセドリ」は地元では「加勢鳥」と表記され、神から使わされた雌雄の番の鳥と考えられている。

　柳田國男は「カセドリ」が笠をつけていることから「笠＋鳥」の語源説を唱えた。一方、折口信夫は「カセドリ」の「カセ」は「瘡蓋」を意味する「痂」であると解釈し一種の皮膚病と捉え、子どものあせもの様にも考えられると述べている。つまり折口は「ナマハゲ」が「ナマミ」と呼ばれる火斑を剝ぎ

取る行為からその名称が生まれたように、「カセドリ」も「痂（かせ）」を剥ぎ取る行為が名称の由来となったと考えた。「カセドリ」の「カセ」に「痂（かせ）」の字を当て「痂＋取り」の語源説を唱えている。

　菅井真澄はその著作『かすむこまかた』において「カセドリ」に「桛鶏（かせきどり）」の字を当てている。

　この行事では、笠や藁蓑をつけた2人の青年が来訪神「カセドリ」となって2月の第2土曜日の晩、集落内の家々を順番に訪れ、手に持った青竹を激しく畳や床に打ちつけて、悪霊を祓い、その年の家内安全や五穀豊穣を祈願する行事である。

　「カセドリ」役は、地区内に住む20歳前後の未婚の青年から選ばれる。この行事の行われている蓮池町一帯は、かつて有明海の干拓地であり、江戸時代初期に開墾が進められたが、井戸水に海水が混じり、夏になると、疫病が絶えなかったという。そのため紀州の熊野三所権現を勧請し、熊野権現社を建立、当地の鎮守として祀ったところ疫病が途絶えたとされていて、これを機に始められたのが、この行事の由来と伝えられている。

　この行事は、以前は旧暦の1月14日に行われていたが、現在は2月の第2土曜日の夜に行われている。

　この「見島のカセドリ」は平成30年（2018）11月ユネスコ無形文化遺産に登録された。

●仮装（カソウ）

　人間が仮面をかぶり、衣装などを身につけることによって、異なる存在に扮すること。多くは**神**や**鬼**などの超自然的な存在を表現することが多い。

　秋田県の男鹿半島に散在する「ナマハゲ」には、様々な形態があるが**鬼**の仮面をかぶり、「ケラミノ」という蓑（みの）を着、藁沓（わらぐつ）を履いて家々を訪れるのが一般的である。

　来訪神に仮装する方法は仮面や衣装が最も代表的で衣装には草木や植物の枝、葉、藁製の蓑や笠などを用いることが多い。琉球文化圏や混合文化圏でもそれは同様で、例えば、沖縄県八重山列島に伝わる来訪神行事「アカマタ・クロマタ」においても大きな赤と黒の仮面をかぶり、頭部に「クロツグ（南西諸島に自生するヤシ科の植物）」の葉を立て、全身を「蝦蔓（えびづる）（野ブドウ）」

の蔓で覆って仮装する。また、鹿児島県トカラ列島悪石島に出現する異形の来訪神「ボゼ」は大きな紙製の仮面をかぶり、手足に「棕櫚（ヤシ目ヤシ科シュロ属の総称）」の皮を縛りつけ、胴に枇榔の葉を巻きつける（「枇榔」、「蓑」参照）。

来訪神の仮装に関しては、文化圏を異にしても共通する要素が全国各地に多くみられる。

●カド踏み（カドフミ）

「ナマハゲ」が大晦日の晩に家々を訪れるが、その年に死者などが出たために、家の中に立ち入ることのできない家では、家の外で「シコ」を踏む。ふつうは、家の中に入ってから「シコ」を踏むのであるが立ち入ることができないので、外で行って、災厄を祓うのである。このように「ナマハゲ」が外で「シコ」を踏むことを「カドを踏む」という。

秋田県男鹿市の真山では、「ナマハゲ」は2人1組で2組が家を訪れるが、不幸、出産などのあった家には中に入ることができない。

●金浦町（カナウラマチ）

秋田県南西部に位置する日本海に面していた町の名称。古くは木ノ浦と呼ばれた。2005年10月1日に由利郡象潟町、仁賀保町と合併し、にかほ市になった。この町では、「ナマハゲ」は「アマハギ」と呼ばれ、子どもたちが主体となっている。赤と緑の面をつけて家々を巡り、悪霊祓いをして餅を貰って歩く来訪神行事として行われている。

金浦町赤石の集落の「アマハゲ」は少年が主体となり顔に墨を塗りケデを巻きつけた格好で家々を巡り、餅と初穂料を貰って歩く。この赤石の集落では、「アマハゲ」は仮面を用いず、顔に墨を塗る。

来訪神には、このように仮面ではなく墨や泥などを顔に塗って仮装する行事もある。

●カパカパ

青森県津軽地方では、「ナマハゲ系儀礼」の来訪神行事に「カパカパ」という行事がある。小正月（1月15日）に子どもたちが紙製の人形を手に持ち、「カ

パカパ、来たよ」と言って集落の家々を巡る。迎えた家人は「カパカパ」に餅を渡す。「パカパカ」とも呼ばれている。

　青森県南津軽郡の田舎館村大根子地区では、福の到来を願う伝統行事「カパカパと福俵」が毎年、正月に行われている。この行事は戦後一時、中断していたが、昭和52年（1977）に古くから津軽地方に伝わる「カパカパ」と家内安全や五穀豊穣を祝う福俵を合わせた形で復活し、40年を越え、現在も毎年、行われている。

　「カパカパ」は戦国時代に始まったといわれ、「シナコ」と呼ばれる大根やニンジンを使った人形を家の入口近くに立てておく。「福俵」は僧侶らが祝い事のある家で行ったとされる。

　この地区では、正月に約130世帯を神主や「大黒様」に扮した子ども会の子どもたちが2班に分かれて地区の家々を訪問し、神主役の子どもがお祓いをした後、玄関で「大黒様」役の子どもが「舞い込んだ、舞い込んだ、福俵が舞い込んだ」と歌いながら、紐がついた米俵を繰り返し転がした後、軒先に野菜で作った「シナコ」と呼ばれる人形を立てかけ、家内安全や五穀豊穣を願う。

　来訪神の行事には、この「カパカパ」のように来意を告げるために同じ語を繰り返す畳語の唱え言が発せられる事例がある。他にも「トビトビ」、「トロトロ」、「コトコト」、「ホトホト」などがある。来訪神の名称や行事名はこの畳語より転用されたもの。

　人類学者、民俗学者の伊藤幹治は「ホトホト」などの行事を畳語の「オノマトペ」（擬音語）と捉え、「トタタキ系の来訪神」に分類している。「コトコト」、「ホトホト」などの畳語には「ト」が含まれているが、柳田國男は、これらの行事が「戸を叩く音をもって名づけられている」と指摘し、戸を叩く擬音語と解釈している。

　柳田國男は『歳時習俗語彙』の「ホトホト」の項目で「最初は夜分に戸を敲く音であったものが、後に、口でさう謂って訪ねて来る」ようになったと指摘している。

●カバネヤミ

　岩手県大船渡市三陸町吉浜では、怠け者のことを「カバネヤミ」という。

96

この地区の小正月の来訪神の行事で来訪神「スネカ」が「カバネヤミ、泣く
ワラシ、いねえが」と言うと、家の主は「カバネヤミも、泣くワラシもいね
え、餅あげっから、帰ってけらっせん」と答える。「スネカ」は帰り際に祝儀
や切り餅を主人から受け取ると、次の家に向かう。この時、後ろ姿を見せず、
ゆっくりと後ずさりをしながら、夜の闇に消えていく。

　「スネカ」という呼称は冬、囲炉裏にあたって怠けている者の脛にできる
火斑や火型を剥ぐ行為である「脛皮タグリ」に由来するいわれている。

　岩手県沿岸地域の北部では、「ナモミ」や「ナゴミ」、南部では「スネカ」、
「火型タグリ」などの名称でも呼ばれている。

●カマス

　秋田県の「ナマハゲ系来訪神行事」で貰った餅や金銭などを入れるもの。
旧若美町地区の福米沢の「ナマハゲ行事」では、「カマス」を持つ者が「ナマ
ハゲ」と一緒に同行する。この地域では、時に子どもを入れて脅すためにも
「カマス」を使う。福米沢の「ナマハゲ」は欅の皮やザルで作られた鬼の面
をかぶり、ケデをまとい、手には木製の包丁を持っている。1組に1人、「カマ
ス」持ちがつく。「ナマハゲ」は村道を挟んで上の集落と下の集落に分かれて
家々を巡る。家の中に入る時は、入り口の戸を叩き、大声をあげて来訪を知
らせる。「ナマハゲ」の応対は主人が行う慣習となっている。

●神（カミ）

　人間の認識を越えて、幸いと共に厄災をももたらす存在で、善神・悪神を
含む。

　神は元来、不可視で、雷など自然現象として示現し、木や石、鏡、剣御幣
などを依代に宿り、人に憑依し、託宣する。神は基本的に「アニミズム」と
呼ばれる霊的存在への信仰に根ざしている。その内容は多様だが、家の先祖
も神とされ、社会構造と密着した「祖霊」でもある。

　柳田國男は「祖霊」が山に鎮まって、「山の神」となり、春には農耕を守り、
里に降りて「田の神」となり、秋の収穫後、山に帰るという循環性を強調した。

　また神の概念は生業によって異なる。「祖霊信仰」は定住稲作農耕民の世界
観を基盤に生まれ、家を基盤とするが、焼畑農耕民は家を基盤としない。

さらに非農耕民は独自の守護神を持つ。鍛冶師の天目一箇神や漁民の船霊、漂流死体を「えびす」として祀る信仰など、職能に誇りを抱き、独自の**神**を仰ぐ。

●上金川（カミカネガワ）

秋田県男鹿市船川港地区の集落の名称。上金川の「ナマハゲ」は2人1組で付き人（3人〜4人）、先ぶれ（1人）で2組作る。

巡る前に会館から面と装具を持って神社へ参詣し上座に面などを置いて礼拝する。その後、お神酒をいただいた後、装着し奇声を上げる。最初に洞泉寺へ2組一緒に行き、そこから、1組ずつに分かれ、村の両端から各家を訪れる。

この地区の古い「ナマハゲ」の面は秋田市の仏師の作と伝えられている。赤い「ナマハゲ」の鬼面が「ジッチャ（爺）」青い「ナマハゲ」の鬼面が「ババ（婆)」をあらわす。

●加茂青砂（カモアオサ）

秋田県男鹿市戸賀地区の集落の名称。加茂青砂では、「ナマハゲ」は2人1組で家々を巡る。持ち物は木製の出刃包丁、御幣、これらの他に椿の枝。椿には、大漁満足、悪霊退散の意味があるといわれている。「椿」はこの他の地域ではみられない持ち物である。

迎える側では、「えぐ来たしな、雪のどこ」などと「ナマハゲ」にねぎらいの言葉をかけ床の間に掛軸を吊るし、膳を供するなどして歓待する。

●カユツリ

高知県を中心に四国や岡山県などの広域において行われていた来訪神の儀礼。基本的に小正月の14日の夕方、変装した子どもや若者が藁製の銭緡、箸、付木などを持って、各家を巡り、餅やお金を貰う習俗。「カイツリ」、「カユツリ」などともいわれ、「粥釣り」の字が宛てられている。

『日本国語大辞典』には、「高知県下に行われる新年の行事のひとつ。三方に載せて床の間に飾った白米、橙、譲葉を1月14日におろすと、青年男女や子どもが仮面をかぶってその米を1握りずつもらい歩き、それを集めて粥を炊い

て食べること」と説明されているが、「カユツリ」の行事では集落の人々が扮
する来訪神が家々を訪れ儀礼的に交換を行う。来訪神役の者は頬かむりして、
「粥釣っとうぜ」と唱えながら、家々から米を貰い歩いた。

　この行事の名称である「カユツリ」の「ツリ」は『年中行事図説』では、
小正月に食べる粥にする米を来訪神役が「得る、取る、ねだる」の意味に解
釈している。

●かんこ

　かんこ踊りで演奏される締め太鼓の種類のひとつの名称。

　雅楽の楽器の鞨鼓の名称が転訛したものといわれている。鞨鼓は中国系の
雅楽に使用されるが、民俗芸能においては、雅楽の鞨鼓とは形状の異なる楽
器も同じ名称で呼ぶことがある。特に風流系の太鼓踊りの踊りそのものを
鞨鼓あるいは「かんこ」と呼ぶこともある。

　太鼓踊りに用いられる「鞨鼓」は枠付き締め太鼓で、胴長・胴径とも種々
あるが、いずれも踊り手役が腰につけ、踊りながら打つ。

　この「かんこ」と呼ばれる太鼓をもって踊る「かんこ踊り」には踊り手が
来訪神として登場するものがある。（「かんこ踊り」参照）

●眼光鬼（がんこうき）

　「赤神山大権現縁起」によれば、5鬼について次のように記されている。『す
なわち「眉間」と「逆頬」は夫婦で、「眼光鬼」、「首人鬼」、「押領鬼」は子
どもの3兄弟である』

　この「眼光鬼」は、「ナマハゲ」の起源と伝えられている3匹の鬼のうちの
1匹であり、これらの5鬼は武帝の使者として5色の蝙蝠に姿を変え武帝と共
に天より男鹿に飛翔したと伝えられている。赤神と共に五社堂に祀られてい
る。（「五社堂」参照）

●かんこ踊り

　かんこ踊りは全国に散在していて、江戸の元禄時代から伝えられている地
区が多いが、三重県には、古くは室町時代から伝承されているところもある。
胸に鞨鼓と呼ばれる締め太鼓をさげ、両手のバチで打ち鳴らしながら踊る民

俗芸能。

踊り子はかぶり物として、花笠や「シャグマ」と呼ばれる白馬の尾の毛を円筒状に立てたものをかぶり、顔を隠す。

伊勢市佐八では、盆や地蔵盆に「かんこ踊り」が催される。盆に踊るものは、新盆の家々を訪問し、亡魂供養の「念仏」の歌舞を行う。一方、地蔵盆に行われるものは、地蔵を祀る広場で「念仏」および色々の小歌踊りを踊る。一志郡松ヶ崎では、新盆の家々を訪問する踊りを「精霊踊り」と称し、一般の家の前で踊る「盆踊り」と分けている。このうち、新盆の家々を訪問する「精霊踊り」の踊り手は一種の来訪神と捉えることができる。

●広東米袋（カントメブクロ）

「ナマハゲ」行事で各家を訪れた時に貰った餅を入れる袋のこと。

おもに秋田県旧天王町（現在の潟上市）天王本郷地区や男鹿船川港地区双六集落、男鹿市男鹿中地区三森などで使われる言葉。

●寒風山（カンプウザン）

秋田県男鹿市にある成層火山。標高355メートル。この寒風山の大噴火口内の南西部には、「ナマハゲ」の伝説に関連した「鬼の隠れ里」と呼ばれる巨石が積み重なった場所がある。岩屋の中に男鹿の鬼が住んでいたという伝説が伝えられている。

男鹿の飯ノ森では、家の子どもが親の言うことを聞かないときに、「ナマハゲは寒風山にいるから、いつでも来る」と子どもを叱る風習がある。

●象潟町（キサカタマチ）

秋田県南端に位置し日本海に面していた町。2005年10月1日由利郡金浦町、仁賀保町と合併して、にかほ市となったが、合併後もにかほ市象潟町として町名が残っている。象潟町の大森と横岡の両地域では、「ナマハゲ」は「アマハゲ」と呼ばれ、「鳥追い」と一体となっている。また象潟町の小瀧と石名坂では、「アマノハギ」と呼ばれ、いずれも「鳥追い」と一体になっている。

この「アマノハギ」では、鬼面をかぶった青年たちが「ケラ」や「ハバキ」を身につけ、「カマス」、「包丁」を手に家々を巡り、子どもたちに訓戒を与えた。

●北浦（キタウラ）

　秋田県男鹿市の集落の名称。北浦1区では、「ナマハゲ」行事に参加するのは19歳から25歳の若者たちである。「ナマハゲ」になる若者は、行事当日、北浦神社に集合し、不浄を清める。2組に分かれて巡り、先立ちは一番若い者が勤めた。

　北浦2区では、20歳前後の若者が「ナマハゲ」として参加する。行事当日は青年館に集まり、役割を確認して、各家を巡る。まず初めに「オヤケ」（旧家）から訪れる。北浦3区では、面は小川家、中村家、高野家に大切に保管されている。そのうち小川家には、作成年代が昭和5年（1930）前後の面が3面ある。大晦日には、3家から面を借りて各家を巡る。大正時代から昭和初期には、「一人ナマハゲ」や「子どもナマハゲ」などもあった。北浦4区では、「ナマハゲ」は「お山から雪を踏み分けてくる」とされるが、この地区の大人たちは「ナマハゲの来訪」を「モッコ来る」と言っていた。「モッコ」とは秋田弁で化け物や恐ろしいものを意味する言葉。

　「ナマハゲ」が家を訪れると、家の主人は子どもを隠さず、親のそばで「ナマハゲ」と主人の問答を聞かせた。

●キツネガエリ

　地区によっては「キツネガリ」ともいう。多くは子どもたちが手に御幣などを持ち、鉦や太鼓を打ち鳴らし唱言をしながら家々を訪れ、農作業に災いすると考えられる狐を集落の外に追い出す小正月の予祝儀礼。

　この行事は西は因幡、北播磨から但馬、丹波、丹後、東は若狭にかけて広く分布している。

　狐は「年神」、「祖霊神」などの象徴と信じられ、恐怖と恩寵の二面性を持つといわれている。

　行事名が「キツネガリ」と「キツネガエリ」の2つの名称を持つのは「キツネガリ」が恐怖の側面を、「キツネガエリ」が恩寵の側面を示しており、「狐狩り」、「狐ガエリ」と呼ぶ「年神」、「祖霊神」の豊作を願う小正月の「予祝儀礼」の一形態といえるものである。

　「キツネガエリ」は主として狐の持つ霊力、性格に焦点を当て、研究されてきたが、行事の日時や子どもが家々を訪れるという形態から柳田國男のいう

「小正月の来訪者」に代表される来訪神だと考えられる。（藤井裕之説）

　「キツネガエリ」の行事の形態は地域により様々である。御幣を持って集落の家々を訪れ、御幣を集落の境に立てる形態の行事は但馬、丹後、丹波、北播磨を中心として最も広く分布している。

　また藁製の狐、御幣を持って子どもたちが家々を巡り、お金など貰ったのちに、貰った貨幣を狐に咥ませ、災厄を祓うために使った御幣を川に流したり、燃やしたりする地域もある。

　丹波の一部、現在の大阪府豊能郡能勢町天王で行われているキツネガエリでは1月14日の午後、集落の子ども全員が天王神社に集合する。子どもたちは先端に御幣をつけ、藁製の狐をつきたてた青竹（狐の表象）を先頭に、竹竿に太鼓をぶらさげ、前後に2人の子どもがそれを担ぐ。その他の子どもは自分の家で作った御幣を竹に差し込んだものを1本ずつ持って、集落の南端にある天王川にかかる小谷橋から右まわりに家々を訪問する。道々御幣を振り、「キツネガエリの歌」を太鼓に合わせて歌う。家に着くと狐は玄関に入り、その他は庭先で太鼓に合わせて歌を2回歌って、御幣を振る。歌詞は「えい、えい、ばっさりこ。きつねがえりをするぞいや。貧乏きつね追い出せ、福ギツネ追い込め」。年長の子どもはちぎれた御幣の紙を「福の神」として家人に渡し、お金をもらう。御幣を貰った家では神棚に祀り、翌日のトンドの火で焼く。子どもたちは集落を1周して再び小谷橋に戻り、狐に家々でもらった貨幣を咥ませ、「キツネガエリの歌」を2度歌う。2度目の「ばっさりこ」の歌詞で橋から川へ狐と御幣を流す。この行事は、各家を訪れる来訪神としての狐が御幣を使って集落内の家々を祓ってまわり、厄災の付着した御幣を川へ流す行事と考えられる。

　一方、「福の神」として神棚に祀られるちぎれた御幣は狐の依代であるが、翌日のトンドで焼かれる。つまり、「異界」へ送り返されるのである。

　この行事で最も注目されるのは、最後に狐の口で貰った貨幣を噛せ御幣と一緒に狐を川へ流していることである。狐に噛ませている貨幣・お金はお礼の金銭ではなく、家々から追い出す災厄を視覚化した祓うべきものの象徴となっている。これを処理する狐は来訪神と位置づけられる。

●狐狩り（キツネガリ）

　多くの行事の形態は前項の「キツネガエリ」と同様である。

　兵庫県美方郡香美町入江の「キツネガリ」は1月8日から14日に行われる。かつては、先ぶれの者が「もう、ねっされ（寝なさい）」とふれ歩いたが、現在は「火い消せえ、火消せえ」とふれ歩く。竹竿の先端に紙の御幣をつけたもの5本を持った者を先頭に鉦と太鼓を叩きながら、唱え言を交互に叫びながら、村中をまわり、村境に各々1本ずつ5ヶ所に御幣を立てる。

　「トンド」（トンド焼き）の日の晩には、「シリハシ」と呼ばれる行事も行われる。若者たちは村辻で「キツネガリ」の囃子を行う。それから初嫁をもらった家を訪れ、「シリハシ」と言ってお祝いをもらう。

　この行事は兵庫県・京都府北部を中心に若狭に至る地域で行われており、入江のキツネガリは嫁の「シリハリ」と習合した伝統行事である。

　この行事は2001年3月には、「入江のきつねぎゃあろ」という名称で香美町の無形民俗文化財に指定されている。

●絹篩（キヌブルイ）

　江戸時代末期に編纂された男鹿半島の古い地誌録。船越村の村役人であった鈴木平十郎重孝（1811〜1863）が嘉永5年（1852）に完稿した男鹿半島の各村の一覧というべきもので、人口、馬数、神社、仏閣に至るまでが集落ごとにもらさず記録されており、当時の男鹿半島を知るための貴重な資料である。全3巻。秋田県重要文化財指定となっている。

　男鹿半島の来訪神「ナマハゲ」研究において重要な資料である。

●熊野信仰（クマノシンコウ）

　紀伊半島南端部の熊野三山を中心とした信仰。熊野権現は中国の天台山から渡来して各地を転々とした後、熊野に鎮座したと伝えられている。本宮・新宮が最初に成立。11世紀後半から滝を神体とする熊野那智神社が加わった後、共通の神々を祀り、熊野三山、熊野三所権現と総称されるようになった。吉野熊野の山岳地帯は古くから聖地として信仰されていた。本宮の本地は阿弥陀仏、新宮の本地は薬師、那智の本地は千手観音とされた。

　男鹿の「お山」（本山・真山・毛無山）は地形上、熊野三山に類似していて、

「本山」は「本宮」に、「真山」は「新宮」に比定されることから男鹿の「お山」には、熊野信仰の影響が強く認められる。男鹿の自然環境は熊野信仰が伝播する上で好環境であったと思われる。これらのことから「ナマハゲ」の原像には、熊野修験の影響が認められることがわかる。

●桁（ケタ）
「桁」とは一般的には、建造物において柱と柱の間に架ける横木のことや橋脚どうしをつなぐために上に渡したものを指す。

折口信夫の『春来る鬼』によれば、「桁」は「水の上に渡した棒」のことで、海と陸をつなぐ「間の空いている渡し木」のことであり、海岸などに突き出ている場所のことも指す。この「桁」を通らなければ、陸地に上がることができない。海の彼方からやって来た来訪神はこの「桁」を通って陸地に上がり、更に山へ登り、鎮まると考えられている。

男鹿には、折口のいう「桁」にあたる「武帝嶋」あるいは「舞台嶋」といわれる場所が現存している。

男鹿では、本山の赤神神社に伝えられている漢の武帝伝説が来訪神「ナマハゲ」の原像と考えられており、「桁」の存在は「ナマハゲ」が「マレビト」であるという説を支えている。

●ケデ
「ナマハゲ」行事で使われる仮装衣装のひとつ。「ケンデ」ともいう。「ナマハゲ」が着装する「ケデ」は肩から上半身に襷かけにかけたり、腰に巻いたりして用いられる。

「ケデ」は毎年。新しい藁を使って12月20日過ぎから大晦日までの間に作られる。1枚の「ケデ」を作るには約6束の藁を使用する。長さは上が2メートル、下が約1.5メートルの長さにする。「ケデ」の上下の作り方は同じだが、長い「ケデ」は上半身に、短い「ケデ」下半身に着用する。

「ケデ」から落ちた藁くずは、無病息災のお守りとして神棚にあげられることが多く、頭痛の時に頭に巻くと頭痛が治るともいわれている。

●毛無山（ケナシヤマ）

　毛無山は秋田県男鹿市にある標高617メートルの山で、「本山（標高・715メートル）」、「真山（標高・565メートル）」と合せて「男鹿三山」と呼ばれている。男鹿半島の西海岸寄りにドーム型の主峰・「本山」を中心に、北に「真山」、南に「毛無山」を連ねる山並みは、男鹿の人々に「男鹿三山」として親しまれている。

　「毛無山」の代わりに「寒風山」を入れて「男鹿三山」とする説もある。「男鹿三山」はいずれも「ナマハゲ」の故郷と考えられている。

　「男鹿三山」への登山は北浦側の「ナマハゲ」ゆかりの真山神社からと、門前側の赤神神社や長楽寺からのコースの2通りある。

●ケラ

　「ケデ」とも呼ばれ、男鹿の「ナマハゲ」の代表的な扮装である。昔は海スゲという海藻で編んだが、今は藁で編んだものがほとんどである。

　男鹿市北浦地区の野村の集落では以前は集落の人々が編んだ手製のケラを用いたが、現在は既製品を使用し、ケラの上には、紅白の太綱を使用するようになった。

　男鹿市湯本の集落では今でも集落の人々が編んだケラを補修しながら使っている。以前はシナノキの皮を使ったが現在では藁を使っている。

　男鹿市湯ノ尻の集落では、「ナマハゲ」に扮する青年会の会員の家で「ケラ」の制作が行われる。毎年会員の家が交代で「ナマハゲ」の宿となる。「ケラ」はその年に取れた稲藁で作るが、以前は海菅（うみすげ：「すがも」とも呼ばれる海産多年草。繊維が強い）で作った。

　男鹿市の相川では以前は山の菅を刈って「ケラ」を編んだという。仮面の髪には海菅と棕櫚を用いていたと伝えられている。

●ケンデン

　藁を何重にも重ねた蓑の着衣のこと。山形家遊佐町の「小正月行事アマハゲ」で用いられる蓑をケンデンという。

●五社堂（ゴシャドウ）

五社堂は赤神神社の本縁とされており、中央堂に主神として「赤神」を祀ったので、赤神神社の名称となったといわれている。

この五社堂には、「赤神」とその妃の他、「5鬼」のうち、3匹の兄弟の**鬼**が祀られている。「赤神山大権現縁起」には、「5鬼」のことが、次のように記されている。すなわち「眉間」と「逆頬」は「夫婦」で、「眼光鬼」、「首人鬼」、「押領鬼」が3兄弟である。

この「五社堂」は漢の武帝伝説と赤神伝説が土台となり、江戸時代の中頃の宝永7年（1216）に建てられたと伝えられている。国指定の重要文化財である。男鹿の「ナマハゲ」の原像とも関連され、語られている。

●小正月（コショウガツ）

正月は1年の最初の月。正月行事には、元旦を中心とする大正月と、15日を中心とする小正月がある。14日の日没から15日の日没まで、あるいは14日から16日までの3日間を指す。大正月は「年神」を迎える大切な時期であり、小正月には「予祝儀礼」を中心とする多くの行事が集中している。

東日本では小正月という語はよく用いられるが、他にも15日正月や女正月などの呼称もある。満月を意味する望月から転じて、「望の正月」、「望年」などとも呼ばれた。小正月の終わりには繭玉などをおろした。

小正月の主な行事には、「鳥追い」、「ドンド（とんど）焼き（火祭り行事）」、農作物の「予祝儀礼」、来訪神に仮装した「小正月の訪問者」などがある。

●小正月の訪問者（コショウガツノホウモンシャ）

小正月の晩に仮面・仮装の来訪神が家々を訪れて祝福を与える来訪神行事。山形県遊佐町の「アマハゲ」、秋田県男鹿半島の「ナマハゲ」がその代表的な「小正月の訪問者」だが、これと同系統の能代の「ナゴメハギ」、能登の「アマメハギ」、三陸沿岸の「スネカ」などは「鬼」の仮面をかぶって威嚇しながら、やって来る。これに類似する小正月の行事は全国的に分布しており、北は青森県から南は沖縄県まで点在している。宮城県では、「チャセゴ」、佐賀県では、「カセドリ」、福井県や兵庫などの「キツネガリ」、中国地方では、「コトココト」、「ホトホト」、四国では、「カユツリ」、徳島では、「オイワイソ」、

鹿児島県では、「トシドン」など。沖縄県八重山列島の石垣市川平の節の祭に出現する「マユンガナシ」などの来訪神との共通性も認められる。

●五城目町（ゴジョウメマチ）

秋田県南秋田郡にある秋田県中央部に位置する町の名称。五城目町浅見内の「ナマハゲ」は1月15日、小正月に「ナモミハゲ」と呼ばれ、大人たちが蓑を着て、仮面・仮装して家々を巡って、「餅」を貰う。名称の「ナモミ」は秋田方言で囲炉裏の火に長くあたってできた火斑のことで「ハゲ」は剥ぐことを表す。「ナモミハゲ」の名称は、「ナマハゲ」と同様、怠け者を意味する火斑を剥ぐ行為に由来する。

●琴川（コトガワ）

秋田県男鹿市の五里合地区の名称。琴川では、「ナマハゲ」は「お山（本山・真山）から来る」という説と「八郎潟のシガ（氷）を渡って来る」とする説の2通りがある。「シガ」を渡って来るには、**福川→百川→寒風山→男鹿中**のルートがあったという。

この地域では、「ナマハゲ」は**鬼**の仮面をつけているが、地域の人々には、「ナマハゲ」は「福神」として意識されている。2人1組で訪れ、主人との問答は年輩のリーダー役がする。訪問の順序はあるが、初嫁のいる家が最後で、初嫁にお神酒を注がせる。

●コトコト

岡山県の小正月の行事に出現する来訪神およびその行事。小正月の来訪神行事には、家々を訪問する際に戸を叩き、「コトコト」と来意を告げる形態がある。岡山県の「コトコト」は来意を告げるとされる「コトコト」を繰り返す畳語の唱え言が来訪神名や行事名に転用されたものである。「コトコト」の「ト」は戸と解され、この擬音語が来訪神名となり、行事名となっている。同様の来訪神には、山口県の「トイトイ」、鳥取県の「トロトロ」、福岡県の「トビトビ」などがある。

岡山県の「コトコト」は小正月に藁蓑をつけ、顔を隠し、藁馬と餅を交換する。地域によっては、訪問者に水をかけるところもある。

●小浜（コハマ）

　秋田県男鹿市船川港地区の集落の名称。小浜の「ナマハゲ」は村の青年会が主催し、15歳から30歳ぐらいまでの独身男性がメンバーである。

　「ナマハゲ」で使用する道具は神社に保管され、面は杉の板に金色や銀色の色紙を切って作られている。

　現在は、使用されていないが、この小浜地区には、四ツ目の方相氏を思わせる仮面が保存されている。（「方相氏」は「追儺」参照）

　材質は杉の木でできており、眉と鼻は別木。目は釣り上がった狐目。口は横八の字にあけ、左右の牙を噛む。頭頂に細い角を差し込む孔があり、髪を装着する植毛が額に十数個ある。中央に目穴をあけ、鼻の両側にそれぞれ4つの植毛孔がある。当初は素木のまま使われていたと想定できる。

　この四ツ目の「ナマハゲ」の仮面は奈良・法隆寺に所蔵されている八部衆面のひとつである四ツ目の乾闥婆の面を彷彿させる。平安時代後期のものと伝えられ、神仏の守護神的性格をもつ面で、方相氏の四ツ目の鬼と通じるものがある。

　小浜地区の四ツ目の「ナマハゲ」の面は現存する「ナマハゲ」の面で最も古いものであると伝えられている。

　なお現在、この小浜地区で使われている「ナマハゲ」の面には、杉の板に金や銀の色紙を切って作られているが、「追儺」では、「金銀は降魔の色」と信じられている、この地区の「ナマハゲ」の面に「金や銀の降魔の色」の紙を切って使っているのも、この「追儺」の考えが踏襲されているように思われる。

●小深見（コフカミ）

　2005年南秋田郡から合併して現在は男鹿市となっている秋田県中央分に位置する日本海に面した町である、若美町地区の集落のひとつの名称。小深見の「ナマハゲ」行事は男鹿から伝わったといわれ「男鹿のお山（本山・真山）から来る」とされる。

　「ナマハゲ」になる若者は行事当日、集落の神明社に集まり、神官のお祓いを受けてから、地区内を巡る。

　「ナマハゲ」は2人1組で5軒から6軒まわると交替する。持ち物は木製の作り

物の出刃包丁、桶、クワデ（鍬台。先端に鍬の刃を取りつけて使う棒のこと）などで、家に入ると、クワデで板戸を突いて音を出し、威嚇した。

　「ナマハゲ」は膳につくと、主人から酒を勧められ、もてなしを受ける。「ナマハゲ」は子どもに親の言うことを聞くように、また親には、子どもを大切にするように諭す。

　家々をまわり終わると、神社の鳥居や狛犬に身につけていた「ケデ」を巻きつけて帰る。

●小松和彦（コマツ・カズヒコ）

　日本の民俗学者・文化人類学者。妖怪の研究で知られる。柳田國男が妖怪を「**神**の零落したもの」と考えたのに対して、小松和彦は**神**と妖怪は人間の働きかけによって転移可能な存在であると指摘した。

　また「ナマハゲ系儀礼」を「小正月の晩に行われる、**鬼**もしくはそれに類する恐ろしい仮面・仮装の行事」と規定し、その代表として秋田県男鹿半島の「ナマハゲ」を取りあげている。

●護摩の餅（ゴマノモチ）

　「柴燈祭」で焚かれた護摩で焼いた餅のこと。真山神社の「柴燈祭」は、正月三日に真山神社の特異神事として行われている。神社の境内では、柴燈護摩が焚かれ、この火で焼いた1升の丸餅は「護摩の餅」と称して、「お山」の鎮座する**神**の使者、「鬼神」の化身である「ナマハゲ」に献上する。

　この行事は長治年間（1104〜1106）に修験者によって行われたのが始源と伝えられている。「護摩の餅」は災難除去の護符として氏子参拝者に頒賜される。（「柴燈祭」参照）

●権現（ゴンゲン）

　神号の一種。仏・菩薩が衆生を救う権に神の姿で現われる、とする存在。平安時代の後期頃よりみられる。八幡大権現・熊野大権現・蔵王大権現・白山大権現・赤神大権現という呼称が普及した。権現の号は強力な霊験を発揮する神霊と考えられ、山岳の霊場において多く使われた。明治元年（1868）の神仏分離令において、神社での権現号の使用は禁止された。なお山伏神楽

では、獅子頭を「権現様」と呼んでいる。

男鹿の「お山」の「赤神」は「赤神山大権現」と呼ばれ、本山地区の「ナマハゲ」行事はこの「赤神山大権現」の縁起と深い関係がある。（「赤神」参照）

●コンコン

岩手県江刺市の岩谷堂では、「カセドリ」の行事を「コンコン」と称して行っている。「カセドリ」とは、地元では「加勢鳥」と表記され、神から使わされた雌雄の番（つがい）の来訪神と考えられている。（「カセドリ」参照）

●ゴンベ

秋田県の代表的な来訪神「ナマハゲ」の履く藁製の長沓（ながぐつ）のこと。旧若美町地区の宮沢集落では、「ナマハゲ」は3人5組で地区の家々を巡る。「ナマハゲ」はケヤキの皮で作られた鬼の仮面をかぶり、木製の出刃包丁と手桶などを持ち、履物は「ゴンベ」と呼ばれる藁沓（わらぐつ）を履く。（「藁沓（わらぐつ）」参照）

●サイケ

石川県輪島市・能登町の方言で酒桶のこと。石川県能都町の秋吉地区では、「小正月行事」の来訪神「アマメハギ」が蓑（みの）をまとい、鬼面をつけて、作り物の包丁で「サイケ」を叩いて登場する。（「アマメハギ」参照）

●柴灯祭（サイトウサイ）

神社の境内で柴木を焚（た）いて、一切の煩悩を焼失し、無病息災、国家隆運の祈祷をする一種の火祭神事のこと。

男鹿市の真山神社では、正月の3日、境内で柴燈（せど）を焚く。この柴燈（せど）の火はその霊験により、参拝者を清らかにする。この柴燈（せど）で焼かれた丸餅は「護摩の餅」と称され、「お山」に鎮座する「鬼神」に献上する祭儀である。「ナマハゲ」はこの「鬼神」の化身といわれ、「柴灯祭」は真山の修験者により行われてきた。（「護摩の餅」参照）

●逆頬（サカツラ）

前漢の武帝の使者として5色の蝙蝠に姿を変えて天より男鹿に飛翔した「5鬼」のうちの1匹。五社堂に祀られている3鬼「眼光鬼」、「首人鬼」、「押領鬼」の母鬼であり、「眉間」とは夫婦。（「赤神神社」参照）

●先立ち（サキダチ）

「ナマハゲ」が家を訪れる前に訪問先の家に「ナマハゲ」が来訪を告げる者を「先立ち」という。また地区によっては「先人」ともいわれる。

男鹿市の北浦1区の「ナマハゲ」行事では、「先立ち」は一番若い者が勤めた。真山の地区でも、「ナマハゲ」が入る前に「先立ち」が来訪を告げる。入る時は、「ナマハゲ」一行全員で叫び、戸を叩く。安全寺の地区では、「ナマハゲ」行事のリーダーは「先立ち」で「ナマハゲ」役もこのリーダーの「先立ち」には絶対服従である。男鹿中地区の牧野の集落では、「先立ち」は「先人」と呼ばれている。

●塩浜（シオハマ）

秋田県男鹿市戸賀地区の集落の名称。塩浜の「ナマハゲ」は行事当日八幡神社に集まり、2人2組を作る。これに餅や「シュデ」と呼ばれる「祝い袋」を持つ人がつき、集落の両側からまわった。

塩浜では、「ナマハゲ」は7回、「シコ」を踏んで家に入るが、藁沓の時は、沓を脱がずにそのまま家に入った。

「ナマハゲ」に出される膳の料理は「煮しめ」、「ナマス」、「刺身」、「焼魚」などであった。この塩浜では、現在では「ナマハゲ」を実施していない。

●シガ

秋田県男鹿の方言で氷のこと。男鹿の脇本地区や五里合地区の「ナマハゲ」は「太平山からシガ渡って来る」とか「八郎潟のシガ渡って来る」などと言い伝えられている。

五里合地区の鮪川・中石・高屋・石上・琴川の地区では、いずれも「ナマハゲ」は「八郎潟のシガ渡ってくる」といわれている。特に鮪川の集落では、2人1組で2組が家々をまわるが最初の組は「お山から来た」と言い2番目の組

は「八郎潟のシガを渡って来た」と言う。また琴川の集落では、「ナマハゲ」は「お山から来る」というものと「八郎潟のシガを渡って来る」とするものがある。

●シコ（四股）

男鹿の北浦地区の真山の「ナマハゲ」は地区の家々を訪れた際、は相撲の「シコ」や「反閇」に似て足を高く上げる足踏みをする。この「ナマハゲ」の足踏みを「シコ」を踏むという。

まず「ナマハゲ」が家に入ると7回、「シコ」を踏む。それから家の中をひと回りし、お膳の前の座る時に今度は5回、「シコ」を踏む。そして主人と様々な問答が交わされ、問答が終わり、席を立つと、さらに3回、「シコ」を踏んで、家を出る。

「ナマハゲ」がこのように訪れた家で「七五三」と「シコ」を踏むのは形態が「反閇」と酷似していることから災厄を祓う意味がある。中国では、「一・三・五・七・九」の奇数を陽数と呼び、めでたい数であるとして喜ばれた。日本でも「一」の陽数と「九」の陽数を除いた「三・五・七」の陽数は祝儀の物事などに使われる。

「ナマハゲ」の動作にこの陽数が用いられているのは、「ナマハゲ」の行事が正月行事だからというだけでなく、「年神」として来訪する「ナマハゲ」そのものが極めてめでたい来訪神であることを示している。

●下金川（シモカネガワ）

秋田県男鹿市船川港地区の集落の名称。下金川では、昔「ナマハゲの家」といわれた家があり、ここから「ナマハゲ」行事に出発した。

この地区では、以前は、ケヤキの皮で作った「ナマハゲ」の面を使っていたが、火災で5面を焼失し、現在は1面しかない。青年会の「ナマハゲ」の面はザル面を使っている。現在は、2人1組で3組あるが、古くは4人1組になり、家に入る時は、2人ずつで交替しながら、まわった。

家に出る時には、「手コ3つ叩けば、竹ヤブから出てくるから」などと言った。

まわり終ると、「ナマハゲの家」では、床の間に「ナマハゲ」の面を飾り、

貰った餅をその前に供えた。この餅は「ナマハゲ餅」と言って、親戚・知人
にわけた。

●シャーマニズム

　神霊との直接交流によって、予言・託宣・卜占を行い、病気治療や加持祈
祷などをする宗教的職能者をシャーマン（巫者）と呼び、これに関わる信仰
体系を「シャーマニズム」という。元はシベリアに住むエヴァンキ族の概念
であったが、学術用語として世界中で使用されている。

　この特色は行為者が神霊との交流で「神がかり」となり、著しい人格転換
を引き起こす「トランス」に入る、あるいは変性意識状態になることにある。

　現象面では、2つのタイプに分類できる。ひとつは「脱魂」（エクスタシー）。
もうひとつは「憑依」（ポゼッション）。前者は霊魂を肉体から離脱させ、天
上界や地下界に赴いて、神霊と交流して戻って来る場合。後者は神霊が肉体
にとりついたり、入ったりする場合。

　宗教学者、宗教史家M. エリアーデは「脱魂」による霊界への旅で聖なる
ものと出会う体験は人類の古層の思考と考えたが、現実には、「憑依」が多く
みられる。

　岡本太郎は「ナマハゲ系儀礼」で用いられる仮面に注目し、それがメラネ
シアやニューギニアの「秘密結社」で用いられている仮面と類似している点
に着目した。このことから「ナマハゲ」とアジア全体で広く信仰されている
「シャーマニズム」との密接な関係性を指摘した。

●十王（ジュウオウ）

　十王とは亡者の生前の罪を裁く王で、秦広王、初江王、宗帝王、五官王、
閻魔王、変成王、泰山王、平等王、都市王、五道転輪王の十王の総称をであ
る。泰山王は四十九日の七七忌の満中陰におり、亡者はこの王の裁断によっ
て、来世への転生が決定される。

　この十王の信仰は中国の唐代に『十王経』を著した道明和尚に始まるとさ
れる。南宋の『釈門正統』（1237）巻4および『仏祖統紀』（1269）では、唐の
道明和尚は「冥界に入って、十王の審判を見て、その名を伝えた」と記され
ている。この十王の信仰は男鹿半島では、広く浸透しており、十王を祀った

十王堂は、男鹿の五里合地区の石神の集落では、戦前は「ナマハゲ」行事の準備に使われていた。（「十王信仰」参照）

●十王信仰（ジュウオウシンコウ）

　中国において「十王」の信仰は仏教と道教の両信仰の混成物として五代十国時代（907〜960）の頃に成立したと想定される。『仏説預修十王生七経』（略称『十王経』）の成立を出発点として十王信仰は浸透していく。

　日本では、平安時代末から鎌倉時代にかけ、『仏説地蔵菩薩発心因縁十王経』（以下、略称『地蔵十王経』）が作られる。日蓮上人の著作とされる『十王賛歎鈔』は、この『地蔵十王経』の影響を受けて書かれたものと想定される。

　『地蔵十王経』によると、死者が冥土へ赴く時、「中有」の存在として初七日に「秦広王」、二七日（14日）に「初江王」、三七日（21日）に「宋帝王」、四七日（28日）に「五官王」、五七日（35日）に「閻魔王（別称「泰山王」)」、六七日（42日）に「変成王」、七七日（49日）に「泰山王」のところを過ぎ、さらに百箇日には「平等王」一周忌には、「都市王」、三回忌には、「五堂転輪王」のところをそれぞれ過ぎて、生前の罪業の軽重によって裁断を受け未来の生処を定められるという。

　その場合、裁断の基準となるのは、「逆修」（生前に死後の冥福を祈って仏事を修すること）と追善の仏事を如何に行ったかであった。この『地蔵十王経』は沙門蔵川の著述とされるが、「三途の川」、「罪業を映す鏡」などと日本的な要素がみられ、日本での偽作といわれている。

　『地蔵十王経』は、仏事の流行を促し、逆修、追善の仏事を定着させる上で大きな力となった。

　なお「十王」のそれぞれには、本地仏を当てたが、14世紀の中頃、室町時代の頃になるとそれに三仏を加えておのおのの仏・菩薩を初七日から三十三回忌までの忌日の本尊とする十三仏の信仰が広まった。これを機に、十王信仰は民間信仰として盛んに人々の間に浸透していく。特に来訪神「ナマハゲ」行事が密集している秋田県の男鹿半島にはこの十王信仰が深く浸透していった。

●十王堂（ジュウオウドウ）

人は死ぬと、地獄や極楽に行くと信じられているが、その行き先を決定するのは、閻魔大王を筆頭とする「十王」たちである。この「十王」が祀られているところが「十王堂」である。

「ナマハゲ」の行事が行われている男鹿半島では、「十王信仰」が浸透しており、戸賀地区の浜塩谷では「ナマハゲ」の準備は「十王堂」で行われ、家々を来訪する際にはまず「十王堂」に集合し、礼拝、お神酒を飲んでから各家をまわる。このような「十王堂」は男鹿の広い地域にあり、「十王信仰」が「ナマハゲ」行事に大きな影響を与えたと考えられる。

男鹿中地区の滝川では、「十王堂」は「ナマハゲ」の宿として使われ十王堂は「ナマハゲ」の宿として用いられ、集落をまわり終ると「ナマハゲ」は十王堂に戻り、参拝し、身につけていた「ケデ」は「十王堂」の松の大木に巻きつけておく。（「十王信仰」参照）

●宿神（シュクシュン）

呪術的信仰対象のひとつ。大和猿楽の金春禅竹の『明宿集』には「宿神」の名が出てくる。「守宮神」ともいう。「宿神」は「星宿」の神の略。日光山の輪王寺には、「北斗七面」と呼ばれる古い面が所蔵されているが、この面は北斗七星を表象し、「摩多羅神の御輿迎え」の七面の行道で使用されたものと想定できる。また輪王寺には「摩多羅神と二童子」の図像がある。その「摩多羅神」の頭上には、雲が渦巻き、金色の丸い北斗七星が描かれている。「摩多羅神」が北斗七星や星辰信仰と関わりがある事はこの図像から明らかである。歌舞伎研究家、芸能研究家、日本文化史家服部幸雄は、この「摩多羅神」が申楽の始祖神であり、常行堂の「後戸の神」として猿楽師たちの芸能の守護神となり、それが、禅竹のいう「宿神」と同じ神であることを史料を元に実証した。

この服部幸雄の「後戸の神」としての摩多羅神＝宿神論は、その後、中沢新一の『精霊の王』や山本ひろ子の『異神』によって、推し進められ、展開された。

●修験道（シュゲンドウ）

　山岳地帯を修行の場とし「峯入」などと呼ばれる行法を行って神霊と交流し、特別な力であると信じられている験力や法力によって、加持祈祷・病気治癒などの活動を行う信仰形態のことをいう。その実践者を山伏、修験者などといい、半僧半俗の妻帯者が主体であった。古代の山岳信仰を中核とし、仏教や道教、陰陽道などを取り込んで展開し、神仏混合の形態を維持した。

　鎌倉時代には、役小角を開祖として仰ぐようになる。室町時代には、教団化し、江戸時代には、天台系の「本山」派と真言系の「当山」派に組織化され、大峯山と羽黒山と英彦山が三大修行場となった。「ナマハゲ」の起源伝説のある「本山」は天台系・本山派の山伏の「修行の霊場」で、山伏などによって「ナマハゲ」の伝承が形成されたと想定できる。

●首人鬼（しゅじんき）

　赤神神社五社堂に祀られている3鬼のうちの1匹。武帝の使者として5色の蝙蝠に姿を変え、武帝と共に天より男鹿に飛翔した。

　男鹿の「本山」赤神神社の「赤神大権現縁起」には、「赤神」、「赤木明神」と共に赤神神社五社堂に祀られている3鬼の名前と共に、兄弟の両親である「眉間」、「逆頬」夫婦の名前も記されている。（「赤神神社」参照）

●常行堂（ジョウギョウドウ）

　天台宗において四種三昧のうち常行堂三昧の行を修するために建てられた仏堂。常行三昧堂ともいう。比叡山延暦寺をはじめとする天台宗の修行道場をおく寺院に建てられる。屋根は宝形造が多い。

　天台系寺院の念仏の道場である常行堂（常行三昧堂）の「後戸」には、「摩多羅神」が祀られている。この常行堂で観想念仏をする僧侶を守護すると共に極楽往生の願いを成就するとされた。

　平泉の毛越寺の常行堂では、正月20日に常行堂の本尊の阿弥陀の後方の「後戸」に祀られている摩多羅神のために「延年の舞」が奉納される。

　毛越寺の常行堂は、柱の間が7尺7寸（約12.3メートル）、廊下の幅が3尺4寸（約1メートル）、廊下までの高さは4尺6寸（約1.4メートル）に建てられている。奥殿には「摩多羅神」が祀られ、須弥壇には、本尊の宝冠の阿弥陀仏並

に宝依、功徳、金剛鐘、金剛憧の4菩薩が安置されている。

●常行堂三昧（ジョウギョウドウザンマイ）

　仏教の修行のひとつ。『摩訶止観』に説かれる四種三昧のうち常行堂三昧は
仏立三昧ともいう。これは90日間、常行堂の阿弥陀像の周りをまわりながら、
念仏を唱える行。この行を行うことによって、仏が現前に現れることを求め
る。この常行堂の後ろ戸には、「摩多羅神」が祀られている。

　「摩多羅神」は(1)歌舞に関わる芸能神、(2)常行堂の道場神、(3)玄旨帰妙壇
の本尊の3種の性格があり、おのおの修正会、引声念仏、灌頂儀礼に関わる。

　「摩多羅神」は法会の守護神であると同時に「障礙神」でもあり、荒ぶる霊
を鎮め、守護神に変え、邪悪なものを排除する。

　服部幸雄は「後戸の神」と呼ばれる霊性に満ちた空間に芸能始原の神とし
て「摩多羅神」が祀られ、「宿神」や翁の性格を帯びて展開したとする仮説を
提示し、芸能史研究に新たな視座を切り開いた。

　「摩多羅神」は男鹿の赤神神社の祭神「赤山明神」と同体と考えられ、男鹿
の「ナマハゲ」の原像には、この「摩多羅神」の信仰が認められる。

●精霊（ショウリョウ）

　盆に祀られる家々の先祖の霊魂。「ホトケさん」、「ノノサン」、「ノンノンサ
ン」などとも呼ばれる。呼名は地域により、様々だが、「精霊」系統の呼び名
は関東以西に多く、東北地方では比較的少ない。「精霊」は「トンボ」や「セ
ミ」や「カマキリ」などに乗って訪れると伝えるところもある。また、牛や
馬をかたどったナスやキュウリを「異界」からの乗り物として供える地域も
多い。

　盆の期間中には田畑を見まわると伝える地方もある。

　「精霊」には、こうした「農神」としての性格も合せもっている。「精霊」
をどこから迎え、どこに送るかは地方によって違う。山から迎え、山に送る
地域もあれば、海に笹船を流して迎え、海に供物を流して送る地方もある。
盆における死者の霊は1年間あるいは3年間まで「新仏」とみなされるが、そ
れ以降は「祖霊」、「精霊」として同等に扱われる。

　この「精霊」が来訪神として出現する地域もある。八重山列島では旧暦の

7月13日の晩から、14日、15日の昼夜にかけて来訪神「精霊（ソーロン）アンガマ」が現われると伝えられている。

●シン（魂）

　秋田県男鹿の方言で魂のこと。男鹿半島の「ナマハゲ」行事では、仮面・仮装の来訪神として「ナマハゲ」が大晦日の晩に男鹿の家々を仮面・仮装で訪れるが、男鹿の船川港地区の双六の集落では、この「ナマハゲ」の面が古くなると、神主を頼み、「シン」（魂）を抜いて焼却した。また男鹿の船川港地区の芦沢の集落では、死人のあった家、産婦や病人のいる家は「シン（魂）が悪い」と言って入らない。船川港地区の馬生目の集落では、「ナマハゲ」は古くから「ナマハゲ」の宿として借りていた家の土間で準備し、その家の神棚に供えた酒で「シン」（魂）を入れてからまわった。

●真山（シンザン）

　秋田県男鹿市北浦地区のひとつの地域の名称。この真山では、現在、「ナマハゲ」は青年会が主体になっているが、かつては、40代の壮年層が主体で、若者たちは「先立ち」などの役をした。

　真山の「ナマハゲ」の面は杉彫りで、男面と女面があるが、いずれも角がないのが特色となっている。かつては、この「ナマハゲ」の面は門外不出で、「ナマハゲ」の行事の当日以外は誰にも見せなかった。真山の「ナマハゲ」は2人2組で各家を巡る。ただし、不幸・お産・新築のあった家の者は参加できない。行事の当日、「ナマハゲ」は真山神社に参拝し、旧・光飯寺跡で雄叫びをあげ、「シコ」を踏んでから、家々を巡る。

　迎え入れる側は、「ナマハゲ」にお膳を2枚用意する。「ナマハゲ」が座ると、3回お酒を振る舞い、3種類の料理を食べさせる。この「ナマハゲ」に出したお膳は男性しか食べることができない。

　最後に松葉とユズリ葉を添えた「ナマハゲ餅」を出す。

●真山神社（シンザンジンジャ）

　秋田県男鹿市にある神社の名称。真山神社の社伝によると、『古事記』や『日本書紀』に記された12代の景行天皇の治世に武内宿禰が北陸地方視察のあと、

男鹿半島に立ち寄った際、男鹿半島の秀峰、湧出山（現在の本山・真山）に登ったといわれている。その時、武内宿禰が国土安泰、武運長久を祈願するために、この地に「ニニギノミコト」、「タケミカヅチノミコト」の2柱を祀ったことが真山神社の縁起とされる。

　平安時代以降、仏教が全国に広まりはじめ、男鹿半島にもその波が及び、貞観年中（859〜877）には、慈覚大師・円仁によって湧出山は二分され、南を本山、北を真山と称するようになったと伝えられている。

　それ以降、修験道の信仰が高まり、天台宗の僧徒によって比叡山延暦寺の守護神である「赤山明神」と習合された。

　南北朝時代には、真山の別当が置かれた遍照光飯寺は天台宗から真言宗に転じ、東北地方における時の支配者も移り変わる中、その庇護の下で「修験の道場」として栄えた。

　江戸時代には、国内の十二社に指定され、佐竹藩ゆかりの祈願所として数々の寄進崇敬を受けた。それにより幾多の堂塔伽藍が営まれるようになった。

　明治維新以後は神仏分離令が発せられたことで元の神域に復し、それと同時に秋田県の県社に列格されることになった。

　真山神社の本殿は、真山山頂に鎮座しており、国家安泰、武運長久、五穀豊穣、海上安全の守護神として崇敬されている。

●菅江真澄（スガエマスミ）

　18世紀後半から19世紀はじめにかけて各地を漫遊した江戸の紀行家。菅江真澄（1754〜1829）は宝暦4年（1754）、三河国（現・愛知県豊橋市）に生まれる。本名・白井秀雄。天明3年（1783）にふるさとを出発し、現在の長野・新潟・山形・秋田・青森・岩手・宮城・北海道の各地を巡り、自身の見聞や体験を随筆などにまとめた。享和元年（1801）冬より、秋田領内で過ごした。

　菅江真澄の姓名は文化7年（1810）から用いた。この年には、久保田藩などを漫遊し、翌年には、久保田藩の城下で生活した。

　「ナマハゲ」については、『牡鹿乃寒かぜ』（1810）に挿絵を入れ、詳細に描いている。これは「ナマハゲ」について記述された文献初出である。その他、秋田の「カマクラ」、「ねぶり流し」、「秋田萬歳」などの記録も残している。文政12年（1829）7月19日に死去。

墓碑は天保3年（1832）に出羽国秋田郡寺内村（現・秋田市寺内大小路）に建立された。『菅江真澄全集』（全12巻）および別巻1巻がある。

●双六（スゴロク）

男鹿の船川港地区にある集落の名称。この地区では、「ナマハゲ」は、2組で集落の東西からまわり、最後の家には、2組が一緒に入る。「ナマハゲ」は面をかぶる人が2人、交替と戸を叩く役の人が数人いる。「ナマハゲ」の持ち物は作り物の出刃包丁と「カショゲ」（手桶）。付き人の持ち物は「カスマ」と「カントメ」（広東米）袋。時には、この袋の中に子どもを入れて、脅すこともあった。

「ナマハゲ」に出される膳の中味は、「酒・ナマス・煮豆・煮しめ、尾頭つきなどであるが、「ナマハゲ」は酒だけを飲む。「ナマハゲ」に渡す餅は大きな角餅2枚にミカンとゆずり葉を添える。行事の終わりには使用した「ケラ」を立ち木に巻きつける。「ケラ」は1年ごとに作り替える。

双六では、「ナマハゲ」の他に「ナガハメ」ともいう。

●スネカ

岩手県大船渡市三陸町吉浜には、「スネカ」と呼ばれる小正月の来訪神行事が伝承されている。「スネカ」は鼻が大きく突き出た「馬面」と呼ばれる鬼とも獅子ともつかないような奇怪な仮面をかぶり藁蓑をまとって、夜に家々を訪れ、怠け者や泣く子を戒める。背中には、俵を背負っている。この俵には、靴がとりつけられていて、この靴は泣く子をさらってきたことを表象している。

「スネカ」は本郷と呼ばれる地区の西側の「増舘」、「大野」、「上通」、「中通」、「下通」、「後山」の各集落に伝承されてきたが、現在は「扇洞」、「根白東」、「根白西」、「千歳」も合せて地区全体の行事として行われる。

「スネカ」は奇怪で、得体の知れない、小正月の晩に山からやって来る来訪神と考えられており、里に春を告げ、その年の五穀豊穣や豊漁をもたらす存在ともいわれている。

「スネカ」という呼称は冬、囲炉裏にあたって怠けている者の脛（すね）にできる「火斑」を剥ぐ行為を意味する「脛皮たぐり」が略されたものといわ

れている。「スネカ」は最後にご祝儀や切り餅を主人から受け取ると次の家へと向かう。この時、後ろ姿を人に見せず、ゆっくりと後ずさりをしながら、夜の闇に消え去っていく。

　岩手県沿岸地域の北部では、「ナモミ」や「ナゴミ」、南部では、「スネカ」、「ヒガタタグリ」などと呼ばれる。

●赤山明神（セキザンミョウジン）

　中国の山東半島の突端部にある文登県清寧郷赤山村の「赤山法華院」で祀られていた守護神である。天慶2年（939）に記された『慈覚大師伝』によれば、円仁は入唐して「赤山法華院」に詣で、「山神」に求法成就の大願を発し、成就の暁には、日本に勧請して「禅院」を建立して「山神」の加護に感謝したいと誓ったという。しかし、円仁はこの宿願を果たすことができなかったので、弟子たちは師の遺言によって、比叡山の西坂本に「赤山明神」を祀った「赤山禅院」を建てた。男鹿の「本山」や「真山」では、「赤山明神」は「赤神」と呼ばれていた。

　男鹿では、「赤山明神」は道教の「泰山府君」とも習合し、「十王」の信仰とも習合して変容していった。「赤山明神」は来訪神「ナマハゲ」の信仰の基盤となっている。

●銭緡（ゼニサシ）

　稲縄などを銭の穴に通し、銭を束ねたもの。「銭縄（ぜになわ）」、「銭貫（ぜにつら）」ともいう。来訪神行事「カヤツリ」で用いられる。多くは、小正月の14日の夕方、高知県を中心に四国や岡山県などの広域で行われていた。

　変装した子どもや若者が行われた来訪神儀礼の「カユツリ」では、藁製の「銭緡（ぜにさし）」、箸付木などを持って、各家を巡る。家人は「カユツリ」の持参した「銭緡」などの縁起物と交換に餅やお金を「カユツリ」に渡す。「カユツリ」は「カイツリ」、「カユヅリ」などともいわれ、「粥釣り」の字が宛てられている。「カユツリ」が家人に渡す「銭緡」は縁起物で、それは藁製品が多い。

　また厄年の者が各家々を巡り歩く「厄祓い」の同系列の行事でも儀礼的贈答の認められる事例がある。例えば、岡山県美作地方、真庭勝山の町で正月10日に行われた「ホトホト」という来訪神行事では、厄年の者が仮装して、

細い縄へ1文銭を通した「銭つなぎ」（銭貫）を盆に載せ、「…歳の厄祓い」と記した札を添えて、各戸に行って差し出す。すると、家人はそれを受け取って、その盆に餅を載せて返す。この交換により、厄が落ちると信じられていた。

●祖霊（ソレイ）

　清められた先祖の霊魂。民俗学の祖といわれる柳田國男は「祖霊」の信仰について次のように述べている。死者が出た場合、日本では仏教の場合、葬儀に始まり、七日の中陰法要、百箇日法要、一周忌、三回忌、七回忌、十三回忌と営んでいくが、「弔上げ」と称して、その年忌供養をある一定の年限をもって、打ち切る習俗が全国的にみられる。その打ち切りの年は場所によって、五十年目とされる所もあるが、多くの場合、三十三年目である。三十三回忌までの「死霊」は「ホトケ」または「精霊」などと称され、その個性を没してはいない霊である。三十三回忌には、「死霊」はその個性を失い、「祖霊」という集合的な霊体に合一される。すなわち「祖霊」とは清められた**カミ**であり、多くの場合、生前の住まいからあまり遠くない山にあって、子孫を見守るものであるとされた。この点で「祖霊」は「田の神」と同じように去来する来訪神だと考えられる。柳田國男によれば、「田の神」は里あるいは田にあって、稲作を守護し、やがて山に帰って、「山の神」になると考えられている。

　能登の「アエノコト」行事にみられるように「田の神」は正月9日に野に下り、家と田の間を去来すると考えられた。また柳田國男は「祖霊」を「年神」とみて、来訪神を「これが本来、われわれの年の神の姿」であったとした。

●滝川（タキガワ）

　秋田県男鹿市の男鹿中地区の集落の名称。滝川では、「ナマハゲ」をやる者は未婚者に限られ、4人1組で家々を巡った。集落の中心通りは4人でまわり、小路に面した地域は2人の「ナマハゲ」でまわった。面は木彫りの面で、角があるのが男面。角がないのが女面。持ち物は木製の出刃包丁。

　「ナマハゲ」を迎える家では、玄関の戸を開けておき、主人は着物を着て待つ。「ナマハゲ」は入る家に近づくと、大声を出すが、この時、同行した者も大声で叫ぶ。玄関に入ると「ナマハゲ」は「シコ」を踏んで、座敷にあがり、

各部屋をまわる。

　集落を巡り終わると、「ナマハゲ」の宿の十王堂に戻り、酒を飲み参拝してから解散する。身につけていた「ケデ」は、十王堂の松の大木に巻きつけておく。

●田の神（タノカミ）

　稲作を守護する神のこと。また、全国各地で稲の豊作を祈願する神の総称。

　「田の神」と呼ばれる所が多いが、東北地方では、一般に「農神」や「農神様」といわれ、山梨県や長野県南部では「作神（さくがみ）」といわれている。

　柳田國男によれば、「田の神」は里あるいは田にあっては稲作を守護し、やがて山に帰って、「山の神」になると考えられている。

　こうした「田の神」の信仰は、来訪神の神観念と深く結びついている。地域によって異なるが、能登半島の能登町・穴水町・門前町・珠洲などで行われている「アエノコト」の神迎えの祭りは、毎年、12月4日あるいは5日に目に見えない来訪神の「田の神」を迎える。

●タラジガネ

　岩手県大船渡市三陸町越喜来崎浜（おきらい）地区では、「男鹿のナマハゲ」と類似した来訪神「タラジガネ」が毎年1月15日の小正月行事に出現する。これは、子どもの成長と五穀豊穣、豊漁を祈るものである。「タラジガネ」は子どもを中に入れて連れていくための袋と刃物を手にし、歩くたびに腰につけた貝殻が「ガラガラ」と音を立てる。

●樽沢（タルザワ）

　秋田県男鹿市脇本地区の集落の名称。樽沢では、古くは「若勢」（地域社会の成年男子を組織する年齢集団。若者組ともいう）が主体となって「ナマハゲ」を行っていたが、後に青年会が行うようになった。「ナマハゲ」を務められる年齢は16歳から25歳で、2人1組で2組が巡り、それぞれに「荷っこ背負い」が1人ずつ付く。

　行事当日は神社に参拝してお神酒を飲んでから、出かける。「ナマハゲ」の持ち物は木製の包丁や本物のマサカリ、桶などである。

I　大和文化圏の仮面・仮装の来訪神

Ⅰ　大和文化圏の仮面・仮装の来訪神

この地区では、「ナマハゲ」の起源として、昔、難破して男鹿に住みついた大陸の北方の民族・女真族が、集落の人々に乱暴するようになった。その顔は鬼のように赤く、その恐ろしさを表現したのが、「ナマハゲ」だとも伝えられている。

●チャセゴ

　「カセドリ」の別名であるが、「見島のカセドリ」とは全く内容がことなっている。

　宮城県各地に分布している1月14日の夜の「小正月」の来訪神行事である。特に厄年の人が7軒の家を歩きまわり、餅やお金を貰い、集めると厄除になるという俗信があった。それを「チャセゴ」と呼んでいるが、その後、少年少女の子どもの行事となった。宮城県内においても南部の地域は「カセドリ」、北部の地域は「チャセゴ」といった。

●チャセンコ

　宮城県大河原町では、1月14日の夜、「チャセンコ」という仮面をかぶった一団が「舞込んだ、舞込んだ、福の神が舞込んだ」と言って、笊などをかぶってやって来る。老人や女性も参加することがあるという。なおこの来訪神は「チャセゴ系の来訪神」で、この系列の来訪神は宮城県内に限られている。一般にこの系列の来訪神は厄年にあたる者の「餅もらい慣行」という形をとっている。

●中石（チュウイシ）

　秋田県男鹿市五里合地区の集落の名前。この中石では、「ナマハゲ」は「太平山から八郎潟のシガ（氷）渡ってくる神様」と伝えられている。神社で神主から「シン」（魂）入れを受けて、各家をまわる。面は杉の皮で作られ、髪は馬の毛、角をつけて紙を貼る。

　この地域では、「ナマハゲが来ないと正月の気分がしない」といわれている。それほど、「ナマハゲ」は人々の暮らしに深く浸透している。

●追儺（ツイナ）

　12月の大晦日の大祓いに次いで行われたり、修正鬼会で行われる、悪鬼を払い、悪霊を退け、疫病を除く儀礼。「オニヤライ」ともいう。

　平安時代初期の「追儺」は群臣が中庭に立ち、大舎人の中から身体の大きな者が「方相氏」に扮する。「方相氏」は熊の皮をかぶり、4つの黄金の目の仮面をつけて、黒衣に朱の裳を着て鉾と楯を持ち紺の衣に朱のハチマキ姿の振子（童子）20人を引き連れて参入する。陰陽師が祭文を読み終えると方相氏は大声を発して鉾で楯を3度打ち、群臣は桃弓・葦矢で鬼を追いやるものであった。本来、鬼は登場しないが、平安時代末期になると、方相氏が悪鬼と考えられるようになり、群臣が方相氏を射るようになった。

　室町時代には、「追儺」と「節分」と「豆まき」が結びついて、邪気を払い、福を招く行事として定着した。

　現在も節分行事として広く寺社で行われている。特に京都の壬生寺、奈良県の法隆寺などの「追儺」式は有名である。

　男鹿の小浜地区には「ナマハゲ」の古面として、「追儺」の方相氏を思わせる四ツ目の面が保存されている。

●九十九伝説　（ツクモデンセツ）

　「九十九伝説」は全国に分布しているが、「ナマハゲ」行事が行われている秋田県男鹿市にも本山・赤神神社に古くから伝えられているものがあるので、以下に紹介する。

　「お山（本山）」の鬼は年に1度、山から下りて来ては好き放題にふるまって村を荒らしまわっていた。そこで困った村人たちは思案し、ある提案を鬼に持ちかけた。それは一番鶏が鳴く前に村から「五社堂」までの道のりに1000段の石段を作ることができたら、毎年、娘を1人ずつ鬼に人身御供として差し出すというものであった。ただし、完成することができなかったら、二度と村へ下りて来てはならないというものであった。鬼はこの申し出を受け入れ、999段まで作ったが、あと1段というところで、一番鶏が鳴いた。鬼は石段を完成できず、あまりの口惜しさと怒りで千年杉の大木を引き抜き地面に真っ逆さに射し込んでしまった。実は、鶏の声は村人が鬼をだまして鳴きまねをしたものだったのだが。この「999」段の石段は今も男鹿に残されている。

一方、大分県国東半島にある豊後高田市では「男鹿のナマハゲ」と同型の来訪神行事である「修正鬼会」を行っているが、ここにも類似した「九十九伝説」が伝わっている。（混合文化圏「修正鬼会」参照）

　ここでは、石段の数は、「九十九」段で、神さまが鶏の声を真似て鬼をだます。その神が「熊野の神」という伝承であり、天台密教系の修験の神や僧侶によって、鬼から村人が救われる。この伝説の「九十九」段の石段は現存している。その石段を登りつめると熊野神社があり、近くには、国の重要文化財に指定されている熊野磨崖仏がある。

　「九十九伝説」では、鬼は邪悪な「モノ」として描かれているが「修正鬼会」では、鬼は「祖霊」の「鬼神」として家々をまわる。この時、「修正鬼会」の鬼の仮面をつける者は僧侶である。一方、男鹿の「ナマハゲ」も地域の人々には「恐ろしい」存在の鬼と考えられているが、その鬼の仮面をかぶるのは村人であり、「修正鬼会」と同様に「ナマハゲ」は「鬼神」として家々を巡る。

●椿

　秋田県男鹿市船川港地区の集落の名称。椿では、15歳から30歳ぐらいまでの独身男性が「ナマハゲ」に仮装する。行事当日は三島神社に集まり、準備する。2人1組になり、集落の東西に分かれて家々を巡る。「ナマハゲ」の面は、古くは木の面であったが、その後トタンになり、ザル面となった。持ち物は木製の出刃包丁と桶。この他、カマス持ちもいて、貰った餅を入れるか、時には子どもを入れることもあった。行事の最後は能登神社に参拝して終わる。

●テケシ

　秋田県では、親指と他の指にわかれた手袋を「テケシ」という。男鹿の旧天王町地区の天王本郷の「ナマハゲ」は藁を編んだ「ケラミノ」1枚を上半身につけ、手には「テケシ」、脛には「ハバキ」と呼ばれる脛当てをつけている。

●戸賀（トガ）

　秋田県男鹿半島北西部の集落の名称。戸賀湾に沿って位置する戸賀では、「お山」（本山・真山）は「ナマハゲ」が来るところと意識されている。15歳から25歳ぐらいの若者が「ナマハゲ」になる。お宮で「ナマハゲ」の準備を

行い、お神酒を飲んで、2人1組で集落の両端から家々を巡る。昭和初期まで「ナマハゲ」の面は紙に貼ったザル面やケヤキの皮の面だった。

●常世（トコヨ）

　古代日本人の他界観をあらわす代表的な語。「常世」という語は『古事記』や『日本書紀』にみられる。これらの文献から民俗学者の柳田國男や折口信夫は「常世」を他界観や異郷意識の問題として掘り起こした。

　折口信夫は「常世」の原像は「常夜」すなわち「闇の国」、「死の国」であったことを強調する。

　今日では、「常世」と「常夜」は上代の特殊仮名遣いの違いから別語と考えられているが、折口はこの「常世」から「マレビト」と呼ばれる来訪神が訪れると考えた。そして「常世」を日本人の他界観や異郷意識の根本に関わる問題として捉えた。折口がこのように「常世」を来訪神の故郷と考えるようになった背景には、沖縄の「ニライ・カナイ」の信仰があったといわれている。

●年神（トシガミ）

　正月に迎え、祀る神。歳神、年神様、歳徳神などと呼ばれる。年神は恵方からやってくるといわれ、通常の神棚とは別に恵方へ向けた「歳神棚」を設けた。この棚を「正月棚」という。

　年神のトシは、古くは「稲の実り」を意味した。正月の門松は年神が来訪する際の目印であり、それは依代ともされた。この「年神」には、祖霊の性格も認められる。

　「年神」は大晦日に来訪し、人々に幸福をもたらす福神と考えられてきた。鹿児島県下甑島では、仮面をつけ、蓑を着た異装の来訪神「トシドン」が各家を訪れ、子どもを脅かした後、「年餅（年玉の原型)」を与える。この「年餅」は丸餅で子どもたちは「年餅」を貰い、年をひとつとる。これを食べると、家族の繁栄をもたらす「年神」の強力な生命力にあやかれるとされた。

　男鹿の「ナマハゲ」も「トシドン」のように「年神」（歳神）の性格を有している。

●トシナ

　秋田県の方言で注連縄のこと。旧若美町地区の五明光の集落では「ナマハゲ」を迎え入れる家では、玄関に「トシナ」といわれる注連縄を張り、「ナマハゲ御膳」と「餅」を用意する。「ナマハゲ」が訪れると、膳を出し歓待する。

●豊岩（トヨイワ）

　秋田県秋田市の集落の名称。豊岩では、「ヤマハゲ」と呼ばれる「ナマハゲ」行事が行われている。この地域の「ヤマハゲ」は豊岩前郷にあった真山神社から伝わったという由来がある。豊岩前郷の真山神社には男鹿の真山神社から伝わったと想定できる。豊岩の「ヤマハゲ」には、代々大切に保存されてきた面があり、1月15日の小正月の夜に各家を歩く。この地域の「ヤマハゲ」は秋田県内にある「ナマハゲ」行事の中で最も「男鹿のナマハゲ」に類似している。

●鳥追い（トリオイ）

　年頭にあたり、害虫を追い払って、農作物の安全と豊穣を祈る行事。これは、「ナマハゲ系儀礼」と同様に「予祝」の儀礼で「小正月」に行われていた。主に東日本で「小正月」に子どもたちを中心に行われていたが、今はその多くが廃止されている。秋田県平鹿郡の村々では、「かまくら」といわれる雪むろ作り、子どもたちが、正月15日に「かまくら」を作って籠り、その後、地域の家々を訪れ、挨拶をし、「鳥追い」の唄を歌った。

　この「鳥追い」の行事は、大勢で、鳴り物や大声で、害鳥を罵倒し、あるいは、懲らしめて追い出す趣旨の唄を唱えるのが基本である。家の門ごとに訪れる農村の鳥追い行事は、近世に江戸などの都市で職業化し、編笠姿の女性が三味線や胡弓を携えて鳥追い唄を歌いながら、門付けして歩く芸人の「鳥追い」などに変容していった。

　秋田県象潟町の大森と横岡の両地区の「アマハゲ」は「鳥追い」と一体となっている。

●トロトロ

　鳥取県の小正月行事に登場する来訪神。小正月の来訪神行事には、家々を

訪問する際に戸を叩き、「トロトロ」と来意を告げる来訪神がある。鳥取県の「トロトロ」は来意を告げるための畳語である「トロトロ」の唱え言が来訪神名や行事名に転用されたもの。「トロトロ」の「ト」は戸と解され、この擬音語が来訪神名となっている。鳥取県の飯南町では、小正月の晩に「トロトロ」と怪しげな声をあげながら、来訪神「トロトロ」が地域の家々を訪れる。

　地区により「トロヘイ」という別称もある。小正月に福の神が来訪し、人々に祝福を与える来訪神の行事で、古い民俗信仰に基づき、中国地方の山間部で昔から伝えられている。

　鳥取県飯南町では、子どもが来訪神「福の神」となって、「トロトロ、トロトロ」と唱えながら、地域の家々を訪問する。訪れた家の縁側などに手づくりの藁馬をそっと置き、物陰に隠れ様子を窺う。家人は藁馬を受け取り、そのお礼に餅やお菓子などの供え物を置き、藁馬は縁起物として神棚や床の間に供える。「トロトロ」がお供えを取りに来たのを察知すると思いっきり水をかける。水をかけられた「トロトロ」役の子どもは無病息災が約束されるといわれている。

　かつては、鳥取県飯南町の各地域で行われていたが、現在も実施されているのは、頓原の張戸地区と長谷地区だけである。子どもたちは、5つのグループに分かれてまわる。

●トロヘイ

　広島県において正月14日の晩に行われている小正月行事。厄年の男女が来訪神に扮する点では宮城県の「チャセゴ」に近似している。厄年の男女が家々を訪問し、小銭を入れた袋を結びつけた手製の藁馬や銭緡（ぜにさし）を置くお返しに、餅、大豆、菓子、金銭などを貰った。

　「トロトロ」と同様に、縁側などに置かれた餅や菓子などを取る際に家人に姿を見られると、水をかけられた。そのため蓑笠をかぶったりしたという。現在では大人ではなく子どもたちの行事となっている。地域により、「トラヘイ」、「トヘイ」、「トビトビ」、「トヘトヘ」などと呼ばれている。

　島根県美濃郡では、1月14日昼間、子どもたちが藁馬を持って「トラヘイを祝ってやんさい」と言いながら家々を訪れる。子どもたちは「アガリド」（家の入り口にある板の間）に藁馬をそっと置き、そのお礼に供えられた金銭や

菓子をそっと取り、持ち帰る。夜になると、今度は若者たちがやって来る。手ぬぐいで顔を隠し、小声で「飲み物を祝うてやんさい」と言いながら、持ってきた藁馬を置いた。この時、家人が思いっきり水をかけるという風習があった。（「トロトロ」参照）

●ドンジャ

　青森県下北郡風間浦村蛇浦で小正月の晩に行われる「ナガメヘズリ」と呼ばれる行事で来訪神が身につけている衣装。刺し子でできたツヅレ（破れを繋ぎ合わせた着物）の労働着のことを指す。

　来訪神の「ナガメヘズリ」は、この「ドンジャ」を身につけ、顔には仮面、手には包丁とバケツを持って、それを打ち鳴らしながら、「泣くわらしいねぇが」と叫びながら、やって来る。家を訪れた「ナガメヘズリ」には餅を渡す。（「ナガメヘズリ」参照）

●ナガハメ

　秋田県男鹿市船川港地区の双六(すごろく)の集落で呼ばれている「ナマハゲ」の別称。この集落の「ナガハメ」は鬼の面をかぶる人が2人、その他に交替役、戸を叩いて来訪を告げる役の人など数人が付き従う。

　「ナガハメ」は、木製の出刃包丁、「カショゲ」と呼ばれる手桶を持つ。広東米袋は付人が待つが、時には、この中に子どもを入れて、脅す場合もある。「ナガハメ」は2組で集落の東西から巡り、最後の家には、2組で入る。家人が「ナガハメ」に渡す「餅」は大きな角餅にミカンとゆずり葉を添える。

　「ナガハメ」が身につけた「ケラ」は立木に巻きつけ、1年ごとに作り替える。（「カントメ」、「ケラ」参照）

●中間口（ナカマグチ）

　秋田県男鹿市男鹿中区(おがなか)の集落の名称。中間口(なかまぐち)では、「ナマハゲ」を務めるのは独身者に限られた。準備は神社で行い、そこから出発した。戦前は2人1組で、戦後は2人1組が2組になり、各々1人ずつの「先立ち」がつく。「ナマハゲ」は何も持たない。不幸のあった家には3年、出産の会った家には1年立ち入らない。座敷ですわる位置は主人が上座で、「ナマハゲ」が下座。出されるお膳

の品はデンブ（きんぴら）、大根ナマス、酢ダコなどである。「ナマハゲ」は行く先々で酒を飲むので、5〜6軒まわると交替する。

　中間口では、「ナマハゲ」をやれば、一人前として認められ、「成人通過儀礼」の意味合いも持つ。

●ナガメ

　秋田県や青森県の方言で火斑（ひだこ）・火型のことをいう。囲炉裏に長くあたっていると手足に火斑（ひだこ）ができるが、これは、怠惰の象徴とされた。

　名称は「ナガメ」、「ナゴメ」、「ナマミ」、「アマメ」など、地域により異なる。「ナマハゲ」系来訪神の名称の多くは、この火斑、あるいは火斑を剥ぐ行為の方言語に由来する。

●ナガメヘズリ

　青森県下北郡風間浦村蛇浦には、「ナマハゲ系儀礼」の「ナガメヘズリ」という行事が小正月の晩に行われていたが、現在は行われていない。

　「ナガメヘズリ」は、天井やソラ窓からやって来ると考えられている。「ナガメヘズリ」とは、「ナガメ」（火斑）を剥ぎ取ることを意味している。

●ナゴミ

　秋田県の方言で火斑・火型のこと。「ナガメ」や「ナゴメ」の別称。（「ナガメ」、「ナゴメ」参照）「小正月の来訪者」と呼ばれる「ナマハゲ系の来訪神」の多くは火斑を剥ぐ来訪神である。木製の出刃包丁などを手にしているのは、そうした火斑を剥ぎ取るためである。火斑を剥ぎ取られる対象は、子ども、初嫁、初婿などであった。「ナマハゲ系の儀礼」は、こうした集落の家々で新しい構成員になった人々への訓戒の意味を含んでいる。火斑を「ナマハゲ」に剥ぎ取られることによって、初嫁、初婿は集落の共同体の一員として認められ、祝福を与えられるのである。

●ナゴメ

　上記の「ナゴミ」と同じく秋田の方言で火斑・火型のこと。秋田県の能代市では、「ナマハゲ」を「ナゴメハギ」という。これは、この地域の青年会の

行事である。戦前は小正月に行われたが、現在は大晦日の晩に実施される。能代市の「ナゴメハギ」は**鬼**の面や「番楽」で用いられる**翁**の面などをかぶり、身には「ケラ」をまとって、拍子木や木製の包丁などを振りかざし、訪問した家の女性や子どもを探し、歩きまわる。家人はこの来訪神「ナゴメハギ」に餅などを渡してもてなす。(「ナゴメハギ」参照)

●ナゴメタグレ

青森県の西津軽郡で行われる来訪神の小正月の行事。「タグレ」は「タクリ」と同じく「タクル」という動詞に由来する語で、怠け者の「ナゴメ」(火斑)を剥ぐ、という意味。

●ナゴメハギ

秋田県能代市浅内地区の浅内・中浅内・黒岡では、12月31日の大晦日に「ナマハゲ」系来訪神行事「ナゴメハギ」が行われる。大晦日の夕刻に浅内神社でお祓いを受けた集落の若者たちが番楽の「山の神」などの面をつけ、鈴・拍子木を鳴らしながら、2組に分かれ、「ウォ、泣ぐわらし(童)えねがー」と叫びながら家々をまわる。

「ナゴメハギ」は**鬼**とされていて恐ろしい番楽面をかぶり、上衣、袴、たすき姿で手には斧や刀をもち、大声で叫びながら集落を巡る。

●生剥(ナマハギ)

柳田國男は「妖怪古意」で秋田県の「ナマハゲ」を「ナマハギ」と記し、通例、「生剥」の字を当て「ナマハゲ」と呼んでいるが、以前は「ナモミハギ」と呼んでいたことを紹介している。

秋田の方言では、「ナモミ」は長く火にあたっている者の皮膚にできる火斑のことで、怠け者を意味する。その「ナモミ」を剥ぐ来訪神を柳田國男は「小正月の訪問者」と呼んでいる。

●ナマハゲ

年越しの晩に集落の構成員(男性)が仮面・仮装して集落の家々を訪れ、子どもたちを戒め、家人に祝福を与える秋田県男鹿市を中心に行われている

来訪神の行事。男鹿半島においては、12月31日の年越しの夜あるいは、1月15日の小正月の夜に行われる。

「ナマハゲ」は「なまはげ」とひらがなで表記されることもあるが、国指定の重要無形民俗文化財に指定された時、「ナマハゲ」とカタカナ表記になった。現在、「ナマハゲ」と「なまはげ」の両方の表記がなされているが、正式な名称は「ナマハゲ」。

集落の若者らが鬼のような恐ろしい仮面をかぶり、藁製の「ケラ蓑」、「ケダシ」、「脛巾(はばき)」をつけて、素足に藁沓(わらぐつ)を履き、手に木製の出刃包丁を携えて家々を訪問する。冬、囲炉裏で長く暖をとっていると、手足に火斑ができる。これを日本海沿岸においては、「ナモミ」、「ナガメ」、「ナゴミ」、「アマミ」などという。新しい年を迎えるにあたって火斑を剥ぐことが祝福のひとつとされた。その剥ぐ対象は子どもや初嫁など。それは新年に向けて怠け者を懲らしめる意味を含んでいる。

「ナマハゲ」には、その起源を示す主な伝承が3つある。

第1の伝承は、本山の赤神神社に伝えられている「赤神縁起」による「漢の武帝飛来」の伝説である。これは、5匹の鬼が姿を変えた5匹の蝙蝠(こうもり)を従えて男鹿半島に漢の武帝が飛来したとの伝説である。やがてその5鬼のうち3匹の鬼が「ナマハゲ」になったという。男鹿半島には「武帝嶋」あるいは「舞台嶋」と呼ばれる武帝が飛来したと想定される場所が現存しており、国指定重要文化財である「五社堂」には「ナマハゲ」の起源と想定される3匹の鬼が祀られている。

第2の伝承は、「ナマハゲ」は異邦人であるという伝説である。養老年間(717〜724)に、渤海国(ぼっかいこく)(中国大陸の北東部沿岸にあった)などから1千百余人が出羽国の男鹿半島に住みついたという記録がある。また『日本書紀』には、658年4月、鰐田(あきた)の蝦夷の首長であった恩荷(おんが)が越国守・阿倍引田臣比羅夫(あべのひけたのおみひらふ)に降伏した記録が載っている。

さらに中世の頃、男鹿半島の西海岸に大兵肥満で紅毛碧眼の異国人が漂流し、門前の永禅院に住みつき、五社堂の石段造築に貢献した。その褒美(ほうび)として特別に正月だけ骨休みを許され、里に降りて集落の人々に物乞いをした。集落の人々は異国人を神の使いと思い込み餅を施した。これが「ナマハゲ」の正体であるという。

第3の伝承は、「ナマハゲ」は修験者であったという伝説である。男鹿の「本山」、「真山」は、修験道の霊場として平安末期から知られていた。始まりは天台宗本山派の山伏が熊野信仰を伝えことで「本山縁起」や「赤神縁起」などの伝説を形成した。「本山」中腹にある五社堂の中央堂には「赤神」が祀られている。

●ナマハゲ踊り（ナマハゲオドリ）

　「観光ナマハゲ」の「ナマハゲ柴燈まつり」は、2月の第2金曜日・土曜日・日曜日の3日間行われる。そのプログラムには、「ナマハゲ太鼓」と共に「ナマハゲ踊り」が行われる。これは、昭和36年（1961）に秋田県出身の現代舞踊家・石井漠（1886〜1962）が振りつけを行い、その息子の作曲家・石井歓（1921〜2009）が曲をつけた勇壮な創作舞踊である。

●ナマハゲ御膳（ナマハゲゴゼン）

　「ナマハゲ」に饗応として酒などと一緒に供する食べ物を「ナマハゲ御膳」という。『聞き書き秋田の食事』（農村漁村文化協会）によれば、男鹿では、行事食として「ナマハゲ」に料理を並べたお膳と酒をふるまう。お膳の内容は、鮨（すし）、鰰（はたはた）、あんぷら（ジャガイモ）などの野菜と鰰の煮つけ、デンブ、ブリコの大根なます、煮豆、吸い物などである。秋田では鰰は、正月の魚とされている。

　男鹿の人々が「ナマハゲ」にこのような「ハレの日」の正月料理でもてなすのは、「ナマハゲ」を受け入れ、「年神」として歓待していることを表している。

　また「ナマハゲ」には、「年神」としての性格の他、「祖霊」、「穀物神」、「山の民の守護神」、「海の民の守護神」といった重層的な性格も認められる。

●ナマハゲ柴燈祭（ナマハゲセドマツリ）

　このまつりは昭和38年（1963）から男鹿の冬期観光用のために創造された「観光アトラクション」である。「ナマハゲ柴燈（せど）まつり」と命名されたのは、昭和39年（1964）である。このまつりは最初、男鹿市北浦湯本の星辻神社内で行われたが、場所が狭くなったことなどを理由に昭和44年（1969）から現

在の真山神社の境内で行われるようになった。

　この「観光アトラクション」は毎年、2月の第2金・土・日の3日間、同じ内容で行われる。これは、男鹿で「小正月」に各村で行われていた「ナマハゲ」行事と江戸時代の男鹿の本山・真山で行われていた神事「柴燈祭」を融合させ、観光化したものである。（「柴燈祭」参照）

●ナマハゲ太鼓（ナマハゲタイコ）

　男鹿の「ナマハゲ」と日本古来の「和太鼓」を組み合わせた創作太鼓で、「家内安全」、「五穀豊穣」などを願った男鹿の新しい郷土芸能。現在、男鹿半島で、「ナマハゲ太鼓」を演奏するグループには、「恩荷」、「なまはげ郷神楽」、「男鹿っ鼓」、「男鹿和太鼓愛好会」、「秋田県立男鹿海洋高等学校郷土芸能部」などが知られている。

　「ナマハゲ太鼓」は、昭和62年（1987）に太鼓店を営む鈴木孝喜氏により、創作された「創作太鼓」で、男鹿の海の荒々しさと「ナマハゲ」のイメージを盛り込んだ勇敢な囃子で演奏者は「ナマハゲ」に扮して激しく動きながら、太鼓を打つ。現在まで地元の青年有志らによって伝承されてきた。

　「ナマハゲ太鼓」は「ナマハゲ踊り」と共に2月の観光客を集客する目的で開催されている「ナマハゲ柴燈まつり」で演奏される。現在、男鹿温泉交流会館の五風（男鹿温泉郷内）では常時公演を行っている。

●ナマハゲ文化圏

　天王町の「ナマハゲ」、若美町の「ナマハゲ」、男鹿の「ナマハゲ」の3地域は、中世から近世を通じて行政上、「出羽国小鹿島」の領域を形成していた。この3地域は、現在も「ナマハゲ」の行事が行われており、そこには「お山」の信仰が共通して認められる。民俗学者で「ナマハゲ」の研究家として知られる鎌田幸男は、この3地域には男鹿の「ナマハゲ文化圏」ともいえるものが形成されていると指摘している。

●ナマハゲ餅（ナマハゲモチ）

　「餅」は古くから「福を招くもの」といわれ、年中行事で多く用いられた。特に日本において「ハレの日」と呼ばれる行事日には「餅」が出されること

が多い。

「ナマハゲ」を迎えた家では、正月や神事、祝事、祭事の折に搗かれた「餅」を「ナマハゲ」に献じた。現在では、「餅」の代わりに祝儀を出す家が多くなったが、金銭と「餅」、両方を献呈する家も少なくない。

「ナマハゲ」の行事では、「ナマハゲ」に献ずる「餅」のことを「ナマハゲ餅」と呼んでいる。この「ナマハゲ餅」は多くは「丸餅」だが、他に「楕円形」や「角型」のものもある。男鹿市の男鹿中地区の牧野の集落では、「丸餅」と「角餅」の両方があった。

男鹿中地区では、昆布、ゆずり葉、五葉松、鰰の干物を重ね合わせた物を餅の上に置いて注連縄で縛ったものを「ナマハゲ餅」として献じた。

●ナマミ

秋田県の方言で火斑のこと。男鹿市の「ナマハゲ」は火斑を意味する「ナマミ」を剥ぐ来訪神だが、その火斑の方言は地域によって様々である。秋田市を中心に秋田県の北部と中部では、「ナマミ」、「ナマメ」、「ナモミ」、「ナゴメ」、「ナゴミ」、「ナムミョウ」、「ナマミョウ」などといわれる。

来訪神の名称も「ナマハゲ」の他、「ナマメハギ」、「ナモミハゲ」、「ナゴメハギ」、「ナゴミハゲ」、「ナムミョウハゲ」などがある。

●生身剥（ナマミハギ）

菅江真澄は「ナマハゲ」について、『牡鹿乃寒かぜ』（文化8年・1810）に挿絵を入れ、詳細にその姿を描いている。これは、「ナマハゲ」について記述された最初の文献である。そこでは、「ナマハゲ」の名称が「生身剥」から来ているという説を記している。つまり、その火斑を意味する「生身」を「剥」ぐという行為から「ナマハゲ」の名称が生まれたという。

●ナマモ

秋田県の方言で火斑のこと。各地の「ナマハゲ系儀礼」は、来訪神の名前には、方言で火斑をあらわす語が用いられており、それを剥ぐ行為をすることが名前の由来になっているものが多い。地域により火斑を意味する言葉がそれぞれ異なるため、名称が異なっている。

●ナムミョウ

秋田県の方言で火斑のこと。おもに、秋田市土崎で使われる言葉。(「ナムミョウハゲ」参照)

●ナムミョウハゲ

秋田市土崎では、「ナマハゲ」を「ナムミョウハゲ」という。「ナモミョウ」、「ナモメコ」ともいう。子どもたちは顔に墨を塗り、または頬かむりや首巻で顔を隠す。そして「ナムミョウ、ハゲダカ、ハゲダカヨ、包丁コ、トゲダカ、トゲダカヨ、算盤コ、置ゲダカ、置ゲダカヨ」と叫びながら、各家々を巡る。また本物の算盤をガチャガチャ鳴らしながら、まわる者もいた。家々では、餅や祝儀をふるまう。

●ナモミ

秋田県や岩手県の方言で火斑のこと。秋田県の五城目町では、大人が鬼の仮面をつけ蓑をつけて来訪神「ナモミハゲ」に扮して家々を訪問し、「餅」を貰った。この来訪神の名称は、囲炉裏にあたってできる火斑を意味する「ナモミ」を剥ぐ行為に由来している。

岩手県久慈市・岩泉町では、同様の来訪神行事「ナモミタクリ」が小正月の晩に行われている。五城目町と同じように鬼の面をかぶって家々を訪れる。「ナモミタクリ」も火斑をあらわす「ナモミ」を剥ぐ行為が名称の由来になっている。岩手県の方言で「タクリ」は、剥ぐ意味する語である。

●ナモミョウ

秋田の方言で火斑のこと。「ナムミョウ」の別称。この「ナモミョウ」も火斑を剥ぐ行為が名称の由来になっている。「ナモメコ」ともいう。

●ナモメ

上記と同じく秋田の方言で火斑・火型のこと。囲炉裏に長い間、あたっていると火斑・火型ができる。怠け者の象徴。

●仁井山（ニイヤマ）

　秋田県男鹿市船川港地区の集落の名前。仁井山では、独身の青年たちが大晦日の晩に家々を巡って「ナマハゲ」行事を行った。

　「1番ナマハゲ」はお膳なしで全戸を巡り、「二番ナマハゲ」はお膳を用意している役員宅だけを対象に再度まわった。現在は、「一番ナマハゲ」と「二番ナマハゲ」を合わせて1回で終了している。この地区の「ナマハゲ」は「青の爺（じっこ）」、「赤の婆（ばば）」、「兄（あに）」の3人1組。

　今の「ナマハゲ」の面には金や銀の紙が貼ってあり、大人の顔に近い小型面。太い眉と顎に刻みがあり、牙が2本ある。太く短い円錐形の角が藁と海藻で編んだ「ボッチ（頭にかぶる被り物）」についている。荒々しさと怖さが特徴。

　戦前は、「ケラコ」、「コッコ（子ども）ナマハゲ」と言って、学校の生徒たちが中心となって、小正月にまわっていたが、今は実施されていない。

●入道崎（ニュウドウザキ）

　秋田県男鹿市の戸賀地区の集落の名称。入道崎では、青年会の活動が下火となり、昭和初期には青壮年による「海友会」が結成され、「ナマハゲ」の行事を復活させた。その後、「岬友の会」が結成され、「ナマハゲ」の行事を継承している。

　「ナマハゲ」の準備は、山神神社で行い、2人1組で4組が分担して12月31日大晦日にまわる。「ナマハゲ」は事前に風呂に入って体を清め、神社へ集合する。そこでお神酒をいただき、出発の時間までに面をかぶる人、交替要員などを決める。面は欅や桐で作られ、赤と青の面を使う。

　迎える側は必ず「ナマハゲ」に膳を準備し、歓待する。

●能代市（ノシロシ）

　秋田県北部に位置し日本海に面した市。能代市浅内地区では、古くは小正月の晩に、現在は元旦前夜の大晦日の晩に「ナゴメハギ」の行事が実施されている。

　「ナゴメ」は「ナマミ」や「ナモミ」と同様、長時間、囲炉裏にあたってできた火斑のこと。能代市では、その「ナゴメ」を剥ぐことを「ナゴメハギ」

という。これは怠け者に訓戒を与える来訪神の行事である。

　この行事の主体層は15歳から37歳ぐらいの未婚の青壮年である。「ナマハゲ」の面はこの地区では、番楽の面が用いられる。持ち物は木製の出刃包丁や斧など。この持ち物は「ナゴメ」を剥ぎ取る道具である。

　能代市の「ナゴメハギ」は男鹿の「ナマハゲ」の影響が濃厚で、それが伝播したものと想定できる。

●橋本（ハシモト）

　秋田県男鹿市五里合地区の集落の名称。橋本では、「ナマハゲ」は「お山」（本山・真山）から来るといわれ、鬼ではないという。

　行事当日の午後、面や道具を修理すると、神様にローソクとお神酒をあげ、「ナマハゲ」の面を置いて拝む。各家には、道をはさんで、東西に区切り、2人1組で2組が巡る。この地区では先立ちはいない。

　「ナマハゲ」は、赤が年長、青が年下をあらわす。「ナマハゲ」の座る位置は仏前に近い方が赤の「ナマハゲ」でその隣が青の「ナマハゲ」。「ナマハゲ」に出す膳の中味はデシブ、大根ナマス程度である。また「ナマハゲ」に供する餅は丸餅でない時は切り餅を渡し、それにユズリ葉と松葉を添える。「ナマハゲ」の帰った後、落ちた「ケデ」の藁は一晩、そのままにしておく。

　行事の最後には着ていた「ケデ」を神社の狛犬に巻きつけて帰る。

●馬生目（バショウメ）

　秋田県男鹿市船川港地区の集落の名称。馬生目では、40歳前後の青年たちの手で「ナマハゲ」が実施された。この地区では、「爺（じっこ）」、「兄（あに）」、「婆（ばば）」の3人1組で神社に参拝してから各家を巡った。

　昭和初期は算盤（そろばん）を鳴らし、戦前は笛を吹きながらまわっていた。座敷にあがると、「ナマハゲ」は3度「シコ」を踏んでから座る。「ナマハゲ」が座ると、膳を出してもてなした。

●羽立（ハダチ）

　秋田県男鹿市船川港地区の集落の名称。羽立では、「ナマハゲ」は「神明社から来る」というものと、「八郎潟のシガ（氷）を渡って来る」というものと

の2説ある。

「ナマハゲ」は家を訪れると、「シコ」を踏むこともなく、座敷にあがる。囲炉裏に火を入れ、主人は横座に座り、お膳を供して待っている。「ナマハゲ」が膳の前に座り、新年の挨拶をすると、「ナマハゲ」は傍若無人に家中を女性や子どもの姿を求めて探しまわる。

現在では、こうした「ナマハゲ」を嫌って、入れない家もある。

● 鰰（ハタハタ）

秋田の全域で正月料理の筆頭にあげられる魚。秋田県の民謡にもある通り、秋田の代名詞ともいえる魚。学名は「アルクトコパス・ヤポニクス」。「日本の北の魚」を意味するように、北海道から新潟海岸に棲息するハタハタ科の魚。語源は諸説あるが、古語では、「ハタハタ」は雷の鳴る音の擬音。「雷魚」ともいわれるように、地元では、「ハタガミ（雷さまのこと）」が鳴りはためく頃、「鰰_{はたはた}」がとれるため、「鰰」と名づけられたと伝えられている。「ナマハゲ」に供される「ナマハゲ御膳」にも載る魚。

● 八森町の「アマメハギ」

秋田県八森町は、秋田県北部に位置し日本海に面していた町で合併され現在は八峰町となっている。この八森町で行われていた「ナマハゲ」系来訪神行事の名称。現在では、実施されていないが、かつては子どもたちの「小正月」の行事として行われていた。

秋田県の「ナマハゲ系儀礼」の名称には、男鹿市の「ナマハゲ」の他に八森町の「アマメハギ」、能代市の「ナゴメハギ」、五城目町の「ナモミハゲ」、秋田市豊岩・浜田や雄和町・岩城町の「ヤマハゲ」、象潟町・金浦町の「アマハゲ」などがある。

● 花祭（ハナマツリ）

愛知県設楽郡の東栄町と豊根村を中心に行われる霜月神楽の名称。霜月神楽は**神招き－神がかり－神わざ－神返し**という古い神楽の基本に則って行われる。花祭の行われる場所は「花宿」と呼ばれる。この祭りは、衰えた魂にかわって、強力な魂を呼び込む魂鎮めの儀礼である。「花祭」には、「山見鬼」

や「榊鬼」が登場する。「山見鬼」は斧で上中下と天地を割り開き、「榊鬼」は生命の証の榊の枝を禰宜と引き合い、負けると宝渡し（現在は省略）大地踏みをして悪霊を鎮める。

「花祭」に登場する「榊鬼」などの鬼は土地の「祖霊」の来訪神で、毎年、祭ごとに生命を更新する守護霊なので、人々はこの鬼を「鬼様」と敬称をつけて呼ぶ。

●ハバキ

脛布。男鹿の「ナマハゲ」が身につける脛布は藁製。

「ナマハゲ」の衣装は男鹿では、各集落で地域ごとに異なっているが、代表的な「ナマハゲ」の衣装は「ケラミノ」、「ハバキ」、「藁沓」。「ケンデ」、「ケダシ」は「ケラミノ」の代用として用いられる。「ハバキ」は「ナマハゲ」が来訪神になるための脛布で、藁製で足まで包んだ。「藁沓」は「ナマハゲ」の履物で、「ケラミノ」と良く合っている来訪神のスタイルである。

男鹿中地区の開の集落の「ナマハゲ」は昔、欅の皮で作った鬼の面をかぶり、「ケデ」をつけ、足には「ハバキ」、藁沓を履き、手には木製の包丁を持って家々をまわった。

●浜塩谷（ハマシオヤ）

秋田県男鹿市戸賀地区の集落の名称。浜塩谷では、「ナマハゲ」の準備は十王堂で行う。

行事の当日、「ナマハゲ」は十王堂に集合。拝礼し、お神酒を飲んでから「ケデ」と仮面をつけ、各家々を巡る。面は代々伝えられてきたものを使用。杉を素材とした赤面と青面で、それぞれ角は長方形。顔面はわずかに湾曲し、鼻がかすかに隆起している。目・鼻・口は赤色、金色、青色、銀色の紙を貼ってあらわす。紙は修繕しながら使う。

行事が終わると、神社の鳥居に「ケデ」を巻きつけ、解散。

またこの地区では、「20日ナマハゲ」と言って、「ナマハゲ」は面だけかぶり、子どものいる家々を巡るが、家の中には入らず、玄関で帰る。

●浜中（ハマナカ）

　秋田県男鹿市戸賀地区の集落の名称。浜中の「ナマハゲ」は少子化や過疎化により、平成の時代に入って行われなくなった。かつては、村の古老の作った木彫りの面に、紙を貼り、彩色した面を使用した。「ナマハゲ」の準備は神社で行われ、大晦日の夜、各家を巡った。

　「ナマハゲ」を迎えた家では、「えぐ、来たな」、「まざずまずいっぺやってけれ」などと、囲炉裏のある部屋で歓待した。

●春駒（ハルコマ）

　予祝のための正月の門付芸のひとつ。正月に祝言を唱えながら、駒頭（馬の首の形をしたもの）を持ち、家々をまわり、時にこれに跨ったりして、唄や踊りをみせて金銭を受け取る芸能。

　古くは、正月8日に宮中で行われた白い駒（馬）を見て邪鬼を祓う平安時代の宮中の正月行事『白馬節会（あおうまのせちえ）』に因んだものといわれる。「春駒」とは「春になり、放し飼いにする馬のこと」をいう。

　佐渡の「春駒」には、「男春駒」と「女春駒」があり、正月になると、数組に分かれて「門付芸」の芸能者として集落を歩きまわった。「男春駒」は男の春駒のこと。茜（あかね）染めの手ぬぐいで頬かぶりし、奇怪な仮面をつけ、一文字笠をかぶり、駒頭に跨って駒乗り姿で踊る。「女春駒」は「ひょっとこ」面をつけた踊り子が駒頭を右手に持ち、左手に手綱を取って、「女春駒舞」を踊る。

　このように時を定めて家々を訪れ、祝言を唱える芸能者のことを折口信夫は「ほかひびと」と呼んだ。さらに、「ほかひびと」も「マレビト」の「人間化したもの」であると折口は指摘。このことから、「春駒」のような祝言を唱える門付芸の芸能者も来訪神の延長線上に存在すると考えられる。

●番楽（バンガク）

　山形県北部、秋田県ほぼ全域に伝わる芸能の一種。修験道信仰を基盤に山伏修験が伝えた神楽。岩手県の「山伏神楽」、青森県の「能舞」と同系統のものである。

　「番楽」という名称の起源については、菅江真澄の「十二の番楽説」（菅江真澄著『夷舎奴安装婢（ひなのあそび）』より）他があるが、その由来は明らかではない。「番

楽」の演目は、申楽の詞章（謡曲などの文章）とほとんど同一のものが多く、中世（室町時代）に大成された世阿弥の申楽の影響を強く受けた芸能といえる。定説ではその成立を江戸時代とされているが、実際には江戸時代初期以前と想定される。「番楽」には、鳥海山麓の秋田側に多く分布する「本海番楽」などのように獅子舞を含む「番楽」と、秋田県の県中央部から県北に伝わる「番楽」や、山形県遊佐町の杉沢比山（比山番楽）のように獅子舞をもたない「番楽」とがある。「番楽」の諸曲の中で「式舞」は猿楽能に由来する『翁』や『三番叟』などの儀式的な舞である。

　また「神舞」は『山神』など神々に関連した舞であり、「道化舞」は古くは「おかし」（可笑）ともいわれた。これは、狂言風の滑稽な舞や芸を行う。楽器は太鼓・笛・銅拍子の3種を用いる。

　秋田県の南部には、近世（江戸時代）の歌舞伎にみられる芝居風の演技をする「番楽」もある。

　秋田県象潟町の小滝の集落では「アマノハギ」の仮面は番楽の「鬼」の面を「ナマハゲ」の面として用いている。この小滝には古くから山伏修験がおり、山伏修験が伝えた番楽が盛んであることからこの地域の「ナマハゲ系の来訪神」（アマノハギ）には、山伏修験の影響が強く認められる。

●火型・火斑（ヒガタ・ヒダコ）

　囲炉裏などの火に長くあたっていた時、皮膚にできるまだら模様の火斑のこと。怠け者を意味する。「ナマハゲ系儀礼」の来訪神はこの火型を剥ぐ行為を行う。特に東北地方の各地の「ナマハゲ系儀礼」の来訪神の名称には「ヒガタ」、「アマミ」、「アマメ」、「ナゴメ」、「ナゴミ」、「ナガメ」、「ナモミ」、「ナモメ」、「ナマミョウ」などこの「火型」を意味する方言が用いられていることが多い。

●ヒガタタクリ

　岩手県遠野市・釜石市での小正月の「ナマハゲ」系来訪神行事の名称。「ナナミタクリ」、「ナモミタクリ」、「ナゴミタクリ」ともいう。「ナナミ」、「ナモミ」、「ナゴミ」は、いずれも火斑のことで、それを「剥ぐ」ことを「タクリ」という。

●比詰（ヒヅメ）

　秋田県男鹿市船川港地区の集落の名称。比詰の「ナマハゲ」は、かつては、神明堂で、現在は十王堂で準備をする。集落を南北2つに分け、2人1組が上下2組に分かれ、家々をまわる。

　「ナマハゲ」を迎える家では、神棚に燈明を入れ、「ナマハゲ御膳」を準備しておく。「ナマハゲ」は主人に導かれ、上座に座る。この地区では、青年団の行事として実施されている。

●秘密結社（ヒミツケッシャ）

　共通の目的のために組織される継続的な団体で、その団体の存在が構成員により秘匿されている団体。文化人類学者の岡正雄は『異人その他』に収録されている「日本民俗文化の形成」の中で「異人」の文化を「母系的・秘密結社的・芋栽培－狩猟文化」と規定する。この「異人」の文化は「ナマハゲ」に代表される日本の来訪神の文化にも認められる。

　岡正雄はメラネシア及びポリネシア社会における「秘密結社」の役割に強い関心を示し、それがメラネシア又はポリネシアの社会生活の根幹をなすものと指摘している。この「秘密結社」では、未成年や女性の参加は認められていない。加入するには、厳密な入団式が施行される。その入団の折に「異人」である入団者は異様な服装で、その出現を知らせるため大きな音を立てて村々をまわる。威圧的な振る舞いを行い、訓戒あるいは祝言を述べ、その他、様々な行動を試みる。岡はその「異人」と「秘密結社」の一例としてニュー・ブリテン島の「ドゥク・ドゥク」を紹介している。

●武帝（ブテイ）

　漢の武帝は中国の皇帝で、中国の英傑といわれている。漢朝の第6代の天子であった景帝の息子として、紀元前156年に生まれる。姓は劉、名は徹。紀元前141年、父の景帝が亡くなり、皇太子の劉 徹（りゅうてつ）が数え年の16歳で即位し、武帝となる。在位は紀元前141年から70歳で亡くなる紀元前87年までの54年間。この間に強力な中央集権の政治を行った。紀元前110年、神秘的で呪術的な神仙思想に心を寄せていた武帝は「封禅の大典（ほうぜん）」を泰山（たいざん）で挙行した。泰山は今の山東省のほぼ中央にそびえる霊山。中国の五大名山のひとつで、東にある

ため、「東嶽」とも称される。

「封禅」とは、「封」と「禅」に分類される。「封」とは、泰山で「天の神」を祀る儀式のことで、「禅」とは、泰山の傍らの丘などで「地の神」を祀る儀式。つまり「封禅」とは、よき為政によって、太平の世を実現した天子が天の神と地の神におのれの統治を報告する祭祀のことで、最高の天子のみが挙行できる儀式といわれている。武帝は漢代では、その最高の大典である「封禅」の儀式を行った最初の天子といわれる。

本山の赤神神社の縁起では、この漢の武帝を描いた「漢武帝飛来之図」と称される掛物1軸が残されている。そこには、武帝と共に鬼がその姿を変えた、使者である5匹の蝙蝠が描かれている。後に、武帝は男鹿の人々から「赤神」として信仰されるようになり、5鬼のうちの3鬼と共に「五社堂」に祀られたと伝えられている。

● 舞台嶋・武帝嶋（ブテイシマ）

秋田県男鹿市の海岸沿いの集落である門前には、「武帝嶋」の伝説をもつ岩石がある。この「岩石」は「舞台嶋」とも呼ばれ、武帝が天下りした際に、本山の神々が舞楽をして武帝を歓待したとされる場所である。菅江真澄は『牡鹿の嶋風』の中でこの伝承を記している。この伝承から武帝は、海から陸地にあがる前に、この岩場の浜と陸地の境界にあたる「舞台嶋」に一旦、降りているのである。この「舞台嶋」は折口信夫が『春来る鬼』で述べている「桁(けた)」ともいえる場所と考えられる。また武帝を祀ってある五社堂までの登り道はこの「桁」が延長されたものと考えられる。

「桁」ともいえる「舞台嶋」は海から陸地へ、さらに後に「赤神」として「武帝」を祀った五社堂を経て「ナマハゲ」の伝説のある「本山」まで通じていることがわかる。

● 船川港（フナカワミナト）

秋田県男鹿市の集落の名称。船川港の芦沢(あしさわ)の「ナマハゲ」の面はザルをベースに角と牙は木で作り、新聞紙・色紙を貼った上に、絵の具で彩色されている。

「ナマハゲ」は12月31日の夕方、芦沢神社でお祓いを受け、お神酒を飲み、

集落の端から巡る。「ナマハゲ」は2人で、交替役が3〜4人、先ぶれ1人の構成で2組、時に3組で家々を巡る。

「オヤゲ」（旧家）の家には、2組揃ってから奇声をあげながら入る。藁沓を脱いであがると、「シコ」を踏む。

不幸、出産のあった家や病人のいる家には「シン（魂）が悪い」として家の中には入らない。

「ナマハゲ」に渡す餅は角餅2枚、これに松葉とゆずり葉を添える。

●船越（フナコシ）

秋田県男鹿市の集落の名称。船越の「ナマハゲ」は「お山（本山・真山）から来る」とされる。面は赤と青の紙を貼ったザル面を使用。古くは木彫りの面も使われた。

5〜6人で1組になり数組に分かれて巡る。先頭は赤鬼。その後に青鬼が続き、手には作り物の出刃包丁を持っている。

「ナマハゲ」は天下御免とされ、先立ちはなく、いきなり訪問して家に入る。家中を巡り、子どもや初嫁に訓戒を述べる。迎える側は「ナマハゲ」に酒を振る舞う。

「ナマハゲ」は「悪いことをしたら、すぐにやってくる」と言い残して、家を出る。

●風流（フリュウ）

人の目を驚かす意匠に眼目を置いた趣向のこと。「風流（ふりゅう）」は現代では、「ふうりゅう」と読むが、芸能に取り入れられ、美の表現様式となった「風流」は「ふりゅう」と読む。室町時代には、「風流」の作り物は、各地の祭礼の中で「山車（だし）」、「屋台（やたい）」、「だんじり」、「曳き山（ひきやま）」などとなり、人形や歌舞伎と結びつき、各地で発展した。特に「風流踊り」や「太鼓踊り」などの各地の民俗芸能には、今も「風流」の精神が脈々と生き続いている。この風流系の民俗芸能にも来訪神が登場する。

例えば、岩手県北上市・奥州市の「鬼剣舞（おにけんばい）」に登場する鬼は、風流念仏踊り系の来訪神である。「剣舞」は盆に祀られる家々の先祖の霊魂をあらわす精霊供養のための風流念仏踊り。（「鬼剣舞」参照）

●風流踊り（フリュウオドリ）

　盆の期間に踊られる様々な趣向を凝らした踊り。室町時代の後期には、集団による「風流踊り」が誕生する。この踊りの特色は、「風流傘」を中心に踊り手自身が衣装や持ち物、踊り歌に趣向を凝らして、社寺や辻などで踊り各地を巡ることにある。盂蘭盆会や祭礼などに盛んに演じられ、全国的に流行した。

　慶長9年（1604）、豊臣秀吉七回忌の豊国神社臨時祭礼に京都町衆によって踊られた華やかな「風流踊り」の様子は屏風絵に描かれ、今に伝えられている。

　この風流踊りは、現在、各地の民俗芸能の中に残っており、念仏踊り、太鼓踊りなどの趣向には、「風流」の精神が脈々と生き続いている。

　沖縄の芸能にみられる風流踊りの中には、八重山の「アンガマ」や奄美の「八月踊り」などがある。「アンガマ」には、翁と姥の来訪神が時を定めて出現する。

●反閇（ヘンバイ）

　邪気を祓う呪術的な足踏み。「シコ」を踏むともいう。元来、陰陽師が邪気を祓うために大地を踏みしめ、歩む呪法のひとつ。「反閇」は陰陽道において地霊を踏み鎮める呪術的な意味がある。

　日本の民俗芸能でも「反閇」は多くみられる。中国の道教系の呪法である「反閇」が日本の陰陽道に入り込み、さらに修験道などと交流しながら、民俗芸能の中に浸透していった。

　比較民俗学者の星野紘は『歌垣と反閇の民族誌』（創樹社）という著書の中で、愛知県の「花祭」における榊鬼の「へんべ」（反閇）秋田県の根子番楽の「けんだい」（反閇）などの実例をあげて解説している。これらの例で、足の運びについて、その基本の形を3歩の歩みを3回繰り返す「三三九度」の形式であるとまとめた。中国でも「反閇」の中には北斗七星を踏む足の運びのものがあり、それらに通じるものがあると考えられる。

　「反閇」の足の踏み数は3の倍数となっている。悪鬼鎮圧の「反閇」は恐ろしいほどのパワーがあるといわれている。例えば、岩手県の山伏神楽の「山神舞」の「けんばい」（反閇）は1度踏むと、その場所には、3年間は草木が生

えないと信じられている。

　この「反閇」は神楽などの民俗芸能にもみられる。愛知県北設楽郡地方の霜月神楽の「花祭」では、榊鬼が「反閇」を踏む。

●ベンボチャ

　石川県輪島市の鳳珠郡能登町秋吉で能登の「アマメハギ」行事で用いられる作り物の出刃包丁のこと。

　能登町秋吉の「アマメハギ」は、毎年、節分の2月3日の晩に行われる。木の皮やボール紙で作った鬼のような仮面をつけ、藁蓑を着て家々を訪れると、手にした「ベンボチャ」を振り回しながら、怠け者を戒め、「ベンボチャ」で、火斑を意味する「アマメ」を剝ぐ真似をする。

●北斗七面（ホクトシチメン）

　日光山の輪王寺には、「北斗七面」と呼ばれる古い面が所蔵されているが、この面は北斗七星を表象し、「摩多羅神の御輿迎え」の七面の行道で使用されたものと想定できる。

　輪王寺には「摩多羅神と二童子」の図像も所蔵されている。そこには、摩多羅神の頭上に雲が渦巻き、金色の丸い北斗七星が描かれている。摩多羅神が北斗七星や星辰信仰と密接な関わりがある事は、この図像から明らかである。

●ホトホト

　最初は夜分に戸を叩く音をあらわす語であったが、後には、家々を訪れた来訪神が口で「ホトホト」などと畳語の唱え言を言って神の来訪を告げる語をあらわすようになる。「ホトホト」と呼ばれる来訪神の名称はこの来訪を告げる語の転用されたもの。

　地域によっては、「ホトホト」の他に、「トビトビ」、「トミトミ」、「トヨトヨ」、「トロトロ」、「コトコト」などと呼ばれる来訪神も「ホトホト系の来訪神」に含まれる。

　この系列の来訪神には、共通して「ト」が含まれているが、この「ト」は戸と解され、民俗学者の伊藤幹治はこうした来訪神の行事を、戸を叩く畳語

の「オノマトペ」(擬音語) と考え、「トタタキ系の来訪神」に分類している。

　鳥取県気高郡美穂村下味野では、1月14日の小正月の夜に「トタタキ系の来訪神」が家々を訪れる。この「ホトホト」では子どもが数人で、顔に鍋墨を塗り、蓑をつけたり、笠をかぶったり様々な変装を工夫して、土産物の「銭緡」を持って、「ホトホト」と唱えながら、家々を訪れ、餅を貰う。この「ホトホト」に水をかけることもある。(「銭緡」参照)

●本郷（ホンゴウ）

　秋田県男鹿市脇本地区の集落の名称。本郷の浜町では、「ナマハゲ」は「お山から来る」といわれ、未婚の若者が6人ほどでまわる。先立ちはいない。「ナマハゲ」の面は赤と青の色紙を貼ったザル面が使用される。この地区の「ナマハゲ」は家の前で跳ねる仕草を行うのが特徴。

　御札町では、「ナマハゲ」は「オイダラからシガ（氷）を渡って来た」とする人が多いが、「お山から来た」という人もいる。

　この地区の面にもザル面が用いられ、髪には「モク（藻）」が使用されている。角は馬糞紙（黄ボール紙）で作られている。

　栄町では、「ナマハゲ」は「太平山から潟のシガを渡ってくる」と信じられ、持ち物は作り物の包丁・マサカリ。この地区は2人でまわる。

　館下・天神町では、「ナマハゲ」は「おでんちゃ（菅原神社）から来る」といわれている。この地区の「ナマハゲ」は行事当日、菅原神社の鳥居の前でお祓いをしてから、町内ごとに分かれてまわる。持ち物は作り物の包丁、マサカリ。以前は桶と御幣を持ったこともある。家々を巡り終わると、菅原神社の鳥居の前に集まり、「ケデ」は狛犬に巻く。「ケラ」は毎年、新たに作っている。

●本山（ホンザン）

　「本山」には、赤神神社がある。この「本山縁起別伝」によれば「赤神」は前漢の武帝であり、天より飛翔し、男鹿に至ったと伝えられている。この時、5匹の鬼は「5色」の「蝙蝠」となり、武帝の使者になったといわれている。さらに、5鬼のうちの3鬼が「ナマハゲ」の原像との説もある。

　この縁起や赤神神社に所蔵されている『漢武帝飛来之図』には、中国の宋

代の絵画や信仰の影響が認められる。このことから男鹿の「ナマハゲ」の源流には、中国の仏教や道教の信仰の影響が確認できる。

この縁起では、「赤神」の本地は「薬師如来」であり、その妃は「不動明王」であると記されている。そして「ナマハゲ」の原像である3鬼の「眼光鬼」は「普賢菩薩」、「首人鬼」は「文殊師利菩薩」、「押領鬼」は「阿弥陀如来」とされている。

●ボンボロ

石川県輪島市鳳珠群の南東部内浦町秋吉の地区で行われている「能登のアマメハギ」で用いられている、竹筒に把手をつけた容器のこと。この地区では、毎年2月3日、節分の晩に来訪神行事「能登のアマメハギ」が実施されている。

ボール紙で作成した鬼の面に、蓑を身につけ、「ボンボロ」や「ベンボチャ（木製の包丁）」などを持ち、家々を巡る。

「アマメハギ」はこの「ボンボロ」を「ベンボチャ」で叩いて大きな音を出しながら歩き、訪れた家で貰った金銭などをこの「ボンボロ」に入れる。数人で組を作る場合は、持ち物を叩いて音を立てるが、1人で訪問する「アマメハギ」は家の戸口に立って、無言のまま「ボンボロ」を、いつまでも軽く叩いている。その音を聞きつけて家人が戸口に出て金を渡すと無言のまま雪の夜の中に吸い込まれるように姿を消す。

またこの地区では、節分の晩に厄年の者が金の包みを「アマメハギ」に拾ってもらうため、村の辻に落としておき、翌朝、包みがなくなっていれば、今年は厄をのがれたと喜んだという。この事例から「アマメハギ」には、厄除けの性格も合わせ持つことがわかる。

●マダラ鬼神（マダラキジン）

茨城県大和村の雨引山楽法寺（雨引観音）は真言宗豊山派に属する密教寺で観音霊場として知られていて、毎年4月（旧暦3月）の第2日曜日に「マダラ鬼神祭」が行われている。

この寺の「マダラ鬼神祭の因由」には「350年の伝統を有する北関東随一の大祭」としるされている。寺によると文明4年（1472）、寺が炎上した際にこ

の神が現れ、「眷属の鬼類を督して七日七夜にして荘厳な現在の観音堂」を建立した。その恩徳に報謝するため、寛永18年（1641）、時の住職・尊海が鬼神祭の執行を幕府に願い出て許され、以来、年中行事の大祭として行われてきたのだと伝えられている。この「マダラ鬼神祭」では、マダラ鬼神は5匹の鬼の眷属を引き連れ、馬に乗って現れる。寺僧は境内に結界された祭場で柴燈護摩に火を点じ、法を修し初めると、鬼面のマダラ神（摩多羅神）と眷属は、護摩の火の周囲を一定のリズムで巡り、攘災の所作を行う。こうして護摩法を終えると、鬼神たちは本堂の回廊にあがり、空に向けて破魔矢を射る。その矢を参詣客が競って争奪し、祭りは大団円を迎える。

　この「マダラ鬼神祭」に登場する5匹の鬼は男鹿の「ナマハゲ」伝説で語られる「五社堂」の5匹の鬼と類似した鬼であり、「ナマハゲ」の原像には、こうした密教や修験の影響が色濃く見受けられる。

●摩多羅神（マタラジン・マタラシン）

　慈覚大師円仁が中国大陸より、請来したと伝承されている。読み方は「マタラジン」または「マタラシン」。

　「摩多羅神」は天台系寺院の念仏の道場である常行堂（常行三昧堂）の「後戸」に祀られている神。「摩多羅神」には3種類の性格がある。(1)歌舞に関わる芸能神、(2)常行堂の道場神、(3)玄旨帰妙壇の本尊の3種であり、修正会、引声念仏、灌頂儀礼に関わっている。

　平泉毛越寺の常行堂では、正月20日に摩多羅神のために「摩多羅神祭」が執り行われ「延年の舞」が奉納される。その中で最も重視される「祝詞」は、鼻高面をつけ反閇をして秘文を唱える。秘文の内容は摩多羅神の本地を説き、その利生（ご利益）を顕し、息災延命などの加護を願うものと伝えられている。

　また京都・太秦の広隆寺では、9月に7日間続く引声念仏の中日に、俗に「牛祭」といわれる摩多羅神祭を行う。現在は、10月10日前後に不定期に開催される。摩多羅神に扮した神官が白い紙の面をつけ、牛に乗って登場し、祭文を滑稽に読み上げ、堂内へと消える。元来は、広隆寺の境内にあった大酒神社の神事であったが、神仏分離によって、大酒神社が広隆寺の境内から移されたため、広隆寺の行事となったと伝えられている。

『広隆寺来由記』によれば、摩多羅神は「念仏の守護神」であり、常行堂の「後戸の神」であり、「芸能の神」でもあった。摩多羅神の神像は上部に北斗七星を描き、星曼荼羅供の妙見信仰とつながる。その姿は唐風の烏帽子をかぶり、和風の狩衣を着て、左手に笹葉、右手に茗荷を持つ。左脇侍の丁礼多童子は小鼓を打ち、右脇侍の爾子多童子は舞姿で描かれ、歌舞音曲を好むとされる。

中世の多武峰や日光では、修正会の「延年」において、常行堂で「摩多羅神祭祀」が行われ、猿楽や翁の発生との関連もあるとされる。

歌舞伎研究家、芸能研究家の服部幸雄は『「後戸の神」と呼ばれる霊性に満ちた空間に芸能始原の神として「摩多羅神」が祀られ、「宿神」や翁の性格を帯びて展開した』とする仮説を提示し、芸能史研究に新たな視座を切り開いた。

「摩多羅神」は男鹿の赤神神社の祭神「赤山明神」と同体と考えられ、男鹿の「ナマハゲ」の原像には、この「摩多羅神」の信仰が認められる。(「赤神」、「引声」参照)

●祭(マツリ)

神霊を招き迎え、供物や歌舞を捧げて歓待・饗応し、祈願や感謝をし、慰撫すること。原義は目に見えない神霊が現れるのを「待つ」こと、出現した神霊に「マツラウ」こと、奉仕することで、神霊の意に従い、服従する意味であるとされる。「奉る」ことであり、高貴な者に下位の者が奉仕し、相手に恭順の意を示す。「祭」の本質は群れの共同の祈願にあり、神霊は霊威を増進し、人々は神の威力を享受する。日常生活とは異なる緊張が強いられたり、逆に解放感あふれる節目となる。

民俗学では、日常の普段の時間であるケに対して「祭」をハレと考え、ハレとケの交差が生活を構成する基本要素と考える。

「祭」は年中行事として季節感を呼び起こし、四季の節目をかたち作り、「節」とも呼ばれた。基本的には、稲作栽培を主体とした農耕の展開に従っている。

暦法が定着し、正月が年の初めとされた。「年」とは、稲の稔りで正月に迎える「年神」(歳徳神)は豊作をもたらすと考えられた。春の種まきの時期と秋の収穫の時期に「祭」が集中しているのは「田の神」の神迎えと神送りの

意味合いがある。

　「小正月」には、来訪神が訪れ、人々を祝福し、豊作祈願や農耕予祝が願われた。最近では、「祭」は「イベント」と結合し、地域おこしに使われる状況も増えた。

　男鹿で2月に行われる「ナマハゲ柴燈祭り」は、仮面・仮装の来訪神「ナマハゲ」の民俗行事や真山神社の特異神事「柴燈祭」と「観光イベント」とが結合して誕生したもので、現在、男鹿の重要な観光資源となっている。

●マレビト

　民俗学者で国文学者の折口信夫（1887〜1953）によって1929年に提唱された概念で、海の彼方の異界から時を定めて来訪する神のこと。「まろうど」とも呼ばれる。

　折口信夫の思想体系を考える上で「マレビト」は、最も重要な概念のひとつであり、民俗学における日本人の異界観を探るための手がかりのひとつとしても重視されている。

　折口信夫は「客人」を「マレビト」と訓じ、それは神と同義語であり、その神は「常世」から来訪すると考えた。「常世」とは死霊の住む国であり、そこには悪霊から護ってくれる祖先の霊がおり、この祖霊が海上遙かな「常世」から「村の祖霊」として時を定めて来訪し、集落の人々に祝福を与え、再び去っていくのである。

　折口信夫によれば、「マレビト」の「マレ」は「最小の度数の出現または訪問」を示し、「人」は「人間の意味に固定される以前は神」の義であったという。すなわち「マレビト」とは「来訪する神」のことであり、それは「人にして神なるもの」をあらわし、「人の扮した神」であった。（「国文学の発生（第3稿）」参照、『折口信夫全集』、第1巻、所収）

　「マレビト」は人が仮面をつけ、笠を頂き、蓑を纏うという仮装によって神格をもった存在に変身する。折口はこの神への変身を「やつし」の語で説明し、「蓑笠」などで身体を包むのは「やつし」の古い姿であると考えた。これが折口の想定した古代における原初的な「マレビト」の姿であった。

　この「マレビト」は歴史的な環境の変化によって、分化し、発展していった。原初的な「マレビト」は祭場で神として歓待を受けたが、やがて集落の

外部から来訪する旅人たちも「マレビト」として扱われるようになり、さらに時代が下ると、「ほかひびと」と呼ばれる乞食者や流浪の旅芸人までが「マレビト」として扱われるようになる。こうした「マレビト」には、常に「人」と「神」の二重性が認められる。この二重性は原初的な「マレビト」が「人にして神なるもの」であることに由来している。

この「マレビト」は音を立てて村の家々を訪れる「ことぶれの神」であり、古代においては「春の鬼」でもあった。

折口信夫によれば、古代の鬼には角がなく、普段は姿をあらわさず定められた時に出現する。その最も原始的な鬼は「村々の祖先の霊」であったという。その霊は「グッド・スピリッツ（good spirits）」であり、「鬼神」であったが、やがて「悪鬼」の「デーモン（demons）」とみなされるようになる。

この「マレビト」は、2度に及ぶ折口の沖縄採訪（1921年・1923年）を契機に形成されていく。特に折口は八重山の「アカマタ・クロマタ」など、目に見える来訪神が盆や年越しの晩などに訪れてきて人々に祝福と教訓の言葉を授けて帰っていく姿に出会い、現実の生活の中に来訪神が生き続けているのを知った。こうした沖縄の民俗に触れ、折口の「マレビト」論は大きく発展した。

また沖縄採訪に加え、奥三河の「花祭」などに登場する鬼に対する考察がひとつとなって、折口の「マレビト」論が成立したといえる。

折口信夫は秋田県男鹿市の「ナマハゲ」に「春来る鬼」の「マレビト」の原像を認めた。「ナマハゲ」は定められた時期に恐ろしい「鬼」の仮面をかぶって集落の家々を訪問するが、古代の「マレビト」も仮面をかぶって神へ変身し、集落の家々を訪問した。

つまり、折口のいう「マレビト」とは来訪神のことを指している。

近年では、折口の「マレビト」論を受けて民俗学者赤坂憲雄が「異人」を共同体から排除と歓待の構造の中で据え、小松和彦は忌避と排除のみならず、時として虐待し、虐殺される「異人」のフォークロアに注目した。こうした負の側面をもつ「異人」を、どのように新しい「マレビト」論として理論化していくかが、今後の課題である。

●マレビト芸能（マレビトゲイノウ）

　仮面・仮装の人神的来訪神の「マレビト」にまつわる芸能。秋田県男鹿市で毎年2月の第2金曜日〜日曜日に真山神社で催される「ナマハゲ柴燈祭」では、「ナマハゲ」の登場する「ナマハゲ踊り」や「ナマハゲ太鼓」などが行われるが、こうした来訪神が登場する「ナマハゲ踊り」に代表的されるような芸能が「マレビト芸能」といえる芸能である。

　また琉球列島の沖縄本島や八重山列島などの地域で行われる仮面・仮装の人神的来訪神の行事には、「マレビト芸能」が行われる。例えば、「弥勒」が沖縄方言に変化した来訪神「ミルク」の登場する祭祀行列では、「弥勒踊り」が行われる。これは琉球文化圏の「マレビト芸能」である。

　映像民俗学者の須藤義人の『マレビト芸能の発生』（芙蓉書房出版）では琉球文化圏の「マレビト芸能」を調査し、来訪神の姿を民俗芸能の視座から考察し、小浜島の烏天狗の神「ダートゥーダー」を取りあげ、来訪神の「棒踊り」と修験的所作の関係が論じられている。

　「マレビト芸能」という用語は民俗芸能の分野では、定義がまだ確立していない語だが、「マレビト」という概念を提唱した折口信夫の学説を踏まえて仮面・仮装の人神的来訪神の「マレビト」が登場する芸能を「マレビト芸能」と規定している。

　この芸能は日本全国の来訪神の行事で行われる踊りをはじめ、中国や朝鮮半島などの東アジアや東南アジアの来訪神行事やドイツ、オーストリア、スイスなどヨーロッパの山岳地帯の来訪神行事でも認められる。

●眉間（ミケン）

　秋田県男鹿の本山・赤神神社の「赤神大権現縁起」に記述されている武帝の使者として5色の蝙蝠に姿を変え、武帝と共に飛翔した「5鬼」のうちの1匹。「眉間」と「逆頬」が夫婦と伝えられている。

　民俗学者、地名学者で作家の谷川健一は、その著作『白鳥伝説』の中で「眉間」は越後の「弥彦」の神を意味すると述べている。（「赤神神社」参照）

●蓑（ミノ）

　イネ科の植物の藁を編んで作られた雨具の一種。雨を防ぐため衣服の上か

ら纏う外衣の一種。下半身を覆うような短いものは腰蓑（こしみの）と呼ばれる。

　また「ケラ蓑」は東北地方などで用いられる「蓑」の一種。着た姿が虫の「ケラ」に似ていることから「ケラ蓑」と呼ばれる。

　「蓑」の素材には、「藁」の他に「マダ（シナノキの内皮）」、「菅（すげ）」、「クゴ（水草）」などがあり、「マダ」製の「蓑」を「マダミノ」、「ククゴ」製の「蓑」を「クゴケラ」という。

　「蓑」は、東北地方の秋田県男鹿市で毎年12月31日の大晦日に行われる「ナマハゲ」行事で「ナマハゲ」が身につける。

　「ミノカサ」は、「ナマハゲ」のように時を定め来訪する神の装束と考えられていて、『日本書紀』には、「ミノカサ」を身につけると素性の違った性質を帯びると記されている。

　例えば、佐賀県佐賀市の見島の「カセドリ」と称する行事にも「ミノカサ」姿の来訪神が登場する。

　また石川県能登半島の「アマメハギ」の行事を行う農村に住む農民にとって、「ミノカサ」の姿は非日常の「ハレ」の正装であり、来訪神を象徴する姿であったと考えられている。

●メンコズ

　青森県下北郡風間浦村蛇浦では、「ひょっとこ」面を「メンコズ」という。この地域では小正月の晩に「ひょっとこ」面をかぶり、家々を訪れる「ナガメヘズリ」は「メンコズ」とも呼ばれた。「ナガメヘズリ」は小正月の晩に手にバケツと木製の包丁をもって、家々を訪問する。「ナガメ」はこの地域の方言で火斑・火型をあらわし、「ヘズリ」は剥ぐの意味。「ナガメヘズリ」とは、囲炉裏にあたってできる火斑・火型を剥ぐ行為からその名称がつけられた。（「ナガメヘズリ」参照）

●メンサマ

　石川県輪島市の門前町では、1月2日の晩に行われる「アマメハギ」と称される行事の主役の名称。輪島﨑町や河井町で行われている「面様年頭」で出現する来訪神も「メンサマ」と呼ばれる。

　この行事の主役は「メンサマ」（面様）と称される「天狗（てんぐ）」である。天狗面

をかぶり、白装束で白足袋、下駄をはき、手には「ノサ」（幣）を持つ。昭和40年（1965）までは1月6日の晩にも行われていたという。（「面様年頭」参照）

●面様年頭（メンサマネントウ）

石川県輪島市の輪島神社（輪島﨑町）と重蔵神社（河井町）では、神社に伝来する古い仮面をつけた面様と呼ばれる神様が町内を巡り、氏子の各家の厄払いを行う。新年の厄除け神事。

輪島神社では、正月の14日と20日の2回行われる。古くは鼻高面と女郎面をつけたが、現在では男面と女面をつけた2人の面様が供をつれ、各家の厄払いをしてまわる。この時、面様は無言で家を巡る。14日は「おいで面様」と呼び、山側から順に家々を訪問し、20日は「お帰り面様」と呼び、海側から順に訪問し、山に帰っていくとされる。

重蔵神社では、正月14日に「面様年頭」が行われる。用いられるのは、串柿面と女郎面と呼ばれる面で、「年越し面様」とも呼ばれる。「面様」は「メンサマネントウ」を唱え、各家をまわり、神棚を礼拝し、御幣で祓い、清め、祝詞を唱える。

●モウ

モウは民間伝承で、秋田県、岩手県、山形県などで妖怪をあらわす語。柳田國男の「妖怪古意」では、秋田の「ナマハゲ」などの来訪神を妖怪に分類し、妖怪を「モウ」というのは、その鳴き声によるという。

子どもが「モウ」と唸って化け物の真似をする。「モウ」は妖怪を意味する児童語。子どもを嚇す時も「モウ」という。

●蒙古（モウコ）・モッコ

秋田県や岩手県で「恐ろしいもの」を表す語。「モコ」ともいう。男鹿では「ナマハゲ」の正体を漂着した異人（元寇の生き残りの蒙古人）とする説もあり、これにより「蒙古」の字を宛てたものと推測される。

柳田國男は「妖怪古意」で、「モウコ」、「モッコ」を秋田県のナマハゲや山形県のアマハゲのように「小正月の訪問者」と呼ぶ。男鹿市の北浦4区の集落では、大人は「ナマハゲ」の訪れを「蒙古（モコ）来る」という。これは、

この地区の人々が「ナマハゲ」を「恐ろしいもの」と意識していることを示している。この地域の「ナマハゲ」の面はザルに紙粘土を貼りつけた鬼の面で、髪は海苔で作られている。この集落では、「ナマハゲ」は「お山から雪を踏み分けて来る」とされた。

●毛越寺（モウツウジ）

　岩手県西磐井郡平泉町の医王山毛越寺金剛院は天台宗山門派の祖・慈覚大師による850年の創建と伝えられる。根本中堂を嘉祥寺と称し、常行堂も創建され、ここで修法を修した。この常行堂では、奥殿に一山の総鎮守の摩多羅神が祀られている。

　須弥壇には、本尊宝冠の阿弥陀仏並びに宝依、功徳、金剛鐘、金剛憧の4菩薩が安置されている。「延年の舞」が行われる時にはその前が舞台となる。

●モク（藻）

　秋田県の男鹿の方言で藻のこと。男鹿では「ナマハゲ」の面を作る時に馬の尾の毛を使ったり、この「モク」を髪の毛に用いることがある。また、頭部などに膨らみをもたせるためにも用いたりする。

●戻りナマハゲ（モドリナマハゲ）

　男鹿市北浦地区の安全寺の集落の「ナマハゲ」は「戻りナマハゲ」といわれる。その名称は「ナマハゲ」が「お山（真山）」から降りてきて村を巡り、最後に安全寺を通って「お山」に戻るところから名づけられた。

　この安全寺の集落では、昔から小正月の前日に部落中央の「十王堂」のご本尊である阿弥陀如来像の御開帳が真夜中の12時に行われていた。この行事を実施するため、この安全寺の集落では、「ナマハゲ」の行事は小正月（1月15日）の翌日に行っていたという。こうした理由で安全寺の集落での「戻りナマハゲ」は、昭和50年代（1975～1984）まで1月16日に行われていた。その後、1月15日に変更されたが、参加者が集まらないという理由で現在は、大晦日に実施されている。

●門前（モンゼン）

　男鹿半島の南西部の船川港地区の集落の名称。門前の「ナマハゲ」は現在、トタンを加工した面をかぶり家々を巡るが以前は欅の皮を使った面を使っていた。装具には、「エボシ」と呼ばれる裂織の長着を着て、その上に「ケラ」をつけるのが、門前の「ナマハゲ」のスタイルである。

　門前の「ナマハゲ」が最初に向かうのは、長楽寺で、次に赤神神社。この2軒には、2組で訪れ、その後、1組ごとに分かれ、上と下の地区を巡る。

●柳田國男（ヤナギタ・クニオ）

　日本の民俗学の創始者。柳田國男（1875〜1962）は明治8年（1875）、兵庫県出身。昭和10年（1935）、民間伝承の会を組織し、昭和22年（1947）、民俗学研究所を設立。昭和24年（1949）、日本民俗学会を結成。初代・会長となる。代表作に『遠野物語』（1910）をはじめ、『蝸牛考』（1930）『妹の力』（1940）『日本の祭』（1942）『桃太郎の誕生』（1942）『先祖の話』（1946）『海上の道』（1967）などがある。

　柳田は『妖怪談義』（1956）の「妖怪古意」の中で「ナマハゲ」を「小正月の訪問者」と呼んでいる。昭和37年（1962）、死去。享年87歳。

●山の神（ヤマノカミ）

　山に宿ると信じられている神霊の総称。「山神」ともいう。

　神道では、大山祇神とその娘の木花開耶姫が「山の神」にあたる。大木や樹木を依代として祀る。

　柳田國男は農民の信仰する「山の神」は春になると、山から里にくだって「田の神」となり、秋の収穫が済むと山に帰って「山の神」となると考え、「山の神」が「祖先神」や「田の神」と同一の神であるとした。

　猟師は「山の神」の支配する山を「異界」とし、そこに棲息する動物もその支配下にあると考え、「山の神」の機嫌を損ねないように、精進潔斎して、山に入り、山言葉を用い、言動を慎んで猟を行う。仕留めた動物の毛・内臓・肉を「山の神」に献じ、さらなる恵みを祈願した。

　漁民にとって「山の神」は乗船の位置を確認する重要な目安となるため、霊山に登り、祈願した。

「男鹿のナマハゲ」は霊山の「お山」（本山・真山）から里に降りて来ることから、男鹿の人々は「山の神」の眷属と考えている。

●ヤマハゲ

秋田県秋田市の豊島、豊岩、戸米川などで小正月15日に行われる来訪神行事のこと。これらの地区では、「ナマハゲ」を「ヤマハゲ」という。

「ヤマハゲ」は木彫りの鬼面をかぶり、「ケラ」を身にまとい、藁の「ボッチ（被り物）」の「ケボシ（藁帽子）」をかぶり、大声で叫びながら家々を巡り、鈴を振って「悪魔、お祓い」と叫んで子どもに訓戒を与える。

豊岩前郷の「ヤマハゲ」は3人1組で木の皮の面をかぶり、髪は八郎潟の「モク（藻）」をつけている。つぎはぎだらけのボロでできた着物を纏い、腰縄で結んでいる。それに藁沓を履いて来訪した。各家々では、お膳を作り、歓待した。

豊岩の集落では、「ヤマハゲ」は悪魔を祓い、福を招く来訪神として歓迎される。

●山伏（ヤマブシ）

修験道の宗教的指導者。「修験者」ともいわれた。「山伏」は山野に伏して修行することに因む名称。「山伏」は鈴掛を着、首に結袈裟、頭に班蓋、額には頭巾、腰に螺緒と走縄、尻には引敷、脛に脚絆をつけ、八目草鞋を履いた。そして扇箱を載せた笈を背負い、腰に柴打（小刀）・檜扇・錫杖を挿し、手に金剛杖を持ち、法螺貝を吹くというように「山伏十六道具」と呼ばれる独自の衣装や法具纏って山岳に入って修行した。

「山伏」が修業した霊山は中央では、吉野から熊野に至る大峰山、地方では、羽黒山、日光、白山、立山、彦山など全国各地に及んでいる。

近世にはいると、各地の「山伏」は聖護院門跡が統轄した天台系の本山派、醍醐三宝院が掌握した真言系の当山派あるいは羽黒派、彦山派などのいずれかに所属した。

男鹿の「お山」は平安時代から「天台密教系修験道場」であったと考えられており、「ナマハゲ」の原像には、天台系本山派の山伏が関係しているといわれている。

●山伏神楽（ヤマブシカグラ）

　近世に修験・山伏が布教の手段として演じていた神楽の総称。山伏神楽の名称は昭和初期に芸能研究者・本田安次が調査をして『山伏神楽・番楽』(1942)を出版した時につけられたもので、岩手県では、それ以前に山伏・修験の伝えた神楽の総称はなく、各地域や神社の名前をかぶったものであった。現在、岩手県と青森県の旧南部藩領で伝えられている。

　東北地方には、修験・山伏が伝えたとされる神楽が各地に残っているが、秋田県・山形県の日本海側では、「番楽」、青森県下北地域では、「能舞い」宮城県では、法印神楽といい、その名称は様々である。

　神楽がいつ頃から演じられたかは定かでないが、延宝6年（1678）頃に神楽の廻村があったと想定できる。現在でも地域の人々は神楽を春の訪れと重ねて待ちわびている。神楽は地域の人々の信仰と結びついて今も生き続けているのである。この山伏神楽や番楽で使用される仮面は秋田県象潟町小滝のように「ナマハゲ」の仮面として使用されている地域がある。

●雄和町（ユウワマチ）

　秋田県内の町の名称。日本民俗学者、ナマハゲ研究家の稲雄次著『ナマハゲ（新版）』（秋田文化出版）によれば、雄和町の「ヤマハゲ」は、秋田市豊岩から伝わったものと想定されている。

　現在も「ヤマハゲ」は雄和町の湯野目・下黒瀬、椿川、平尾鳥、相川、向野などで伝承されている。

　稲雄次は、雄和町相川の「ヤマハゲ」のひとつの特徴として1月15日に部落から藁を集めて吉凶を占う火の行事「カマクラゴンゴロウ」と一体となっていることを指摘しているが、雄和町の「ヤマハゲ」には、集落によって色々な特徴が認められる。例えば、雄和町平尾鳥地区の集落では、「ゲボシ（藁帽子）」と呼ばれる藁帽子をかぶる。その「ゲボシ」には、角が1本ついているものと2本ついているものがある。鬼の面も藁を使って作られている。

　雄和町の寺沢地区の集落で行われている「ヤマハゲ」の行事も、平尾鳥地区の「ナマハゲ」行事に類似している。この地区では、面を含めて衣裳もすべて藁で作られている。面には、杉の葉と赤唐辛子がつけられ、「サンダワラ（米の袋を意味する）ボッチ」と呼ばれている。この地区では、角が1本つい

ている面が男面で、2本ついているものが女面である。角1本の「ヤマハゲ」
は「マセ棒」と呼ばれる棒を持ち、角2本の「ヤマハゲ」は「馬の引き金」を
持って、各家を巡る。

　平尾鳥地区や寺沢地区の「ヤマハゲ」行事は「悪魔祓い」と呼ばれている。
この両地区の「ヤマハゲ」は山形県の「カセドリ」と類似している「ナマハ
ゲ系儀礼」である。

　湯野目・下黒瀬地区の「ヤマハゲ」には、それぞれの「ヤマハゲ」に名前
がついている。例えば、「館の下のバラザエモン」、「向山のガンゴキ」、「田ノ
沢のタツコ」、「野田の一円」、「岩沢のイワコ」、「下沢のシタコ」などが主な
名前であり、地名と一緒になったものが多い。

●ユズケ

　岩手県大船渡市三陸町吉浜で小正月の晩に行われる「スネカ」の行事で使
われる雪沓のこと。

　岩手県の吉浜の「スネカ」の来訪神行事は、古くは旧暦の1月15日に行われ
ていたが、現在では、新暦の1月15日の晩に行われている。かつては集落の厄
年の男性が厄祓いのために「スネカ」に扮した。（「スネカ」参照）

●ゆずり葉

　ユズリ科ユズリ属の常緑高木。別名：「親子草」。高さ10センチほどの雌雄
異株。葉は長さ20センチほどで、枝先にらせん状につく。「ゆずり」は春に枝
先に若葉が出た後前年の葉がそれに譲るように落下することから、その様子
を親が子を育て、家が代々続いていくように見立て、縁起物とされ、正月の
飾りに用いられる。そのためこの木は「正月の木」ともいわれ、正月には、
注連縄や鏡餅の下に飾られる。

　この「ゆずり葉」は「ナマハゲ」の行事でも用いられる。秋田県男鹿市の
船川港地区の芦沢では、12月31日の大晦日に「ナマハゲ」が集落の家々を訪
れるが、家の主人は「ナマハゲ」が帰る時、角餅2枚、それに松葉と「ゆずり
葉」を添える。真山地区でも最後に出す「ナマハゲ餅」に松葉と「ゆずり葉」
を添える。

●予祝儀礼（ヨシュクギレイ）

　年の初めに1年間の農作業の過程を、あらかじめ象徴的に行う儀礼。1月の上旬から中旬にかけて、その年の農作業を模擬的に行うことによって、農作物の豊かな実りを期待する呪術的な宗教的行為で、稲作を中心としたものが多い。

　岩手県紫波郡では、1月15日が「田植え」と呼ばれ、農家では、夕食前に藁豆を早苗のように雪の上に挿す。夜になると、家々を訪れ、「アキの方から田植えッコに来ました」と言って、餅もらいが来た。

　また鳥追い、墨塗り、モグラ打ちなどと呼ばれる農作物に被害を与える動物などを追い払う所作が、この時期に多くみられるが、いずれも一種の模擬行為である。

　さらに旧1月14日から15日にかけて、全国的に行われるナマハゲ、カセドリなどという、「小正月の訪問者」と呼ばれる仮面・仮装の来訪神も来たるべき1年の豊作や豊漁を予祝する行事で、模倣儀礼のひとつといっていいだろう。

●米川の水かぶり（ヨネカワノミズカブリ）

　宮城県登米市東和町米川の五日町で毎年2月、初午に行われる来訪神行事のこと。

　代々、宿を務める菅原家で青年たちが、藁の注連縄を腰と肩に巻きつけ、藁製の「あたま」とわっかをかぶり、草履を履いて仮装する。顔には、竈の煤を塗る。

　装束は「オシメ」と呼ばれる腰や上半身に纏う蓑状のものと「あたま」と呼ばれる頭にかぶる大きな苞状のものである。「あたま」は1束の藁で作り、苞の先端には、藁で細工した様々な飾りがつけられているが、この飾りは一様ではない。苞には、頭から落ちないように、頸のところで押えるための輪状のものをつける。

　厄年の者は水をかぶることによって、厄払いになるといい、厄払いの要素も合せもっている。

　水かぶりの一団は、奇声をあげながら、大慈寺に向かい、境内に祀られている秋葉権現社に参詣する。その後、用意されていた桶の水を本堂の屋根にかけ、出発する。

水かぶりの行列の先頭には、先端に幣束をつけた「ボンデン」を持った還暦の者が立つ。水かぶりの一行は集落を巡り、玄関先に用意された水をその家の屋根にかける。

　水かぶりの一行が通り過ぎると、町内の人々は争って、装束の藁を引き抜き、これを屋根の上に載せておく。こうすることで、火伏せや魔除けになると信じられている。

　また2人1組の「役の者」は町内の家々から祝儀を集めるために宿を出発する。「役の者」の1人は墨染めの僧衣をまとって、「ひょっとこ」の面をかぶり、もう1人は女物の衣裳に「おかめ」の面をかぶる。「おかめ」は担いだ手桶の中に祝儀を受け取り、行事の後に集会所で行う「カサコシ」と呼ばれる酒宴の費用に充てる。

　なおこの行事は初午の日以外に実施すると、火事がおこるともいわれている。

●寄り神（ヨリガミ）

　海から流れ寄った神や仏のこと。日本の沿岸地方に広くみられる。「漂着神」ともいう。浜辺に寄り着く物には、霊が宿ると信じられている。また神が恵み贈ってくれた物であるとも考えられている。

　「寄り神」（漂着神）は日本の海辺に広く信仰されているが、海の彼方よりもたらされる幸や恵みを渇望する人々の願いがそこには強く認められる。

　男鹿市の相川の集落では、「ナマハゲ」の正体は海の彼方からやって来たロシア系の外国人が男鹿に漂着し、漂着神になったと考えられている。

　また沖縄県の宮古島の来訪神パーントゥの由来伝承には、「ムトゥズマ（元島）」という島尻集落発祥地にあるクバマ海岸に、クバの葉に包まれた仮面が漂着したことが伝えられていて、この仮面は「パーントゥ」と呼ばれる「寄り神」（漂着神）であると伝えられている

●来訪神（ライホウシン）

　「異界」からこの世へ定期的に現われる神を「来訪神」という。その代表が秋田県の男鹿半島の「ナマハゲ」である。

　また鹿児島県の甑島の「トシドン」や沖縄県の八重山列島の「アカマタ・

クロマタ」なども「ナマハゲ」と同じ仮面・仮装の来訪神である。

　来訪神は、集落の一員となった若者が仮装し、杖や棒などを持って、村の特定の場所や家々を訪れ、農作物の予祝を与え、饗応を受ける。

　一方、来訪神には、姿をあらわさず、神歌などでその来訪を暗示させる形態のものもある。沖縄県の各地では、「ウンジャミ」などが、海の彼方の「ニライ・カナイ」から来訪するといわれる。

　また、東北地方の「カセドリ」のように、子どもたちが扮する形態もある。これらの来訪神は、季節の変わり目に穀物の豊穣や人々の幸福をもたらすために訪れる。一般に来訪神は「祖霊信仰」や「年神」の枠組みでとらえられることが多いが、「ナマハゲ」の由来のひとつに漢の武帝と5匹の鬼の伝承がある。

　また「ナマハゲ」は修験者であるとか、異邦人の漂着した異人が「ナマハゲ」であるとか、その起源は実に多様である。

　「ナマハゲ」に代表される来訪神は**歓待**と**畏怖**を伴って迎えられるが沖縄の「ミルク」や「マユンガナシ」のように、威嚇を伴わず、豊穣をもたらすもの、能登半島の輪島の「面様年頭」のように、神社の神事として子どもが神棚の前で、丁重に迎えられるものもある。

　来訪神はこのように日本列島に点在して現れるが、来訪神は日本ばかりではなく、中国、朝鮮半島、東南アジア、ヨーロッパのオーストリア、ドイツ、スイスなどでも認められる。

　日本の来訪神の源流を考え、その原像を探究するには、こうした海外の来訪神との比較研究が必要である。

●乱声（ランジョウ）

　「おこない」などで厄を祓い、魔除け、神に呼びかけるかけ声などの後、木や柴などで床や板戸を激しく叩く行為のこと。

　「乱声」は元来、雅楽の笛の曲であり、舞楽の前奏曲の一種。竜笛あるいは高麗笛が奏する無拍節的な曲で、太鼓と鉦鼓がおおまかに打たれる。「乱声」には、「新楽乱声」（「振鉾」）と「古楽乱声」（「迦陵頻」）がある。古くは相撲や競馬などの集会で演奏された。

　民俗行事の「山の神」の「おこない」の際、鐘・太鼓・板などを叩くが、その音が大きいほど、無病息災で悪霊払いになるという。

「ナマハゲ」の行事でも、いろいろな音を立て、家々を訪れる。野獣のような唸り声をあげ、戸板などを激しく叩き、肩をいからせて床板を踏み鳴らす。

全国の「ナマハゲ系儀礼」では、「コトコト」、「ホトホト」、「パタパタ」、「カパカパ」など戸板を叩く音の印象をもって、来訪神や行事の名称とする例もみられる。（「おこない」参照）

●若美町（ワカミマチ）

旧・若美町地区の名称。この若美町は西側の日本海と東側の八郎潟との間に位置し、南北に細く延びた地形をしている。平成17年（2005）にこの地区は男鹿市と合併された。

この地区の福米沢は熊野修験の信仰で知られていて、かつて真遍寺福性院があった。この地区は、古くから「ナマハゲ」行事が行われており、特に男鹿市・若美町・天王町の3地域は、男鹿半島の「ナマハゲ文化圏」を形成している。

若美町の各集落では、「ナマハゲ」行事が12月31日の大晦日に実施されている。各集落では、「ナマハゲ」は「お山」（本山・真山）からやって来るといわれている。用いられる仮面は多くは鬼の仮面が用いられるが、地域によって、その形状、素材などが異なっており、独自の伝承が伝えられている。

●藁沓（ワラグツ）

「ナマハゲ」の履く藁沓は、その年に収穫された藁を用い、「ケデ」と同様、12月中旬から大晦日の間に作られる。長い藁を1本ずつ厳選し、一握りぐらいの藁を束ねる。束ねた藁を半分のわり、捻じって分ける。右・左の順で藁を交差させ、15センチほどの長さにする。藁沓の底の部分は足の下部分が完成したら、それを地面において拡げ、自分の足を載せる。足首のつけ根から藁を右・左2本から3本ずつすくって甲の部分を編んでいく。足のつま先まで編んだら、余った藁を4組みにわけて草履編みにする。足の長さ位編んだら、折り返して下にする。足の指の先を境にして足の下へ折り返す。折り返して、縄を綯って、密着させて完成する。完成した藁沓の余分な部分をハサミで切り取る。最後に火にあぶって、細かい藁を焼いて艶を出す。この藁沓は来訪神「ナマハゲ」の身につける「ケラ」にぴったりの履物である。「ナマハゲ」の履く藁製の長沓は「ゴンベ」という。

166

II 琉球文化圏の仮面・仮装の来訪神

●アオ（青）

　アオ、アフは「青」であり、海の色をあらわし、それは海の彼方にある「異界」すなわち「死の世界」あるいは「ニライ・カナイ」を意味する語。

　沖縄の歴史・文学研究の基本文献である沖縄最古の歌謡集『おもろさうし』（巻21）には、久米島の「アオ」（奥武）という小島に琉球の国土・人民を守護するために現れるというキンマモン（君真物）が上陸したという歌がある。君真物は海神宮すなわち「ニライ・カナイ」の海神といわれている。この神は、一旦、「アオ」（奥武）を足溜まりにして本土に上陸する。この「奥武」は折口信夫のいう「桁」にあたる。久米島の「奥武」は現在では、「オー」と発音するが、12世紀から17世紀にかけて沖縄各地で歌われていた歌謡を首里王府が編纂した『おもろさうし』では、「アオ」と表記されている。「アオ」は『おもろさうし』では、「アオシヤ」（青さ）や「あおしよみそ」（青しよ御衣）という言葉があることから「青」を意味するものだと想定される。仲松弥秀によれば、「奥武」は古代の葬所となった場所であり、「アオ」の名で呼ばれるのは、沖縄では、死者の眠る世界は暗黒ではなく、「アオ」（青）の世界と考えられているためであるといわれている。沖縄では、「奥武」の島は「ニライ・カナイ」と同義語で取り扱われている。

　「アオ」（青）の島すなわち「ニライ・カナイ」は、沖縄の来訪神の原郷と考えられる場所である。

　宮古島では、「アオ」（青）「シロ」（白）「クロ」（黒）「アカ」、「キイロ」（黄色）の5色は古代の宮古島の他界観を表す色といわれる。

●アオグム

　宮古島の方言で洞窟のこと。宮古島の狩俣では、死者は北東の方向にある海岸沿いに葬られた。そこは、海水の浸食によってできた洞窟で、そこに遺体を安置し、風葬とした。昔は洗骨をせず、遺体を安置した洞窟には近づくことはなかった。この洞窟の底には「アラ（荒）神」もしくは「アラ（新）

神」すなわち竜宮神がいるといわれている。

　この「アラ神」は外からやって来た来訪神といわれている。

●アカハンザァハシー

　沖縄・久高島（くだかじま）のフボーウタキ（御嶽）は、「ニーラ・ハラー（ニライ・カナイ）」から神船で久高島に来訪する神々の来臨する場所で、年に2度（旧暦4月・9月）、島を来訪する神々を祀る「ハンザァナシー（祓い清め祭）」が開催される。この祭りでは、太陽の色彩を反映した「アカ」を冠にした「明るい神様」を意味する「アカハンザァハシー」という神々が来訪する。この神々は「ムトゥ」（元家）に帰属する神々で、各「ムトゥ」の始祖的な来訪神であり、祭祀に現人神（あらひとがみ）として現われ子孫に出会う。

　この祭は久高島の年中行事の中で最も大きな祭祀のひとつで、4日間行われる。1日目は祭場などの準備を行い、2日目は「チャンメーヌフェ」と呼ばれるフボー御嶽に留まっている来訪神に集落へお出ましいただく要請の儀式を行う。3日目は「ニーラ・ハラー（ニライ・カナイ）」の最高神「アガリウプヌシ」（東大主）をはじめ神々が顕現する。4日目は神々を送る儀式が行われ、祭祀は終了する。

　第3日目は午前3～4時頃暗い中、各「ムトゥ」の神職者は神へのかけ声「ホーイ、ホーイ」と発しながら、久高ノロ家に集合。その後、フボー御嶽へ向かう。そこに到着すると、神職者は「ソージャク（雑事役）」が持参した「ウブジン（神衣）」を着る。この「ウブジン」は神の依代で、これを身につけると神々は神職者に憑依する。この時、神職者は各「ムトゥ」の始祖的神格の「マレビト」と呼ばれる現人神（あらひとがみ）になる。

　フボーウタキ（御嶽）で神職者に憑依した神々はフカマドゥン（外間殿）に向かう。集落のはずれでは、白装束の神女たちが神々の一行を出迎え、神々は神女たちに伴われて、フカマドゥン（外間殿）の祭祀場に到着。そこで神女たちは神歌を歌って、円舞を踊る。最高神の「アガリウプヌシ（東大主）」の命令で神々が順次神事を行う。その後、神女たちに先導され、神々は浜の祓いを行い、それが終わると、二手にわかれて、集落を練り歩き、集落内を祓い、清める。神々は再びフカマドゥンに集合し、その日の祭祀を終える。

●アカマタ・クロマタ

　八重山の豊年をもたらす来訪神。「アカウムティ（赤面)」、「クルウムティ（黒面)」からきた呼称であるとされる。また「アカマタ」は男神で、「クロマタ」は女神だといわれている。

　新城島・上地島の「アカマタ」、「クロマタ」は親子あわせて4神出現するが、子どもの「アカマタ」、「クロマタ」は別名「フサマロ」という。

　西表島・古見の「アカマタ」、「クロマタ」、「シロマタ」のうち、「シロマタ」の別名も「フサマラー」という。これらの別称の中に「マラ」や「マロ」という語を含んでいるが、これらの語は「死あるいは誕生」を意味する。このことから来訪神「アカマタ」、「クロマタ」には、**死と再生**の性格が認められる。

　沖縄県の八重山諸島の「マレビト」の祭祀「アカマタ」、「クロマタ」は、折口信夫の「マレビト」論に最も大きな影響を与えた来訪神である。「アカマタ」、「クロマタ」は小浜島では「大地の底」を意味する「ニーレスク」から出現する来訪神とされる。

　これまでの研究では、「アカマタ」、「クロマタ」の「マレビト」は広い意味での「海上他界」と呼ばれるところから出現したとされてきたが、「ニーレスク」が「大地の底」を意味するように、「海上他界」というよりは、むしろ「地下他界」を意味しているところから出現したと考えられる。

●アガリウプヌシ（東大主）

　「ニライ・カナイ」の来訪神。沖縄では、来訪神は「ニライ・カナイ（ニライ・ハラー)」から来訪する。

　沖縄・本島の東南端に位置する知念岬の東海上にある細長い久高島は、琉球の祖「アマミキヨ」が初めて降り立った島とされ、また五穀が初めてもたらされた場所として数多くの神話が祭りの中で伝えられている。特にこの島では、「ノロ」を頂点とする祭祀組織によって、12年に1度の祭事「イザイホー」などの年中行事を行ってきた。この島の中ほどには、東方楽土「ニライ・ハラー（ニライ・カナイ)」の神「アガリウプヌシ（東大主)」(太陽を意味する)のウタキ（御嶽）である「イシキドマリ（伊敷泊)」がある。その先には、「ニライ・カナイ」に面しているイシキ浜（伊敷浜）がある。この島は「ニライ・

カナイ」の遥拝所として知られている。

　またこの島には、爬虫類のウミヘビの一種で沖縄では「イラブー」と呼ばれる「エラブウミヘビ（別名・エラブウナギ）」の産卵のガマ（洞窟）がある。猛毒をもつが、人体被害は稀。

　この「イラブー」を司る神が「ニライ・カナイ」の最高神「アガリウプヌシ」であるという。旧暦の9月に「イラブー」に感謝する祭りが行われる。

●アガリウマーイ（東御まわり）

　琉球王国の創成神である「アマミキヨ」が「ニライ・カナイ」から渡来して住み着いたと伝えられている霊地を巡礼する行事。この「アガリウマーイ（東御まわり）」の起源は、国王の巡礼といわれており、王国の繁栄と五穀豊穣を祈願する行事として始められたといわれている。

　代々、琉球王国では、麦の穂の出る旧暦2月には、久高島へ行幸し、稲の穂が出る旧暦4月には、知念、玉城の御嶽を巡ったといわれている。これが、「アガリウマーイ」（東御まわり）の原型となり、王族から士族、民間へと広まり、いつしか島の人々はこの巡礼の道を辿るようになった。現在、伝えられている「アガリウマーイ（東御まわり）」のコースは、琉球王国が国家的祭祀ルートとして指定したもの。首里のスヌヒャンウタキ（園比屋武御嶽）を出発し、与那原、佐敷の拝所を経て、知念に入り、「ティダウッカー（御川）」を拝んで、セーブァウタキ（斎場御嶽）に至る。さらに知念グスク、チネンウッカー（知念大川）、ヤハラヅカサ、ウキンジュハインジュ（受水走水）などを巡り玉城グスクまでという行程で計14の聖地を巡る。

　「アガリウマーイ」は（東御まわり）「ニライ・カナイ」から渡来した来訪神「アマミキヨ」の霊地を巡礼する行事である。

●アガリユー（東方世）

　東方からもたらされた豊年・豊穣を意味する語。沖縄では、太陽の昇る東方のことを「アガリ」と呼び、そこは海の彼方にある理想郷「ニライ・カナイ」のある聖なる方向であると考えられていた。「世」は、きわめて多義的な語で「世の中」、「治世」、「世代」などの意味があるが、沖縄最古の歌謡集『おもろさうし』では、「世の主」の「世」は「豊穣」の意味を持つ。すなわち「世

の主」とは「豊饒を司どる者」という意味である。それは、まさに「ニライ・カナイ」の来訪神そのものをあらわしている。沖縄の人々は「ニライ・カナイ」からやってくる来訪神は「アガリユー（東方世）」をもたらしてくれると信じている。

　沖縄では、この「アガリユー」をもたらしてくれる来訪神を祈願し、棒術、太鼓、狂言などの民俗芸能を奉納する。

　八重山の竹富島の「タネドリ（種子取）」あるいは「タナドウイ」と呼ばれる祭は旧暦9月の甲申（きのえさる）の日から甲午（きのえうま）までの10日間行われるが、その7日目・8日目に80の演目の奉納芸能が行われる。その奉納芸能は、大別すると、「ブドゥイ（踊り）」と「キョンギョン（狂言）」の2種類がある。「ブドゥイ」には、来訪神の「ミルク（弥勒）」の登場する「ミルクオドリ（弥勒踊）」がある。

　「ミルク」は海上の楽士から豊穣な世を招き寄せる神と信じられている。この「ミルクオドリ」で演奏される「弥勒節」は八重山では、最高の祝儀曲とされ、踊りも尊重されている。

●アザハ

　奄美大島でススキのこと。奄美の方言で「アダハ」ともいう。沖縄では「グシチ」、「ゲーン」ともいう。イネ科の多年草。沖縄ではススキの葉を用いて「ゲーン」や「サン」と呼ばれる魔除けが作られる。「アザハ」はトカラ列島の巫女「ノロ」の幣束の祭具としても用いられる。

　琉球文化圏では、「アザハ」と呼ばれる「ススキ」が重要視されている。

●アシビナー（遊び庭）

　沖縄の各集落にある神を祀る「ウガンジュ（御願所）」などの祭礼場所の前にある広場のこと。「アシビ」は沖縄の方言で「遊び」を意味し、「ナー」は「庭」を意味する。「アシビナー」で行われる「遊び」とは神々に奉納される歌舞を指す。「ナー」は神事、芸能が上演される宗教的な聖なる空間を意味している。

　稲の収穫を終えた旧暦の8月15日前後に沖縄県西原町では、集落の神々に五穀豊穣を感謝し、豊年を祈願するため、「8月遊び」と称される奉納舞踊が「ア

シビナー（遊び庭）」で演じられる。この日には、「長者の大主」と呼ばれる「ミルクガナシ（弥勒加那志）」や「シシガナシ（獅子加那志）」などの来訪神を招来し、村人たちによる「ムラアソビ」が華やかに奉納される。

「8月遊び」の演目は、福禄寿の徳を兼ね備えた「長者の大主」で始まり、続いて「ヤナムン」と呼ばれる悪霊を百獣の王である獅子の力によって祓う「獅子舞」などが演じられる。

●アスムイウタキ（安須森御嶽）

国頭村辺戸の標高248メートルの岩山で、ヘドウタキ（辺戸御嶽）とも呼ばれる琉球「開闢七御嶽」のひとつで、最初に作られた聖地。

「ニライ・カナイ」から渡来した来訪神「アマミキヨ」が天下りして最初に作ったウタキ（御嶽）といわれている。「アマミキヨ」は琉球王国の創始神だが、神話において王と水の関係は重要である。

1999年には、この「アスムイ（安須森）」で120年ぶりに首里王府のお水取りの行事が行われた。

第2尚王統・初代・尚円王（1415〜1476）は水を掌握した王として知られている。『中山世鑑』（巻4）には、この尚円王が共同体の外からやって来る来訪神の系譜につながる存在であると次のように記述されている。「尚円王は幼少より、百姓と交わり、農耕を生業にしていた。ある時、旱魃があって、村人の田圃の水は干上がってしまったが、王の田圃には水が満ちていた。村人はこれを聖なる兆しと理解できず、他の田圃から水を盗んだとして騒ぎ立てた。」この盗水の嫌疑で王は伊是名島（現在の沖縄県島尻郡伊是名村）を追われ、沖縄本島に渡り、水を支配する王となったと伝えられている。

●アマミキヨ、シネリキヨ

琉球神話に登場する琉球王国の開闢の女神と男神。琉球最古の歌謡集『おもろさうし』には、「アマミキヨ」と「シネリキヨ」の2神が太陽神に命じられ、島々と人間を創造したという神話が歌われている。この2神は島々を創造した際、琉球王国にウタキ（御嶽）も造ったとされる。そして2神の間に3人の子をもうけ、それぞれが領主、ノロ（祝女）、民の始まりになったとされる。

しかし、琉球の最初の史書『中山世鑑』（1650年編述）では、琉球王国を

創成したのは「アマミキヨ」のみであるとされている。

　「アマミキヨ」は海の彼方にある「ニライ・カナイ」から渡来した来訪神と伝えられ、いつしか人々から、「祖霊」と呼ばれ、ウタキ（御嶽）に祀られ、五穀豊穣の祈りの対象とされた。

●アマンチュ（天人）

　竹富島の「タナドゥイ（種子取祭）」の「キョンギン（狂言）」に登場する老翁の姿をした来訪神。琉球王朝の神話に登場し、沖縄本島および周辺の島々を造ったとされる国造りの来訪神。竹富島の「タナドゥイ」は毎年、旧暦9月・10月（新暦10月〜12月頃）に 甲申 の日（農業暦の正月にあたる節祭りから数えて49日後）から 甲午 の日の10日間行われる。但し現在、10日目は省略。この期間に様々な儀式が行われ、7日目と8日目の2日間を中心にユームチオン（世持御嶽）の祭場で70余りの伝統芸能が神々に奉納される。「タナドゥイ」の芸能は玻座間村と仲筋村の2つの村で競演される。7日目の奉納芸能は玻座間村が、アイノッタ（東の集落）とインノータ（西の集落）に分かれて演じる。8日目の奉納芸能は仲筋村のナージ（南集落）が演じることになっている。

　「アマンチュ（天人）」が登場する「キョンギン（狂言）」、「アマンチュ」は8日目の仲筋村の奉納芸能として特設舞台で演じられる。

　内容は、作物の種子を村人に与えようとやって来た「アマンチュ」と、若者たちを引き連れ種子取りの願いに出かけた長老が、偶然出会い、長老が「アマンチュ」から作物の種子を拝領し栽培方法を教わるというもので、「アマンチュ」が立ち去った後には、「マミドー」と呼ばれる農作業の様子を描いた踊りが披露される。この「キョンギン」では、首里方言（琉球王朝時代に成立した士族の標準語）が使われており、竹富島で生まれた「キョンギン」ではないとされている。

　奉納芸能は「庭の芸能」と「特設舞台での芸能」に分類される。またその芸能は大別すると、「ブドゥイ（踊り）」と「キョンギン（狂言）」に分けられる。「ブドゥイ」は女性が担当し「キョンギン」は男性が担当する。

　「キョンギン」に登場する「アマンチュ」が語る神の伝承は『中山世鑑』以降の神話伝承が語られる。

●アラセツ

　奄美では旧暦8月の最初の丙（ひのえ）の日を持って、「節（せつ）」を新たにする。これを「アラセツ（新節）」という。「アラセツ」は豊年豊作を祝うと共に来年の予祝を神々に祈願するために、海の彼方の「ネリヤ・カナヤ（ニライ・カナイ）」から来訪神を招き寄せる。

　「アラセツ」の行事は旧暦8月の最初の丙の日に実施される。この行事は火の神を祀り、火事がないように祈願する。この日には、新米で作った神酒（みき）と赤飯を供え、先祖や神々に感謝し、豊年豊作を祝う。龍郷町の秋名集落では、国の重要無形民俗文化財に指定されている「秋名アラセツ行事」が行われる。この日の明け方に「ショチョガマ祭り」が行われ、夕方に「平瀬マンカイ」が行われる。「秋名アラセツ行事」では、この2つの祭事がとり行われる。「シバサシ」の行事は「アラセツ」から7日目の壬（みずのえ）の日に行われ、この期間、奄美の人々は「8月踊り」で踊り明かす。

●アンガマ

　八重山列島の各地域で行われている来訪神行事の名称であり、登場する来訪神の名前。「アンガマ」には、「節アンガマ」と「盆アンガマ」がある。「ソーロン（精霊）アンガマ」とも呼ばれる。

　石垣島では、旧盆7月15日の夜、「盆アンガマ」が各家々を巡る。昔は、「士族アンガマ」と「百姓アンガマ」があったと伝えられているが現在、その区別はない。「ウシュマイ（翁）」と「ンミー（媼）」が、木彫りの「アンガマ」の仮面をつけ頬かむりをして紺地の衣装を着る。手にはクバ（蒲葵）の葉で作った扇を持ち、裸足である。一緒にまわる20人余りの踊り手たちも頬かむりをして、クバで作った笠をかぶり、浴衣に足袋を履いている。踊り手たちも「アンガマ」である。

　石垣市登野城（とのしろ）では、「ウシュマイ（翁）」と「ンミー（媼）」が木彫りの仮面に頬かぶりで、「ウシュマイ」と「ンミー」の子孫とされる「ファーマー（花子）」を引き連れて家々を訪れる。

　家の主人の招きにより、家に上がり仏壇に向かって甲高い裏声で念仏を唱え先祖の供養をする。その後、「ファーマー」たちが、三味線や太鼓、囃子にのって歌い踊る。この歌や踊りは子孫繁栄と豊作を願ったもの。歌や踊りが

終わると、あの世から来た「ウシュマイ」と「ンミー」を中心に問答が交わされる。問答はすべて裏声でなされる。そのうちに「アンガマヤー、ヤーカイ（アンガマや、そろそろ家に帰ろう）」のかけ声で、一行は、三味線の華やかな音に合わせて次の家へ向かう。

西表島の祖納では、旧暦9月の「節」に「節アンガマ」が行われ、他の地域では旧盆の7月15日に「盆アンガマ」が行われる。「アンガマ」の語源は諸説ある。例えば、「アンガマ」の「アン」は八重山地方では、母親の意味で、「ガマ」は「小」を意味するから、この語は「母親と姉小」を意味するという説。また「念仏踊」を広めたのが、アンナ（安仁屋）村の下級僧徒であるからその僧徒の行脚から「アンガマ」になったという説。さらに「アンガマ」とは、覆面のことだとする説などがある。

この「アンガマ」で使用される「ウシュマイ」と「ンミー」の仮面は、中国・雲南省のミャオ族の祭りで使われる祖霊を意味する「老人」と「老婆」の仮面と類似している。この仮面の類似性には、日本の琉球文化圏の来訪神が中国の来訪神を源流にしていることを示唆しており、「アンガマ」の木彫りの仮面は祖霊神をあらわしている。

八重山地方の離島である竹富島、黒島、西表島、波照間島、与那国島でも旧暦の7月13日から15日まで、頬かむりをした男女が各家々を巡り、輪になって、「アンガマ」を踊る。竹富島では、覆面をした男女が各家々を訪問して庭で踊る「アンガマ」を「百姓アンガマ」という。

●イザイホー

12年に1度、午年の旧暦11月15日から6日間、沖縄県知念村（南城市）久高島で12年ごとの午年に行われた祭事。久高島で生まれ育った30以上の全ての既婚女性は神女組織に加入するが、その加入儀礼を指す。12年に1度の祭事のため、加入する年齢は30歳から41歳と幅が広い年代にわたる。

「イザイホー」を経た女性は「ナンチュ」と呼ばれ、以後、「ヤジク」、「ウンサク」、「タムトゥ」という階梯を昇格していき、70歳になると、「テイヤク」と称し、組織から抜ける。「ナンチュ」になると、「タマガエー・ヌ・ウブティシジ」と呼ばれるウタキ（御嶽）に滞留する神霊シジ（神霊）を家の「トゥバシリ」と呼ばれる場所で祀るようになり、その神霊に対して家族の健康祈

願などを行う。「タマガエー・ヌ・ウブティシジ」は長男の長女へ（父方祖母から孫へ）継承されるのを原則とする。平成2年（1990）に予定されていた「イザイホー」は過疎化、指導する神役の不在などの理由で中止され、以降は実施されておらず、存続が危ぶまれている。

　「イザイホー」は来訪神の信仰形態としては、日本の祭祀の原型を留めていると考えられている。

●イッサンサン

　奄美群島徳之島、伊仙町の犬田布や木之香の集落で旧暦の8月15日の前の戊申に「イッサンサン」と呼ばれる来訪神行事が伝承されている。案山子姿の来訪神「イッサンボー」が子どもたちの先導で、集落の家々を訪問し、豊作を祈願する。

　「イッサンサン」の行事は徳之島が琉球王朝の支配下にあった約400年前、飢饉に苦しむ犬田布の地域の住民が豊作祈願をしたことに由来するといわれている。

　この行事の日柄については伊仙町の犬田布の区長が決め、木之香は犬田布に合わせ実施する。犬田布の地域では、「イッサンサン」の行事は上組・中組・下組に分かれて実施される。上組の東犬田布には「イッサンサン記念碑」があり、上組の住人たちは「イッサンボー」と共にこの碑の前で歌や踊りを奉納する。この記念碑の建っている場所は、かつて村人たちが神木と崇めていた巨木がそびえていた場所で、この巨木の下で「イッサンボー」に神を乗り移らせたといわれている。その跡地に「イッサンサン」の碑が建立されたのである。

　子どもたちに先導された「イッサンボー」は集落の家々を巡る。住民らは、「チタン」と呼ばれた奄美の太鼓のリズムに合わせて「イッサンサン」の歌をうたいながら、各家を訪問する。家の庭先で住民らは「イッサンサンヌ、サン（申）ヌトセ（年）ガカホウドセ（果報年）」、「ムチタボレ、タボレ」と歌い、「イッサンボー」が左右に飛び跳ねるユーモラスな踊りを披露する。

　一団を迎え入れる家主は「イッサンボー」の頭にお神酒をかけ、子どもたちに餅やお菓子など出してもてなす。子どもたちは「テル」と呼ばれる奄美の竹籠に餅を入れる。

176

すべての家をまわり終えると、再び「イッサンサン」の碑に戻り、最後に歌と供物を奉納して終える。

●イッサンボー

上記の来訪神行事「イッサンサン」に登場する2メートル近い高さの案山子姿の来訪神。人々に幸福をもたらす「福の神」。子どもたちの先導によって、家々をまわり、豊作祈願の歌や「イッサンボー」の踊りを披露する。

「イッサンボー」は胴体と腕の部分を竹で十の字に交差させて結わえつけ、稲藁で覆い、さらに縄でぐるぐる巻きにし、体形を整える。顔面は白紙に「へのへのもへじ」と墨で書いたものを貼りつけ、麦藁帽子をかぶって芭蕉布を身につけ、「福の神」となる。

●イドガミ（井戸神）

井戸神は井戸に祀られる神で、井戸の守護霊。年の暮れに神社の神主などから、正月を迎えるための幣束が配布される。この中のひとつを井戸に飾って、鏡餅などを供えることが広く行われていた。ここから汲まれた若水が新しい年の生命をもたらすものとされ、新年の儀礼に使われた。また子どもの出産後の祝いにも井戸に詣る儀礼があり、さらに死者の魂を呼び戻す魂呼びの儀礼も井戸の底に向かって行われることがあった。つまり井戸は、日常生活に欠かせない場であると同時に異界や他界につながる神聖な場でもあると考えられていた。沖縄本島や宮古島などでは、ウブガー（産井）や先祖の使った飲用水の水場を拝むカーメーと呼ばれる正月儀礼があり、集落や親族（門中）の単位で信仰の対象となっている。

●イビ

八重山諸島の木々に囲まれたウタキ（御嶽）の中で、石積みで囲まれた最も聖なる拝所。この「イビ」と呼ばれる聖なる空間は集落を守る祖先神を祀る場所であったり、神が来訪する聖地であったり、あるいは海の彼方の遠くにいる神やその聖地を遥拝る場所で、集落の信仰の核となる空間である。

八重山諸島では、「イビ」と呼ばれる場所がウタキの中で最も神聖で神の坐すところであり、「ウブ」とも呼ばれる。

八重山諸島のウタキは木々に囲まれた空間で鳥居のある入り口の先には、簡素な拝殿があり、その拝殿の奥には、「イビ」がある。

●ウガン（別名・ウガンジュ）（拝所、お願所）

「拝所」とは、一般的には、聖域を前にして拝むための場所を指すが、琉球文化圏では神を祀って拝む場所をいう。多くは神が依りついたとされる聖域でウタキに比べて規模が小さい。来訪神の辿りついた岬なども指す。八重山諸島の島々では、沖縄本島のウタキにあたる聖地を「ウガン」と呼ぶこともある。

集落の人々によって、集落・家の加護や繁栄を祈願する場所であり、古い井戸、霊石、洞窟など拝みの対象となっている場所の総称。

名称は沖縄本島の北部では「ウガミ」、奄美群島では、「ウガミヤマ（拝み山）」など。

●ウシデーク（臼太鼓）

沖縄本島、その周辺の島々で女性だけが行う、神に豊年満作を祈願する円陣舞踊。「ウシデーク」は、現在、沖縄本島を中心に約60ケ所ほどで伝承されている。この「ウシデーク」は8月15日、16日に各所で行われる。

この名称の起こりは沖縄においては、昔、臼を逆さにしてその上で火を焚き、女衆がそのまわりをまわりながら、太鼓を打ち鳴らし、踊ったことによるという。

また国頭村安波で語られている起源説話は、軍人が踊子に変装して敵陣を攻め落としたことが恒例となったことからとも伝えられている。

この説話は九州や中国地方の太鼓踊でよく語られているものである。九州にある「臼太鼓踊」は中国、近畿、中部地方などと同系の太鼓踊の一種で、主として男性が大きな太鼓を腰にさげ、これを打ち鳴らしながら、歌に合わせて踊るのである。しかし、沖縄の「ウシデーク」はこれとは全く系列が異なるもので、女性のみの輪踊りで、太鼓も数人が手に取って打つのみである。

奥武島の「ウシデーク」は約200年にもわたって、歌い踊り継がれている。神を迎え、神と共に遊ぶ喜びを表現した豊年予祝の祭祀舞踊。20歳過ぎから50歳までの女性が参加し、50歳以上の女性はその指導をして、伝統を守って

きた。祭は旧暦8月15日に行われる。

　地域によって、若干の違いがあるが、他に富盛、国頭村、宮古島などが知られている。宮古島の「ウシデーク」では、神遊びの中で、祓いの言葉を歌いながら、集落の人々と踊る。

●ウシュマイ（翁）

　八重山諸島では、旧暦お盆に実施されている来訪神行事「アンガマ」に登場する木彫りの面をかぶった来訪神。八重山諸島の島々では、旧暦お盆に、あの世から「祖先」である「アンガマ」がやって来ると信じられている。

　石垣島の「アンガマ踊り」では、「ウシュマイ（翁）」と「ンミー（媼）」が仮面をかぶり、「アンガマ」となって、「ファーマー（花子）」と呼ばれる子孫を連れてあの世からやって来て家々を訪れる。（「アンガマ」参照）

●ウタキ（御嶽）

　琉球王国（首里王府）が制定した琉球の信仰における集落の守護神を祀る聖域の総称のこと。豊作や豊漁などの祈願や祭礼などが、ノロ、ツカサなどの神女によってとり行われる場所で、沖縄本島では、「グスク」、「ムイ」、宮古島では、「ムトゥ」、「スク」、八重山諸島では、「オン」、「ワー」などとも呼ばれる。ウタキは、これらの名で呼ばれていた聖域に対して首里王府より与えられた公の名称である。

　元来、集落を加護する村建ての神、集落の人々の遠い祖霊神などが古い集落区分を単位として祀られた。その他、「ニライ・カナイ」の神などにゆかりのウタキとされるものもある。

　ウタキには、その内奥に「イビ」と呼ばれる最も神聖視された場所があり、神の鎮座、降臨する場所といわれる。「イビ」の中は香炉が置かれており、その後方には、自然石やクバの神木、古墓などがあり、神の宿る場所と見なされている。ウタキ内の蒲葵の木々を切り倒したり、取ったりすると神罰が下るとされている。

　宮古諸島の大神島、宮古島の狩俣、島尻の3村では、女性がウタキから「ウヤガン」として出現する「ウヤガン祭」の儀礼が旧暦10月から12月に5回にわたって行われる。「ウヤ」は親、「ガン」は神の意味で、「ウヤガン」とは「親

神＝祖神」のことである。ここでは「親神」が神女たちに寄り憑く。この神女たちは「ウヤガン」として集落を訪れる。

　宮古島の狩俣と島尻では、大神島を祭祀世界の始原の場所として崇敬し、大神島で生まれた男女2神のうち、男神が狩俣を、女神が島尻を開いたとされる。

　宮古島の島尻は、「パーントゥ」の来訪神が登場する「パーントゥ・プナカ」で有名だが、この島尻集落の南端には、「ムラグス」という台地があり、そこに「ウプチラ」というウタキがある。その下方（東）低地には、「ンマリガー」と呼ばれる古い井戸があり、そこから「パーントゥ」が誕生すると信じられている。

　また南城市知念村にあるセーファウタキ（斎場御嶽）は琉球王国の最高の聖地とされたウタキで国指定の史跡。開闢神降臨の地とされる。かつては琉球王国の最高神女である「キコエオオキミ（聞得大君）」の即位式はこのウタキで行われた。現在のセーファウタキからは、「神の島」といわれる久高島を遥拝することができる。

　ウタキは、このように人々の始祖を祀る場所としての性格や「オボツ・カグラ」と呼ばれる神が天上から降りて来る場所としての性格、さらに山岳信仰の一形態として性格など、様々な性格が複合され形成されたものである。

●ウチカビ

　あの世での通貨とされる紙銭。藁を主な原料とする少し厚みのある黄色の紙の全面に銭型が打ちつけられたもの。盆や彼岸などの行事で、これを燃やして先祖供養を行う。旧暦7月15日は家族一同が集まり、あの世のお金である「ウチカビ」を燃やして、家に来訪した神である「祖霊」を送る。

●ウムイ

　沖縄諸島の古い宗教儀式歌。神口・霊を呼ぶ神歌のこと。（「神口」は「神おろし」参照）

　「ウムイ」は様々な神迎え・神送りで歌われる。「ノロ（祝女）」や「カミンチュ（神人）」たちが、豊漁や航海の安全を祈願するために鼓や手拍子に合せ歌うもの。

沖縄県伊平屋村の田名では、旧暦の7月17日、海神をお迎えし、豊漁を祈願する「ウンジャミ（海神祭）」が行われる。この祭祀の際に、「ノロ」と4人の「カミンチュ」が「ウムイ」を歌いながら踊って、魚をとり舟を漕ぐ所作をして神を迎え歓待する。その後、「ウムイ」を歌って神に別れを告げ、最後は東岸の岩の上に整列して、合唱し海神を送る。このように「ウムイ」は「ニライ・カナイ」から訪れた海神を送る時にも用いられる。

●ウヤ（親）

　沖縄の言葉で親のこと。「ウヤガン」といえば、「親神」すなわち「祖霊神」を表す。

●ウヤガン（祖神・親神）

　「親神」、「祖神」、「祖霊神」のこと。また、同時に平良市大神、島尻・狩俣の3集落で古くから伝えられている豊年祈願の神事の名称でもある。「ウヤーン」と呼ばれる巫女組織による祭祀のため、地元では「ウヤーン」と呼ばれる。

　大神では旧暦6月〜10月、島尻、狩俣では旧暦10月〜12月の間、それぞれ5回、集落背後地の聖地・森林内の籠り屋と血族集団の祖先を祀る各「ムトゥ」を中心に行われる。

　50歳以上の女性たちが黒の装束をまとい、神に祈りをささげるもので男子禁制。この神事は厳しい籠りの儀式を経て、女神役たちが「ウヤガン」として登場し、集落を祓い清め、豊穣を意味する「ユー（世）」を人々に与え、去っていくというもの。女神役は円陣を組んで、「フサ」と呼ばれる神歌を歌い、踊る。「ウヤガン」はその祭祀の形態から来訪神であるといえる。

●ウヤ（親）パーントゥ

　宮古島で行われている来訪神行事「パーントゥ」に登場する来訪神。「ウヤ」は親の意味で、「パーントゥ」は「異様な形相の化け物」とか鬼のような存在を意味しているといわれている。

　宮古島の古老によれば「ウヤパーントゥ」とは、蒲葵の葉に包まれクバマ海岸に漂着した仮面のこと。海の彼方または海の底から来訪した漂着神（寄

り神）であると伝えられている。

●ウヤホーマツリ

　徳之島で正月十六日の先祖祭のこと地域によって呼び名は異なる。「ウヤ
ホー」、「ウヤフジ」、「ウヤホウガナシ」など。

　この日、徳之島では、「ウヤホー」に「グンジャモチ」という餅を供える。
「グンジャ」とは、方言で「クジラ」（鯨）の意味。クジラ肉の皮の部分と身
の部分の色がこの餅の色と似ているところから名づけられたとされる。

　鹿児島県沖永良部島でも、同じ正月16日に「ウヤホーマツリ」が行われる。
集落の人々は共通の「先祖」を持つという意識を基盤にしてこの祭は行われ
ている。

●ウンジャミ（海神祭）

　旧暦7月に沖縄本島北部の諸集落と隣接するいくつかの離島で海から訪れ
る神を海に突き出た土地から迎え、豊作と豊漁を祈願するためノロ（祝女）
を司祭者として、豊作と豊漁を祈願するため、集落の祭場で神歌を歌ったり、
船を漕いだりする所作事を行う。

　与論島では、この「ウンジャミ」は「ノロウミガミ、ヌルウンジャミ（祝
女海神）」と呼ばれている。

　この行事はノロ（祝女）が率いる女性中心の祭祀組織による祈願の神事の
色彩が強く認められる。この「ウンジャミ」における来訪神は具象的な形を
とらず、ノロ（祝女）が率いる神女たちにより憑く形態だと考えられている。

●エイサー

　沖縄本島中部を中心に全域に広がる、野外の盆踊りのひとつ。旧暦7月15日
盆のウークイ（最後の日）の夜、神アシャゲや公民館の庭で踊ってから家々
を巡る。青年会を中心に数十人の若者で構成された一行は、三線、大太鼓、
締め太鼓が数名と他は踊りを担当する。男女が参加するが、地域によっては
男性だけ、あるいは女性だけのところもある。

　歌詞は「七五調」で、親への孝行を説くものなどを三線にのせて歌う。由
来は、浄土宗系念仏歌に挟まれる囃子のひとつ「エイサー、エイサー、ヒヤ

ルガエイサー」から来ているとされる。

「エイサー」は沖縄の芸能文化の基底にある来訪神の儀礼を近代に再現したものといわれている。

●オーホリ

奄美大島と加計呂麻島に伝承される、ノロ（祝女）たちが浜辺に出て海神を送迎する祭り。旧暦2月の初壬の日と旧暦4月の初壬の日に行われる。浜辺で送迎するのでこの来訪神は海神。

加計呂麻島の阿多地では満潮を見計らってノロたちは「トネヤ（祭祀を行う神聖な建物）」に集まり、「アザハ（薄）」を持って浜へ行く。浜では、「ウムケー、ウムケー」と唱えながら、「アザハ」を高く掲げ神を招く。やがて「カンミチ（神道）」を通って、「アシャゲ（祭祀儀礼を行う場所）」のそばへ来て「アザハ」を立て、「トネヤ」で儀礼を行う。

竜宮からやって来た「海神」は「アシャゲ」で足を洗い、「トネヤ」でノロたちと歌ったり、踊ったりして神遊びをした後、集落を訪れ家々を巡る。「トネヤ」での拝礼を受けた後に4月に帰って行く。

この祭礼は沖縄の「キンマモン（君真物）」の海神祭がノロの文化と共に奄美に波及したものと思われる。

●オナリ

琉球の方言で兄弟を意味する「エケリ」に対して姉妹を指す語。一般的に姉妹には兄弟を守る霊的な力があるとされ、その霊力を顕わして「オナリ神」という。古くから兄弟が船旅に出る時、お守りに姉妹の髪の毛などを持たせる習慣があり、兄弟に関する姉妹の発言が尊重される気風があった。「オナリ神」が蝶やトンボなどに憑りついて、旅先の兄弟の安全を見守るという言い伝えもある。かつては琉球王国では、国王の姉妹がキコエオオキミ（聞得大君）の宗教的な庇護によって、国事がなされた。また地方領主の按司に対して最高位の女祭司のノロ（祝女）が宗教的に補佐役として権威を支えた。

●オナリ信仰

姉妹がその霊的な力によって、兄弟を守護するという信仰。古来、琉球で

は、女性の霊力が強いと考えられており、神に仕えるノロ（祝女）やシャーマンである「ユタ」も女性であった。この霊力が特に兄に強力に作用し、守り神のごとく守護すると考えるのが「オナリ神信仰」である。「オナリ信仰」では、妹を兄の「オナリ神」と呼び、神格化される。このように「オナリ信仰」では兄と妹の関係は別格とされる。

　「イザイホー」の祭りの中では兄を持つ妹が「オナリ神」となる儀式が執り行われていた。兄は「イザイホー」の祭りの前になると、妹に祭りの時に身につける神衣や下着類を作る白生地を贈る。祭りの最終日に「トウツルモドキ」（トウツルモドキ科つる性の多年草）の葉の冠を妹の頭から取って兄に渡す。これによって妹は兄を守護する「オナリ神」となる。類例した信仰は古代朝鮮や近現代の韓国、古代中国や近現代の「媽祖信仰」などにみられる。

　またポリネシア地域にも姉妹がその霊威によって、兄弟を守護するという民俗的な観念や儀礼にみることができる。

●オボツ

　天上を意味する語または「神の居場所」を意味する。『おもろさうし』では、「オボツ」は「天上の世界」を意味している。民族学、日本文化研究、沖縄研究学者であるヨーゼフ・クライナー（Josef Kreiner）は、奄美群島の加計呂麻島の諸集落を調査し、「オボツ山」とは基本的には、「天上から神が降りる山」であると報告している。一方、民俗学者、沖縄研究学者の仲松弥秀は奄美群島の「オボツ山」を分析し、「オボツ」は「神の居場所」であると力説した。さらにクライナーは海の彼方から去来する神を「来訪神」と称し、「オボツ山」などに常在する神を「滞在神」と称し、両者の世界観は異なっていると指摘したが、この世界観は未だ見解の一致をみていない。

●オボツ・カグラ

　『琉球神道記』では、「天上世界」にいる神。奄美加計呂麻島でも神山の「オボツ山」に降臨する神を「オボツ」神と称し、神山に際立って高くそびえる2本の松の木は「オボツの神の門」と呼ばれている。また『中山世鑑』では、この神を「天神」と記している。

　琉球神道では、神のいる場所は水平的な「ニライ・カナイ」と垂直的な「オ

ボツ・カグラ」と想定している。

　つまり、「ニライ・カナイ」は海の遙か彼方あるいは地底にあると考えられる「異界」であるとされ、「オボツ・カグラ」は「天上にある」と考えられる「異界」であるとされる。

●オホホ

　毎年、旧暦10月前後の己亥(つちのとい)の日から3日間、八重山列島の西表島干立(ほしだて)(現・星立)地区で、豊作への感謝と五穀豊穣、健康と繁栄を祈願するシチマツリ(節祭)に登場する仮面・仮装の来訪神。この西表島のシチマツリは約500年前から伝承されており、国の重要無形文化財に指定されている。「オホホ」は「オホホー」と奇声をあげて、作り物の札束を見せびらかしながら、滑稽な動きをみせる。鼻の高い仮面をつけ、異国人ふうの衣装とブーツを履いて登場。

　この「オホホ」は一説には、昔、島に流れついたオランダ人をモデルにしているといわれている。当時、「ウランダピトゥ(オランダ人)」という語で異国人を総称していたとされる。

●オモロソウシ

　16世紀から17世紀にかけて琉球王府が沖縄や奄美の島々で歌われてきた歌謡を収録したもの。沖縄本島およびその周辺諸島の最古の叙事的な歌謡集。全22巻。沖縄・奄美群島に伝わる神歌を首里(しゅり)王府が採録編集したもの。収録数は1554首。第1巻は1531年、第2巻は1631年、第3巻以下は1623年に編纂された。表記は漢字を交えた平仮名書きであるが、沖縄方言を写す独特の表記法が用いられている。

　原本は1709年の首里城の火災で失われ、1710年、具志川家に伝わる本から2部書き改められ、「おもろ主取(ぬしどり)(王城と王府で謡われる「オモロ」に関する全てを司った役職)」である安仁屋(あにや)家に譲られた。現存の尚家(しょうけ)本はその1部で、王城に伝えられたもの。現存するその他の諸本はすべて安仁屋本系統の写本である。

　安仁屋本系統仲吉本を定本として、尚家ほか諸本を校合した『校本おもろさうし』がある。琉球文学の貴重な資料であり、沖縄の来訪神「キミテズリ」についての歌も収録されている。

●カー

　沖縄の方言で井戸または湧泉。井戸は飲用水などを貯める施設。一般的には、地下水を得るために地中に掘った穴を指すが、古くは河川や泉のほとりに水を貯め、ここを「井」と呼んだ。井戸の語源として水の集まる処という「井処」からきたという説がある。地下水を利用する井戸の形態には、地面を垂直に掘った竪井戸と崖面などに横穴を掘った横井戸があり、竪井戸はさらに技法上から、人が坑内に入って掘った掘井戸と、地上から棒などで穴を掘った掘抜井戸とに分けることができる。

　この井戸は生活に不可欠な飲用水の源であり、常に信仰の対象であった。古くは道教の影響などもあって、井戸水は霊水と見なされ、中世の井戸からは、陰陽道の呪札などが発見されている。民俗行事の中で井戸神を拝する習俗は多いが、井戸には、「井戸神」と「水神」の2つの神格がみられる。特に「井戸神」には、井戸という場所の守護霊の性格も有している。井戸を他界との通路とする意識も強くみられ、臨終に際して行う「魂呼び」が井戸の中に向かってされる例も多い。盆前の井戸浚いも「死霊」の道を整備する意味があったと思われる。

　宮古島・島尻の「パーントゥ」と呼ばれる来訪神は「ンマリガー」と呼ばれる古井戸から現われる。「ンマリガー」は、産水や死水に使われる井戸であり、旧暦6月甲午の日に若い女性たちが「バカミズ（若水）」を浴びる井戸である。

　井戸はこのように来訪神の出現する他界の通路となっている。

●カイジョウタカイ（海上他界）

　九州や南方の島々、あるいは瀬戸内海地方では、人間が亡くなったら、その魂が海の彼方に行ってしまうと信じる他界観、あるいは祖先が住むとされる場所が海上にあると信じる他界観のこと。沖縄の来訪神行事の多くはこの海上他界観を基盤に考えられ行われている。

　人間の死後に霊魂が行く世界や神霊の住む世界についての観念を他界観という。他界観は「海上他界」の他に、「地中他界」、「山上他界」などがある。

　沖縄では、あの世の世界を「グジョウ（後生）」といい、奄美から八重山に至る琉球列島では、人間の住む世界と対比される世界が「ニライ・カナイ」

である。「ニライ・カナイ」は「ニルヤ・カナヤ」、「ギライ・カナイ」など異なる呼び名もある。また地域によっては、単に「ニライ」、「ニレー」、「ニーラン」、「ニッラ」、「ニロー」などといわれることもある。

この「ニライ・カナイ」の他界観は一般的には、海の彼方にある海上他界であると考えられているが、地域によっては、そこは地下他界であると信じられているところもある。

●神アシャギ

沖縄本島北部地方において集落の神を招き、祭事を行う場所。建物は四方とも壁のない四本柱造りまたは六本柱造りの竹茅葺屋根（たけかやぶき）で吹き抜け構造、床張りもなく、軒が極端に低く、腰をかがめないと中に入れない。「神アシャギ」は茅葺き屋根の寄棟造が伝統的な様式だが、現在はほとんがコンクリート建てになっている。

神へ「アシャギ」（飲食物）を差し上げ、歓待する場所。この「神アシャギ」には、様々な神々が招かれ、来訪神も招かれる。

●神がかり（神おろし）

神霊を巫者（ふしゃ）に乗り移らせて託宣を受けること。「神おろし」ともいう。

経文を読んだり、呪文を唱えたり、あるいは歌舞をするなどして「神がかり」に入った巫者の口を借りて神意を伝える。巫者の神霊との交流の仕方には、大別して2種類の型があるとされる。巫者の霊魂が肉体を離れて神霊のもとに赴く場合と、神霊が巫者に憑依し、肉体を一時的に占拠したり、影響を与えたりする場合である。「神がかり」はこのうち後者の形をとって行われる霊的交流の方法である。日本の巫者は概して神霊の憑依を受けて儀礼を行うところに特徴があるといわれる。

なお神霊を降臨させる「神がかり」に対して、死者の霊を呼び出し憑依させることを「仏おろし」と称して区別する。前者を「神口」といい、後者を「仏口」ともいう。「神がかり」は、巫者が意図的に行われる場合と「神ダーリ」のように本人が意図せず無意識的に生ずる例がある

●神ダーリ

　沖縄本島および広く南西諸島において巫女が託宣・卜占・祈願・治療など
を行う時に神がかり状態になること。

　「神がかり」（トランス）状態とは、小刻みに震えたり、のたうちまわった
りする場合もあれば、通常と少しも変わらないように見えたりする場合もあ
る。こうした状態において霊的存在が、身体に憑入（ひょうにゅう）したり、付着したり、
あるいは身体の外側から影響を与えたりする現象。沖縄の神まつりは(A)神を
招く者、(B)神として立ち現われる者、(C)神を迎えて歓待し、送る者、(D)神
まつりを構成する者の4者によって行われる。

●カムカカリヤー

　神がかりする人のこと。神霊・死霊・祖霊など超自然的な存在と直接接触・
交流し、託宣・卜占・祈願・治療などを行う呪術・宗教的職能者。南西諸島
では、ユタと呼ばれる。（「ユタ」参照）

●カンジャナシー

　「ニラー・ハナー（ニライ・カナイ）」の来訪神の神事。久高島（くだかじま）で旧暦4月と
9月に9日間行われる。

　3日目の早朝、「アガリウプヌシ（東大主）」、「ファーガナシ（母ガナシ）」
など「ニラー・ハナー」の神々30数名が来訪しウタキを訪れた後、家々を巡
る。神々は「茅」を手にして神歌を謡いながら集落内を祓い清める。最後に
は人々が神送りの歌を謡って「ニラー・ハナー」へ送る。

　「ニラー・ハナー」からの来訪神が現身の形でウタキを来訪、「カミアシャ
ギ」を行ったと考えられる。

●キコエオオギミ（聞得大君）

　琉球王府の神女組織の頂点に立つ琉球神道における最高神女。「聞得」は
「大君」の美称。「大君」は最高者の意味。沖縄方言では、「チフィウフジンガ
ナシ」という。この琉球神道における最高神女は琉球王国の王の「オナリ神」
として位置づけられており、王国と国王を霊的に守護する者とされ、主に王
族の女性が任命されている。この任命権は国王に一任されている。

●キミテズリ（君手摩）

　沖縄本島を中心に信仰された琉球神道に伝わる女神。海と太陽を司る琉球王国の守護神とされ、琉球王国の存亡の危機に来訪する神ともいわれている。この神は海の彼方にある「ニライ・カナイ」に住んでいると信じられており、新しい国王の即位の儀式中、「キコエオオキミ（聞得大君）」に憑依するといわれている。「キミテズリ（君手摩）」は神の名として『中山世鑑』に掲載されているが、別の史料には、これが行事名として掲載されていることから、神の名ではなく、儀礼名であると解釈する説もある。これを神の名と解釈すると、「キミテズリ（君手摩）」は目にみえない来訪神と考えられる。

●キャーン

　椎の木葛、マメ科のドクフジ属つる性常緑植物。鹿児島から沖縄にかけて分布し、林の中などに生育。沖縄では、マングローブ林の縁に多くみられ、他の樹木の上などを這うように伸びる。国の重要文化財にもなっている宮古島の厄払いの行事「パーントゥ・プナカ」で、「パーントゥ」は独特の仮面をかぶり、奇声をあげ、全身に泥を塗り、「キャーン」を頭から顔の部分だけ残し、全身に厚目に巻きつけ、各戸をまわる。昔は、殺虫剤として使われていた。

●キョンギン

　狂言・演劇のこと。竹富島の「タナドゥイ（種子取祭）」では、奉納芸能として「島のキョンギン」と呼ばれる演劇が舞台で演じられる。その「島のキョンギン」には、「ジイのキョンギン」といわれる老翁が登場する演目がある。

　例えば『アマンチュ（天人）』や『シドゥリャニー』という演目では、来訪神が老人の姿で現れる。

●ギライ・カナイ

　奄美群島から八重山諸島に至る琉球列島の村落祭祀の儀礼で表現される世界観の中で、人間の世界と対比される別の世界、「他界」、「異界」。「ギライ・カナイ」は対語であり、「ニライ・カナイ」をはじめ、「ニルヤ・カナヤ」、「ミルヤ・カナヤ」などの別称がある。

「ギライ・カナイ」という語は、僧・袋中の『琉球神道記』（1603〜1606）にみられる表現である。

　地域によって、単に「ニライ」、「ニレー」、「ニーラン」、「ニッラ」、「ニロー」などと表現されることもある。

　また「ギライ・カナイ」は神のいる場所であり、そこから様々な豊穣がもたらされる理想郷であると考えられている。「ギライ・カナイ」は琉球列島の来訪神の信仰の解釈に重要な鍵となっている。

　なお「ギライ・カナイ」の信仰が海の彼方、海底・地底に結びつく神観・世界観を示すものであり、それと対比されるものとして、『おもろさうし』などに記述されている「オボツ・カグラ」という天上世界を志向する神観念があることも忘れてはならない。

●ギレーミチャン

　沖縄本島西方海上の渡名喜島で旧暦4月15日から5月1日まで隔年で行われる来訪神祭祀・シマノーシ祭に登場する来訪神。祝福と豊穣をもたらす不可視の来訪神。シマノーシ祭は別名シネグ祭とも呼ばれる。2年に1度訪れる神である「ギレーミチャンガナシー」という「旅神」を迎え、饗応し、海上へ送る祭事である。この祭事は18世紀初めに編纂された『琉球国由来記』（1713）に記載されており、琉球王国の時代から受け継がれてきた神事である。この祭事は「ユレーヌユバル」という「旅神」を招請するためのカミンチュ（神人）の儀礼から始まる。カミンチュらによって「旅神」が迎え入れられると、いよいよ4日間にわたる祭祀が始まる。内容は**神迎え、共食、神送り**である。

　第1日目（4月27日）クビリ殿で**神迎え**を行う。

　第2日目（4月28日）サトウ殿で拝みが終わると「アシビナー」で「ユバル儀礼」を実施し、カミンチュは正装して殿の祭事が行われる。

　第3日目（4月29日）ニシバラ殿でカミンチュに「ブクブク」と呼ばれる米の粥が献上される。

　第4日目（4月29日）ウェダニ殿で「アラシトーイ」と呼ばれる儀礼が行われる。5月1日明け方、**神送り**を行う。

●キンマモン（君真物）

　琉球神道に伝わる女神。別称「キンマンモン」ともいう。漢字で「君真物」と表記される。これは「最高の精霊」という意味、海の彼方の「ニライ・カナイ」から来訪し、最高神女の「キコエオオキミ（聞得大神）」に憑依する人の目には見えない来訪神。海底の宮に住むといわれている。

　古くから「君手摩（キミテズリ）」と同一視されているが、対をなす神と考えられる。17世紀初期、琉球に浄土教を普及した僧・袋中は著作『琉球神道』の中で「キンマモン」の名を記している。これは、「キンマモン」の名前を確認できる最古の文献となる。

　『琉球神道記』によれば「キンマモン」には、陰陽の2つのタイプがあるという。琉球の国土人民を守護するために現れるという神。

●クイチャー

　宮古全域にある野外集団の円陣舞踊のこと。五穀豊穣や雨乞いなどに歌われ、踊られる。宮古の方言で、「クイ」は声を意味し、「チャー」は、合わすを意味する「チャース」が語源であるといわれている。宮古の伝統的な芸能で、集落など地域で独自の踊りがある。円陣を作り、踊り手の半数ずつが交互に歌を掛け合い、足を踏み鳴らし、手を高々とあげて踊る。

●グゥシャン（後生杖）

　来訪神「パーントゥ」が持つ暖竹（だんちく）の杖のこと。（「パーントゥ・プナカ」参照）

●グショー（グソー、後生）

　死後の世界のこと。仏教用語の「後生」と同じ。琉球では、死後、七代して死者の魂は親族の守護神になるという考えが信仰されている。「グショー」である「ニライ・カナイ」は「先祖」が守護神へと生れかわる場所であるといわれている。

●グスク

　奄美大島から八重山諸島に至る地域で、12世紀後半から16世紀に石垣など

で防御された城。多くの場合、見晴らしのよい丘陵地形に建てられている。その数は300〜400ヶ所といわれている。石垣島では、「スク」ともいう。「グスク」の起源には、元々は「ウタキ（御嶽）」を中心にした集落であったものが発展し、城砦化したものとする説など様々な説がある。

●クバ（蒲葵）

　学術名を「枇榔」という。沖縄の方言名：クバ。ヤシ科の常緑高木。別名：ホキ。漢名：蒲葵。古名：アジマサ。葉は掌状に広がる。葉先は細かく裂けて垂れさがるのが特徴。中国大陸の南部、台湾、日本の南西諸島および九州など東アジアの亜熱帯の海岸付近に分布する。

　古代の天皇制においては何よりも神聖視された植物で、大嘗祭においては、即位式の前の禊祓いのために天皇が籠る百子帳という仮屋の屋根材として用いられている。沖縄では、古くから神木としてウタキ（御嶽）などに植えられていることが多い。蒲葵の葉は大きくて丈夫なため、笠やクバオージ（団扇）などに加工され、人々に広く利用されている。庭木、街路樹などにも用いられている。

●クバマ海岸

　宮古島の北部に広がる島尻集落のはずれにある海岸。

　宮古島の島尻の代表的な来訪神「パーントゥ」が登場する「パーントゥ・プナカ」で用いられる仮面は「ムトゥズマ（元島・島尻集落発祥地）」にあるクバマ海岸に「蒲葵」の葉に包まれて漂着したと伝えられている。

●クバユー（蒲葵世）

　神と人間の交流を通して実現する戦争のない理想的な世の中のこと。沖縄では、琉球処分・廃藩置県後を、俗に「ヤマトユー（大和世）」というが、「クバユー（蒲葵世）」とは「ヤマトユー」に相対する概念である。宮古島では、天高く伸びる「蒲葵」の木は聖なる常緑の神木として考えられており、神の依代として「ウタキ」に今も数多く植えられている。

　しかし、現在、私たちの暮らしの中には、かつてのように「蒲葵」を使うことがほとんどなくなってきている。その理由としてわたしたちの暮らしが

大きく変化し、「蒲葵」も減少していることが考えられる。そのため、以前は
「蒲葵」が使われていた祭事や行事に「蒲葵」に代わるものが使用されるよう
になり、その意味までもが忘れられようとしている。

●クロツグ

ヤシ科の常緑性低木。トカラ列島以南の奄美群島、沖縄諸島に分布し、森
林内に自生する。

沖縄各地では、「バニン」、「マーニ」などの名で呼ばれている。葉は波
状複葉。株立になり、幹は黒い繊維でおおわれている。八重山には近似種
で、果実の小さいコミノクロツグが分布する、

この「クロツグ」は沖縄県宮古島の来訪神「パーントゥ」の行事で用いら
れる。野原の「サティパロウ」(里祓い)と呼ばれる「パーントゥ」の行事は、
毎年、旧暦12月の最後の丑の日に行われ全戸の婦人と小学生高学年の男子が
参加する。この時、婦人たちは頭や腰に「クロツグ」と「仙人草」を巻きつ
け、両手には「藪肉桂」の小枝を持つ。行事の最後に集落の南西端で身に纏っ
た「クロツグ」と「仙人草」を打ち捨てる。

●クロマタ

沖縄県八重山諸島の「豊年祭」、「収穫祭」に登場する豊年をもたらす来訪
神。西表島の古見を発祥とし、石垣島宮良、小浜島、新城島、上地島など
に伝わる。古見では、「アカマタ」、「クロマタ」、「シロマタ」の3神が登場し、
他の地域では、「アカマタ」、「クロマタ」の2神が現れる。『沖縄コンパクト事
典』(琉球新報社)では、「アカマタ」の名称は「赤面」を意味する「アカウ
ムティ」と呼ばれる語に由来し、「クロマタ」は「黒面」を意味する「クルウ
ムティ」と呼ばれる語に由来すると記されている。伝承や文献では、「クロマ
タ」は「世持神」や「ニロー」、「ニィールピトゥ」を表象しているといわれ
ている。

●サダル

「サダル」は琉球語(ウチナーグチ)で「先導・先駆け」を意味する。民俗
学者、作家の谷川健一はこの「サダル」を『日本書紀』に登場する「猿田彦」

と結びつけ、宮古島の先導神「サダル」との関係性に着目している。

●サダル神

　先祖神などの神々を先導し、案内する神。宮古島の狩俣には遊行する「祖霊神」を祀る「ウヤガン」という祖霊祭りの祭祀が行われている。その「ウヤガン」の祖霊祭に登場する「サダル神」は文化的な英雄である「猿田彦」と同じであるという説がある。沖縄方言では「サル」は「太陽が輝く」という意味であり、「猿田彦」が太陽神であることと深い関係性が見出せる。

●サティパロウ（里祓い）

　「サティ」は里、「パロウ」は祓いの意味である。来訪神行事「宮古島のパーントゥ」は、島尻と野原（のばる）に伝承されているが、野原では「サティパロウ」と呼ぶ。旧正月前に集落を清め、災厄を祓って新年を迎えるためのもの。旧暦12月の最後の丑の日に行われる。この行事が旧暦の丑の日に実施されるのは牛の霊力を里祓いに取り込むためだといわれている。

　行事で使用される「パーントゥ」の仮面は1体だけである。この仮面の保存は集落の中で、クジで選ばれた婦人が1年間保管する。翌年には改めてくじ引きで選出される。小学生がこれを顔に当て「パーントゥ」になる。服装は普段着のままである。島尻とは異なり、ここでは、「パーントゥ」が人々に泥を塗りつけることはない。この行事では、各戸の代表の婦人たちが「パーントゥ」に同行する。集落の婦人たちは頭と腰に「マーニ」と呼ばれるクロツグとツル草を身につけ、両手には木の葉を持つ。そしてこの木の葉を上下させ、法螺貝（ほらがい）の音に合わせて「ホーイ、ホーイ」とかけ声をかけ、時おり円陣を組んで「ウルル…」と唱え、独特の踊りを踊る。このかけ声と法螺貝の響きから「ホーイホーイブー」ともいう。午後6時頃から始まり約1時間で終了する。

●サルタヒコ（猿田彦）

　『古事記』『日本書紀』の中で「猿田彦」は瓊瓊杵尊（ににぎのみこと）の天孫降臨の際、先導者となった。その後、芸能・舞踊の祖「天宇受賣命（天鈿女命）」（あめのうずめのみこと）と夫婦となり、伊勢に鎮座した。「猿田彦」は天狗の姿と重ねられ烏天狗の名で知られる。「サル」は沖縄方言の「太陽が輝く」を意味する。「猿田彦」が太陽神で

あることから興味深い類似性が見受けられる。

「サダル神」との関係性も指摘されている。(「サダル神」参照)

●シイノキカズラ(椎の木蔓)

マメ科シイノキカズラ属。つる性の常緑小高木。葉は5〜9枚の小葉からなり、長さは15センチから20センチ、小葉は卵形から楕円形。やや光沢があり、無毛、側脈は目立たない。名前は椎木(しいのき)に似ているところからつけられた。沖縄、南西諸島、台湾、中国南部、ポリネシアに分布している。

沖縄県宮古島島尻の来訪神行事「パーントゥ・プナカ」に登場する「パーントゥ」は、身体に「椎(しい)の木(き)蔓(かずら)」を巻きつけ、古井戸の底の泥を身体に塗り、片手で仮面を顔に当て、もう一方の手に「暖竹(だんちく)」で作った杖を持って集落を訪れる。

●シシガナシ(獅子加那志)

沖縄で獅子頭をかぶって行う芸能の獅子舞に登場する獅子。「シシガナシ」の「シシ」は「獅子」を意味し、「ガナシ」は「様」を意味する敬称。お獅子様という意味。旧暦8月15日の十五夜祭では各地で「シシガナシ」と呼ばれる獅子舞のお獅子様が登場する。

沖縄本島北部・宜野座村は伝統的な十五夜アソビ(豊年祭)で奉納芸能として獅子舞などの伝統芸能が行われる。松田地区では、「アシビナー(遊び庭)」に設置された舞台で「シシガナシ」が神聖な来訪神として舞台に登場する。獅子舞には2人立ちと1人立ちの2系統あるが、この地区の獅子舞は2人で獅子頭を扱う2人立ちの獅子舞である。

●シツ(シチィ・節)

1年の節目のことで、年の折り目を祝う祭りのこと。「シチィ」ともいう。「節」、「節祭」と表記する。日本の本土では、冬の「節」が終わって、春の「節」に移る「立春」の前日の「節分」を「筋替わり」と呼んでいるが、沖縄では、旧暦の7月、8月、9月頃に「節替わり」がある。

いわゆる「夏正月」を迎える区切りの日として、来る年の豊作を願った。

西表島の「節祭」は旧暦の8月か9月の己亥の日から3日間行われる。初日は

年の夜といわれ、家屋の内外を清める。2日目は**正月**、いわゆる「夏正月」の元日で、ミルク（弥勒）の行列、島キョンギン（狂言）、棒踊り、獅子舞、アンガマなどの芸能や船競漕が実施される。3日目は**井戸の祈願**が執り行われる。西表島の「節祭」は国の重要無形民俗文化財に指定されている。

　八重山諸島では、かつては、旧暦の8月頃に年の変わり目があった。これを祝う行事が現在も残っているが、これを「シツ」あるいは「シチィ」と呼ぶ。数日にわたる大きな祭りで、地域によっては謎めいた来訪神の登場など、神秘的な要素が残っている。

　この地域の「節祭」は、伝統的な農耕儀礼に基づいて行われてきた行事で、農作物の収穫を感謝し、「若水」を汲んで新しい年の訪れを祝い、1年の豊穣を祈念する。

● シデミジ

　上項で記述した「節祭」に汲む水。若水。（「若水」参照）

● シドゥリャニー

　毎年、旧暦9月、10月の 庚 寅、辛 卯の2日間、竹富島の「タナドゥイ（種子取祭）」で奉納芸能として上演される「島キョンギン（狂言）」のうち、「ジィキョンギン」のひとつ。狂言名の「シドゥリャニー」は「千鳥の群れ」という意味。「浜辺で、千鳥が群れるように、我々人間も集まろう」と村人たちが「タナドゥイ」に集まることを表現している。これに出演する人々は仲筋の最長老の4人。「アブジ（あぶ爺）」と呼ばれる老人が「種子取祭が始まったので、我々も神様にお祈りを捧げよう」と、仲間の3人を誘うという内容。

● シヌグ

　沖縄諸島北部から奄美群島にみられる無病息災、五穀豊穣を祈願する来訪神儀礼。本島北部の国頭村の安田（あだ）では400年近く「シヌグ」の行事が行われている。毎年旧暦7月の最初の亥の日から2日間行われる。国の重要無形民俗文化財に指定されている。隔年で「ウフシヌグ」と「シヌグンクワー」が開催される。

　「ウフシヌグ」の主な行事は「ヤマネブシ（山登り）」。この行事で男たちは

「メーバ（集落の西）」、「ササ（集落の北）」、「ヤマナス（集落の南）」の3ヶ所の山に入って、つる草や草木を身につけ神として下山する。集落で神として迎えられ、人々を草木出で叩いて邪気を祓う。

　夜になると、女性たちは伝統的な古典舞踊「ウシデーク（女性の輪踊り）」を歌い、踊り、無病息災や豊漁を神に祈る。

　「シヌグンクワー」は海神（女性）をメインにした行事で「ヤマシシトエー（イノシシ捕り）」と「コートーエー（魚捕り）」で豊年を祈願する。

●シネリキヨ

　琉球開闢の神話で来訪神「アマミキヨ（女神）」と対になって登場する男神。「アマミキヨ」と「シネリキヨ」は夫婦神といわれている創造神。

●シバサシ

　沖縄諸島で旧暦8月10日頃に行われる物忌行事、悪霊祓いの行事。「シバ」とは、ススキの葉と桑の小枝を束ねたもので、それを家屋の四隅、門、便所、家畜小屋、井戸、水瓶、種ものを入れた容器に挿し、悪霊の侵入を防ぐ。夜は「カシチー」と呼ばれる小豆入りの強飯と酒肴を火の神、仏壇、神棚に供え、息災を祈る。地域によっては、8月9日・10日・11日に行う。この日までに屋敷のヤシチヌウガン（御願）を終える。沖縄本島の中部地域では、集落で牛を1頭殺し、その抜き取った血に「シバ」を浸し、挿した。村落の入り口に祭儀用の左縄（神事のために使われる縄）を張り、それに牛の骨を挿し、「ヤナムン」（悪霊）の侵入を防ぐ祈願をした。これを「カンカー」という。地域により相違はあるが、「シバサシ」と同じ時期に「ヨーカビー」という、やはり悪霊祓いの「御願」がある。「シバサシ」は祓う対象が「ヤナムン」などの悪霊であるのに対し、「ヨーカビー」では、「死霊」を祓う。この時期には、「タマガイ（人魂）」などの妖火が出現しやすいという。青年らは木や山など高いところに登り、火玉や物音によって、1年の吉兆を占った。この期間、子どもたちは「ホーチャク」と呼ばれる爆竹を鳴らし、遊んだので、「ヨーカビ・アシビ（遊び）」ともいわれた。

　『琉球国由来記』（1713）では、この行事の起源について次のように記されている。

「昔、娘が死亡したとして墓に葬られた。3日目に生き返ったので、ススキと桑で祓い、家に連れかえり、祝いをした。その日が8月10日で、以来、人々もそれをまねるようになった。」

●ジョウギモチカンサー

加計呂麻島の瀬戸内町木慈の集落の背後のオボツ山から下ってくる来訪神の大工神のこと。この神は長い建築用の木の定規をもって、敏速に動き、集落をまわり、やがてオボツ山に帰っていくと伝えられている。

●シロマタ

「アカマタ」、「クロマタ」の来訪神は、石垣島宮良(みやら)でも出現するが、「アカマタ」、「クロマタ」と共に「シロマタ」が出現するのは、西表島(いりおもてじま)東部の古見(こみ)だけである。この3神は日が暮れると、「ムトゥ」と呼ばれる森の奥の神聖な場所から現れ、浜に降りて上陸する。まず「アカマタ」と「シロマタ」が一緒に「シロマタ」の「トゥニムトゥ（宗家）」を訪れ、次に「アカマタ」の「トゥニムトゥ」を訪れる。2神は「トゥニムトゥ」を出るとピヌスウタキ（御嶽）へと赴き山中に消える。2神が去ると「クロマタ」が現われる。「クロマタ」は去る時にウタキの前に身につけていた仮装を残していくが、これは来年の豊作の印であるといわれている。

●垂直型の神

『おもろさうし』などでは、「オボツ・カグラ」という天上世界を志向する垂直型の神が記されている。この垂直型の神には、「山の神」のイメージがある。

●水平型の神

『琉球国由来記』では、海の彼方からやって来る水平型の神は「ギライ・カナイ」と呼ばれ、その神には、「海の神」のイメージがある。折口信夫は時を定めて海の彼方からやって来る来訪神を「マレビト」と呼んだが、「マレビト」は水平型の神である。

●スデミズ（孵水）

　蛇が脱皮するように、人間を若返させるという力を持つ水。「スデル」とは、生き物が卵から孵化することをいう。首里城の「お水取り」で使われた水のことも指し、宮古島・島尻の来訪神「パーントゥ」との関わりも認められる。

　「パーントゥ」は、**死**と**再生**の性格をもつ「カー（井戸）」から出現する来訪神である。

　この他、西表島の古見や小浜島の「アカマタ・クロマタ・シロマタ」、石垣島の川平の「マユンガナシ」などにも「スデミズ」にみられる**死**と**再生**の性格が認められる。

●スデル（孵でる）

　八重山列島で、蛇などが脱皮することを指す。八重山では来訪神行事の中で「スデル」という言葉が用いられることがある。「スデル」とは脱皮する、鳥が卵から孵る事を指し、転じて死からの復活を意味する。

　西表島の古見でも、「アカマタ」、「クロマタ」、「シロマタ」が誕生することを「スデル」と表現する。

　琉球の伝説では、古代の人間は蛇と同じように、脱皮したもので、その脱皮ごとに心身ともに若くなったという。

　久高島では「イザイホー」の後に蛇神様の「神送り」をする。この「神送り」の第1日目には、「夕神あそび」と呼ばれる祭事が行われる。神女たちは列をなして祭場の辰巳（東南）から走って、神を招き、祭事を行う場所の「神アシャギ」に入る。この「神アシャギ」で神女たちは、七橋を7度も前進したり、後退したりする所作を行う。この所作は蛇が脱皮する様子を模した「擬き」の場面とされている。第2日目の「頭垂れ遊び」では、神女たちが3重の輪をなして円舞をする。この場面は蛇がとぐろを巻く様子を模した「擬き」の場面とされている。

　久高島は「エブラウミヘビ」の産卵ガマ（洞窟）があるが、この地ではウミヘビは神として祀られ、こうした祭事にも登場し、脱皮の場面が再現される。

　興味深いことに、この「イザイホー」の祭事と同じ日に出雲大社では、「神在祭」、「蛇神様」の「神迎え」が行われる。

●スバーギ

　宮古島の狩俣で行われる「ウヤガン」の祭列の前祓い役。この「スバーギ」は瓊瓊杵 尊（に に ぎのみこと）の天孫降臨の際、先導者であった猿田彦と同様、前祓いの役として登場する。

●スマッサリ

　沖縄県宮古島の島尻では、「パーントゥ・プナハ」の前に行われる年中行事のひとつとして「スマッサリ」と呼ばれる悪霊祓いの儀式がある。この儀式に欠かせないのが「ミーピツナ」と呼ばれる特別な縄である。これは豚の骨を吊るして集落の各所の出入り口に張っておく縄である。悪霊や悪疫が村に侵入してこないようにするための神聖な防御フェンスのような役目を果たしている。この縄にぶら下げられた豚の骨には悪魔を威嚇する見せしめ的な効果があると信じられている。

　島尻では沖縄本島やその周辺の島々の「ノロ」にあたる「ツカサ（司）」によって、「ミーピツナ」を張るために集落の巡拝が行われる。

●スマフサラ

　沖縄本島北部から西表島まで沖縄各地で行われている集落の厄祓い儀礼。「スマフサラ」の呼び名は地域によって、「スマッサリ」、「スマフサラシ」、「スマクサラシ」、「シマクサラシ」などといわれる。村落の端を意味する「シマヌクサーラ」という語が由来といわれている。

●セーファウタキ（斎場御嶽）

　沖縄県南城市の斎場御嶽のこと。「セーファ（斎場）」は「霊威の高い聖なる場所」を意味し、「ウタキ（御嶽）」は沖縄全域にみられる村落祭祀の中核となる聖域の総称。この「セーファウタキ（斎場御嶽）」は、琉球王国の成生神の「アマミキヨ」が創造したと伝えられ琉球王国の最高の聖地といわれている。

　この「セーファウタキ」を管理していたのが、国王と並ぶ琉球最高の神女である「聞得大君（きこえ おおぎみ）」であった。

●センニンソウ（仙人草）

　キンポウゲ科センニンソウ属に分類されるつる性の半低木の多年草の一種。和名の「仙人草」は痩果につく綿毛を仙人の髭に見立てたことに由来する。葉は波状複葉。沖縄に広く分布している。特に屋久島から琉球列島に分布する「仙人草」を「ヤンバルセンニンソウ」という。この植物は、宮古島の来訪神行事である「サティパロウ（里祓い）」といわれる「パーントゥ」が登場する行事で用いられる。この行事は野原地区で毎年、旧暦12月最後の丑の日に行われる。婦人と小学校高学年の男子が参加する。この時、婦人たちは、頭や腰に「クロツグ」と「仙人草」を巻きつけ、両手には「藪肉桂」の小枝を持つ。行事の最後に集落の南西端で身にまとった「クロツグ」と「仙人草」を打ち捨てる。

●ソールイガナシー

　久高島の男性年齢階梯組織の頂点に立つ男性神役。棹をとる者の意味。「ソールイガナシー」は自らが神に祈願し、豊漁を願うばかりでなく、「オナリ（姉妹）」でもある「ノロ（祝女）」によって守護されるという、霊的な力を授けられる上で二重性を持つ。この男性神役を頂点とする男性年齢階梯組織は、本来、仮面・仮装の来訪神儀礼を行う祭祀集団であったと推定される。

●ソールイマッカネー

　久高島の洞窟から出現する蛇の仮面・仮装の来訪神。「ソールイマッカネー」は久高島の1年の最大の節目というべき8月の行事（10〜12日）に登場する。「ソールイマッカネー」は集落内の各家々を訪問し、その家から食べ物のもてなしを受け、盃の交換をして家族の健康を祈願すると共に神酒を各家々から集めて歩く。

●ダートゥーダー

　カラス天狗に酷似した八重山列島の来訪神。毎年、旧暦8月、小浜島のカフネウタキ（嘉保根御嶽）では、キチィガン（結願）祭が開催される。この祭事の2日目に「ダートゥーダー」は登場する。

　この祭りはその年の豊作に感謝し、翌年の五穀豊穣を祈願する年間の農耕

儀礼の行事である。平成6年（1994）12月、文化庁から「重要無形文化財」に指定された。行事は3日間行われる。

初日を「スクミ（仕込み）」、2日目を「ショウニツ（正日）」、3日目を「トゥンドミツ（締めくくり）」と呼んでいる。初日は奉納芸能のリハーサル（総合稽古）で、2日目は神前で舞台芸能が奉納され、3日目で行事は締めくくりとなる。

2日目の「ショウニツ」で「ウヤムラ（親村）」の北集落と「ファームラ（子村）」の南集落の芸能がそれぞれ交互に行われる。来訪神「ダートゥーダー」は南集落の芸能に登場する。

この「ダートゥーダー」の芸能は、しばらく途絶えていたが、平成13年（2001）10月4日のキティガン祭で75年ぶりに復活した。

祭りは北集落が「ミルク（弥勒)」、南集落は「福禄寿」の行列を作り、厳かに登場。ウタキ（御嶽）前で獅子舞、棒術などの芸能が奉納された後、ウタキ前に設営された舞台で、南北に分かれて交互に芸能が披露される。

「ダートゥーダー」は舞台芸能の終盤に行われる。口先の尖ったカラス天狗を思わせる高い鼻の黒い仮面をつけた、4人1組の「ダートゥーダー」が三線とドラの音に合わせて「ダートゥーダー、ダートゥーダー」と低音で歌いながら、登場。棒を床にこすりつけたり、高く振りあげたり、「フッ」という声で、天をさして飛びあがったり、互いに指さしあったりする。最後に2人の「ダートゥーダー」に担ぎ上げあげられた「ダートゥーダー」が、後ろ向きに歩く「ダートゥーダー」に導かれお互いに指さしながら舞台を1周して退場する。こうした指さしは魔除けの呪術的儀礼の意味がある。

来訪神「ダートゥーダー」が登場するこの民俗芸能には、カラス天狗のような高い鼻の黒い仮面から、山岳信仰の修験道の信仰が強く認められる。来訪神「ダートゥーダー」は、修験道の行者・山伏の神格化したカラス天狗神の来訪神といえる。

●タイチュウ（袋中）

沖縄に初めて浄土宗を招来した浄土僧。奥州岩城郡の人。袋中良定上人は慶長10年（1605）に『琉球神道記』（巻5）において琉球には2つのタイプの来訪神がいることを記している。ひとつは天上からやって来る「ギライ・カ

202

ナイ」と呼ばれる垂直型の来訪神、もうひとつは海の彼方からやって来る「オボツ・カグラ」と呼ばれる水平型の来訪神である。しかし、この記述は誤っており、『琉球国由来記』(1713) などの記述によれば、正しくは天上からやって来るのが垂直型の「オボツ・カグラ」であり、海の彼方からやって来るのが水平型の「ギライ・カナイ」という来訪神である。

●タナドゥイ（種子取祭）

　竹富島で毎年、旧暦9月、10月の甲申（きのえさる）から甲午（きのえうま）の日までの10日間「タナドゥイ（種子取祭）」が行われる。祭り期間中には様々な儀式が執り行われるが、特に7日目、8日目の庚寅（かのえとら）、辛卯（かのとう）の2日間には、ユームチオン（世持御嶽）で70余りの伝統芸能が神々に奉納される。

　「ホンジャー」は「仲筋村の父」といわれる来訪神で、この役は代々、仲筋村の生盛家の当主が勤めることになっている。この家の床の間には「ホンジャー」を神として祀っている。

　初めてこの「タナドゥイ」の芸能に出演する人は「ホンジャー」の神前で新入りの儀式が行われる。舞台では、「ホンジャー」は島の国々をまわって穀物の種子を船いっぱいに積んできたことを語る。

●タネオロシ

　稲などの播種期。沖縄の方言でタントイ。旧暦の9月に「タントイ（種取り）」といわれる「タネオロシ」をし、1月から2月に田植えをし、6月から7月には収穫する。この間、「タントイ」の行事が集落ごとに芸能も交えて盛大に行われる。特に竹富島の「タナドゥイ（種子取祭）」は国の重要無形民俗文化財に指定されている。この奉納芸能の中の「島のキョンギン（狂言）」には、「ホンジャー」といわれる「村の父」や「アマンチェ」といわれる天人などの来訪神が舞台に登場する。

●ダンチク（暖竹）

　暖かい地域の海岸近くに生育するイネ科ダンチク属の多年生草。別名「アセ」または「ヨシタケ」。「ヨシ」に似ているが、はるかに大型で高さは2メートルから4メートルになり、茎は太く、竹のようになる。地下茎は短く、横這

い、1本の根本から茎根が数茎に分かれて立ち上がって大きな株立ちになる。
葉は幅広い線形で先端は細く伸びる。

　古代エジプトでは、死人の埋葬の際に「暖竹」の葉で死体を覆う習慣があっ
たという。

　この「暖竹」で作った杖は、沖縄県宮古島の島尻で行われる来訪神行事「パー
ントゥ・プナカ」で使用される。この行事は毎年、9月中旬の2日間行われる。
夕方、集落の古井戸に青年たちが集まり、来訪神「パーントゥ」に扮する。
3人の青年は体に「キャーン」という「椎木蔓」のつる草を巻きつけ、井戸
の底にある泥を身体に塗りつけ、片手で仮面を顔に当て、もう一方の手に「暖
竹」で作った杖を持って集落を巡る。

●チカタカイ（地下他界）

　人間の暮らす世界とは別の世界を他界と呼ぶが、その他界を地下に想定し
たものを地下他界という。「ニルヤ」ともいわれる。沖縄では、仮面・仮装の
来訪神は海の彼方の海上にある「ニライ・カナイ」から来ると信じられてい
るが、来訪神は地下の他界から出現すると信じている地域もある。

　また地下の他界から訪れる来訪神は、海の彼方から訪れる来訪神よりも古
い姿であると提唱する研究者もいる。

●ツカサ（司）

　宮古以南で女性神役。ウタキ（御嶽）の神事をつかさどる巫女の一種。集
落ごとにいて、集落の豊穣祈願など全ての神事を扱う。

　宮古島では、祭事を行うウタキ（御嶽）が数多くあるが、このウタキで祭
事を行うのが、「ツカサ」で、その上には「ウブアム（大阿母）」がおり、こ
の「ウブアム」が宮古島の「ツカサ」を統括する。

　「ツカサ」は宮古島で遊行する祖霊神を祀る「ウヤガン」においても神事を
行う。

　また宮古島の島尻で行われる「パーントゥ・プナハ」の神事では、「ミーピ
ツナ」を張るために巡拝をする。

●ツツムトゥ

　宮古島の島尻の集落は3つの里に区分され、「ツツムトゥ」は「パイ（南）里」地区の「ムトゥヤ（元家）」である。

●テダ

　太陽を意味する沖縄の古語。原義は太陽であるが、後に世の中を明るく照らし、生命の源である「テダ（太陽）」にたとえて、時の支配者また権力者である按司（王族で王子の次の位階の称号）や王などを賛美し、敬称する言葉として使われるようになった。古くは按司を「主テダ」とも称した。

　「太陽」を意味する現代の沖縄方言は「ヒー」と「フィー」の2系統がある。そのうち「ヒー」は本土方言で使われている「お日様」の日に由来しているとされるが、「フィー」の語源については諸説あり、現在、定まっていない。近年、この諸説を比較検討し、太陽をあらわす「天道」の語が「フィー」の語源とするのが妥当であるとする説が支持されている。

●テダ信仰

　テダ思想は、太陽の光を浴びて受胎した女性から子どもが生まれたとする「日光感精説話」を媒介として形成された。「テダ」は神話的な「日神」として『おもろさうし』の時代には、地方で素朴な「テダ信仰」がなされていたとされる。やがてこの「テダ信仰」が琉球王朝にも伝播されるようになると、国王は「日神（テダ）の末裔」であるとされ、より複雑な「テダ信仰」が伝播されるようになる。

●テルコ・ナルコ

　はるか海の彼方にあって、この世に豊穣をもたらす理想郷のこと。沖縄の「ニライ・カナイ」の信仰とほぼ一致する観念。奄美の各地にその信仰を示す伝承があり、来訪神はそこからやって来ると信じられている。

●テンジョウタカイ（天上他界）

　人間の暮らす世界とは別の世界を他界と呼ぶが、その他界を天上に想定したものを「天上他界」という。『おもろさうし』に語られている「オボツ・カ

グラ」は天上他界からやって来る垂直的な来訪神と考えられている。

●トゥマズヤームトゥ

「トゥマズヤームトゥ」は宮古島島尻の「上里」地区の「ムトゥヤ（元家）」という意味である。

宮古島の島尻の集落は3つの里に区分され、それぞれに「ムトゥヤ（元家）」がある。「ウプヤームトゥ」は「中里」、「ツツムトゥ」は「南里」の「ムトゥヤ」である。

「上里」の「ムトゥヤ」は住居になっていて、「パーントゥ」祭事の行われる「イビ」と呼ばれる「拝所」は屋敷内の東の隅にある。この祭事は「ムトゥズマ（元島）」の「ウパッタヌスシバラムトゥ」と、里の3つの「ムトゥヤ」で行われる。

●ナカ（中）パーントゥ

宮古島島尻で使われるパーントゥの仮面は現在、3面ある。その中で「ウヤ（親）パーントゥ」はクバマ海岸に蒲葵の葉に包まれて漂着した仮面だといわれており、あとの2体はそれを模して後に作られたという。南里に保管されている仮面が「ナカ（中）パーントゥ」といわれ、伊川玄福家に保管されているのが、「ファ（子）パーントゥ」である。

●ナビンドゥ

鍋のような凹状の聖域の洞穴のこと。古見の「アカマタ・クロマタ」は、この「ナビンドゥ」という聖域の洞窟に姿をあらわす。

●ナルコ・テルコ

奄美群島から沖縄諸島北部にかけて分布する神概念。民俗学者の柳田國男の著した「海上の道」の中で「2月に迎え4月に神送りする神」との記述がみられる。海の彼方から訪れる来訪神。

●ニーラ・コンチェンマ

井戸を掘った時に深い底にいる虫のこと。「コンチェンマ」は虫のことをい

う。「ニライ・カナイ」の「ニライ」も「ニーラ」といわれており、この地底にいる虫が「ニーラ・コンチェンマ」といわれているところから、「ニライ・カナイ」は「地下他界」であると想定されている。

●ニーラ底

八重山の人々は、「ニライ・カナイ」が地の底にあると考えているそして八重山では、地下の深いところを「ニーラ底」という。(「ニライ・カナイ」の項参照)

●ニーラ・ハナー

「ニライ・カナイ」のこと。(「ニライ・カナイ」参照)

●ニーリ

宮古の古い歌謡のひとつ。平良市狩俣の「ウヤガン(祖神祭)」などで歌われる。「ニーリ」は夏祭りの中の「ムプブーズ」と呼ばれる「五穀祭り」の際、4日間、毎日、歌われる。歌うのは、男子のみ。歌う場所は狩俣の北の集落にある「ウプグフムトゥ(大城元)」のみである。

狩俣には伝承されている「狩俣のニーリ」はひとつのみ残されている。その歌詞には「トゥイミャ(豊見親)」の語がある。これは15世紀末から16世紀の初めの島の権力者・宮古島の豪族であった中曽根豊見親の名前である。このことから「狩俣のニーリ」が成立したのは、1550年代と推定されている。

●ニーリアーグ

宮古島で古くから歌い継がれている神に祈りや願いを捧げる神歌。

無伴奏で神に祈りを捧げるための歌を「ニーリ」と呼び、「祈りの歌」や「願いの歌」のことを「ニーリアーグ」と呼ぶ。内容は豊作・豊年や宮古島の歴史上の英雄や権力者などを讃えるものである。

●ニッジャ

琉球王国の誕生以前から沖縄では、「ニライ・カナイ」という他界信仰が認められるが、宮古島では、「ニライ」は「ニッジャ」と呼ばれる。(「ニライ・

カナイ」参照)

●ニライウブヌシ

「ニライ・カナイ」の主神。別称「ニライ大王」、「ニランタフヤン」。

『おもろさうし』には、「テダが穴」という言葉がある。これは「太陽の穴」を意味する。『おもろさうし』の時代には、「テダ（太陽）」には「穴」があったと考えられていた。この穴を通して「日神（太陽神）」は朝晩に出入りしていたとされる。昼間は人間の世界を照らし、夜にはこの穴を通して地下へ渡り、「ニライ底」を照らしたとされる。この「ニライの底」こそ「ニライ・カナイ」で、「ニライウブヌシ」と呼ばれる「ニライ大王」の居場所といわれている。この伝説には、「地下他界」の考えが反映されている。

●ニライ・カナイ

琉球文化圏で、海のはるか彼方、海底や土の底などにあると信じられている楽土、理想郷のこと。そこから来訪神がやって来て農作物の豊作をもたらし、集落の繁栄と人々の健康を招来するという来訪神信仰のひとつ。地域によって呼称は異なるが「ニライ・カナイ」はその総称として用いられている。別称として「ギライ・カナイ」、「ニルヤ・カナヤ」、「ミルヤ・カナヤ」などの対語表現がある。また地域によっては、単に「ニライ」、「ニレー」、「ニーラン」、「ニッラ」、「ニロー」などと表現されることもある。「ニライ・カナイ」から来訪神がやって来て「ユー（幸福・豊穣）」をもたらしてくれるという信仰は琉球文化圏の各地にみられるが、その信仰の表出は地域によってかなり異なる。

例えば、西表島の古見などに伝承される「アカマタ」、「クロマタ」の祭祀は、仮面、仮装の来訪神の行事であり、折口信夫が「マレビト」と呼ぶ来訪神儀礼である。この儀礼では、来訪神は地下、「ニーレスク（大地の底）」から出現する。「アカマタ」、「クロマタ」が「ニーレスク」から出現することから、「ニライ・カナイ」を地下と考えていることが分かる。それは、井戸の底、地下深い場所にいる「コンチェンマ（虫）」を「ニーラ」の虫、「ニーラ・コンチェンマ」と呼ぶことからも明らかである。このように八重山諸島の人々は「ニライ・カナイ」が、「地の底」にあると考えている。

また宮古島・島尻の仮面・仮装の来訪神である「パーントゥ」は、「ンマリガー」と呼ばれる井戸から出現する。井戸の底は地下には違いないが、地下深く果てがないので海の底に通じている。その海の底から海のはるか彼方にある「ニライ・カナイ」まで行けると信じられている。

　また竹富島の豊穣祈願の神事「ユークイ（豊穣を乞い願うこと）」や沖縄本島北部の「ウンジャミ（海神）」の祭祀のように、具体的な来訪神が出現するのではなく、神の去来は集落の人々や神役たちの儀礼的所作や神歌によって、象徴的に表現される場合もある。この場合は、どこから来訪神が到来し、どこへ去るのかは不明である。

　「ニライ・カナイ」が海の彼方にあるのか、地底にあるのかは、地域によって様々に伝えられている。沖縄本島の西海岸にある集落では、西の海の彼方に向かって「ニライ・カナイ」の神を送る儀礼を行っている。この地域では、「ニライ・カナイ」の神は、はるか彼方の海からやって来ると信じられている。また宮古諸島の多良間島（たらまじま）では、人は死後、「ニッラ（ニライ・カナイ）」の神の許に行くという観念がある。この地域では、「根の深い草」を表現するのに「根がニッラまで届いている」という。この表現からこの地域の人々は「ニッラ（ニライ・カナイ）」が地底にあると信じていることがわかる。このように「ニライ・カナイ」が何処にあるかは沖縄県内でもかなり異なっている。

　「ニライ・カナイ」の信仰が海の彼方、地底などに結びつく神観念を示すものであるならば、それに対比するものとして「オボツ・カグラ」という天上世界を志向する神観念が沖縄最古の歌謡集『おもろそうし』にみられることも注目すべき点である。

●ニライダイオウ（ニライ大王）

　「ニライ・カナイ」の森羅万象を司る神。「ニライウブヌシ」を指す。

　沖縄県石垣市川平で行われる来訪神行事「マユンガナシ」は旧暦9月戌亥（いぬい）の日に行われるが、この行事の5日目には、「ニライ大王」を「ニライ」の国に神送りする行事が行われる。（「ニライウブヌシ」参照）

●ニランタフヤン

　ニライウブヌシ（ニライ大王）の別称。（「ニライウブヌシ」参照）

●ニロー

石垣島宮良では、「アカマタ」、「クロマタ」のことを「ニロー神」と呼ぶ。「ニロー」とは、「底がわからないほど深い穴」の意味で、地の底にあるといわれる「ニライ・カナイ」のことを指すといわれている。(「アカマタ・クロマタ」参照)

●ノロ（祝女）

奄美・沖縄諸島で村落祭祀を司る女性祭祀の長を指す言葉。

民間の巫女である「ユタ」とは異なる。地域の祭祀をとりしきり、ウタキ（御嶽）を管理する。「ヌル」、「ヌール」とも発音される。

「ノロ」の語源は古代朝鮮の「ノレ（謡う）」、「ノリ（遊ぶ、神と人間の交流を意味する）」に由来するといわれている。伝統的には、「ヌルクミー」、「ヌルガナシー」と尊称をつけて呼ばれた。『おもろさうし』などでは、「ノロ」に「祝女」の漢字を宛てることが多い。琉球王国の時代、「ノロ」には、集落の「祝女」と宮廷の「大君」がいた。「祝女」と「大君」は女性祭祀の二大区分であった。

「ノロ」は「聞得大君」を長とする王国の祭祀制度の末端に位置づけられ、王府から就任の認可や役地の給付を受け、同時に祭祀内容の統制を受けた。その伝統を受け継ぐ「ノロ」を「公儀祝女」という。「公儀祝女」は「ヌルドゥンチ（祝女殿内）」の祭祀、祭具、「祝女地」などを代々受け継ぐ。「ヌルドゥンチ」は「ヒカン（火の神）」と「ノロ」の位牌などを祀る祠で「ノロ」の住まいに付設する場合と別個の場合がある。その原型は「ノロ」の住居の「カマド神（火の神）」だったと考えられる。伝領の祭具には、玉ガフェラ（祭祀の時につける玉を連ねた首飾り）、神衣装（祭衣）などがある。「祝女地」は王国時代、「ノロ」に給付された田畑。「ノロ」は原則として終身務める。「ノロ」の葬儀には、祭司たちが神衣裳をつけて参加し「ウムイ」と呼ばれる祭式歌謡を謡うなど特殊な儀礼があったといわれている。

現在では、「ノロ」を巡る宗教的状況は社会や生活様式の変化、「ユタ」の介入などによって流動化している。(「ユタ」参照)

●パーントゥ

　「異様な形相をした化け物」を意味する言葉。沖縄の宮古島の島尻と野原^{のばる}では「パーントゥ」と呼ばれる来訪神が地下他界からやって来て、人々の災厄を祓い、幸運をもらすと古くから信じられている。異形の仮面を手にして練り歩く姿が有名である。この仮面の来訪神は宮古島の内外から注目を集めている。現在、年中行事として「パーントゥ」の祭祀を実施しているのは、島尻の「パーントゥ・プナカ」と野原の「サティパロウ」である。

　島尻集落には、東海岸沿いに「ムトゥズマ（元島）」という旧集落がある。「ムトゥズマ」には、「フツムトゥ」と「ウパッタヌスシバラムトゥ」があるが、人々は住んでいない。この「ムトゥズマ」から西側の台地に現集落がある。現集落は「ウィ（上）」、「ンナカ（中）」、「パイ（南）」の「サトゥ（里）」に分かれ、それぞれの「サトゥ」には、「ムトゥヤ（元家）」がある。この「サトゥ」の「ムトゥヤ」は住居になっていて、「パーントゥ・プナカ」が行われる「イビ」という拝所は屋敷内の東隅にある。「パーントゥ・プナカ」は「ムトゥズマ」の「ウパッタヌスシバラムトゥ」と「サトゥ」の3ムトゥで行われる。

　野原の「サティパロウ（里祓い）」は島尻の「パーントゥ・プナカ」のように特別の扮装もせず、仮面を顔につけるだけである。いずれも1993年に国の重要無形民俗文化財に指定され、2018年には、「来訪神「仮面・仮装の神々」のひとつとして国際教育科学文化機構（ユネスコ）の無形文化遺産に登録された。

●パーントゥ・プナカ

　地下他界から来訪する神「パーントゥ」の出現する祭りのことで、宮古島北部、島尻での呼び名。旧暦の9月に行われている。

　「プナカ（里願い）」の年中行事のひとつとして実施される。ここの「パーントゥ」で使用される仮面は3面である。ひとつは、クバマ海岸に蒲葵^{くば}の葉に包まれて漂着したと伝えられている「ウヤ（親）パーントゥ」の仮面で、普段は集落発祥の地とされている「フツムトゥ」に保管されている。この他の2体の仮面は、「ウヤパーントゥ」を模して作られたという。ひとつは「ナカ（中）パーントゥ」と呼ばれ、もうひとつは「ファ（子）パーントゥ」と呼ば

れる。いずれも木製の仮面であるが、3体の仮面のうち、「ウヤパーントゥ」が最も厳しい表情をしている。それは宮古島の人々が「パーントゥ」を鬼のような「怖い存在」として認識しているためである。

島尻では、「パーントゥ」に扮するのは集落の若者たち。全身に「キャーン」と呼ばれる椎木蔓のつる草を巻きつけ「ンマリガー」と呼ばれる古い井戸の底の泥を塗り、手には仮面と暖竹で作った「グシャン（後生杖）」を持つ。こうして3体の「パーントゥ」は集落の民家をそれぞれ訪れ、途中で行き違う人々に泥を塗りつけ、厄を払う。この泥には人々を無病息災にし、幸福にする効果があると信じられている。

3体の「パーントゥ」は夕刻から約2時間、それぞれ集落を巡り、やがて村はずれで合流し、「ムトゥズマ」の海岸に向かう。そこで、3体はそれぞれのつる草を海に流し、仮面と身体を洗う。

2日目も1日目と同じように集落を巡るが、「パーントゥ」に扮する者は1日目と別人である。

●ハシカノカンサア

奄美大島の加計呂麻島の瀬相では「麻疹」の神、疫病神が来訪神としてオボツ山から子どもたちに「麻疹」を与えるためにやって来る。

●バッケバッケ

鹿児島県瀬戸内加計呂麻島の芝の集落（42世帯）で、豊年祭の前夜に行われる来訪神行事。手製の仮面などをかぶり、仮装した子どもたちが「バッケ、バッケ」と歌い踊りながら家々を巡り、お菓子などを貰って歩く。

「加計呂麻島のハロウィン」と呼ばれているが、「バッケ」は「お化け」の意味ではなく、「おばさん」の意味。昔は、旧暦の8月の初丙（アラセツ）の前夜に実施されていた。

行事の当日、子どもたちは公民館に集まり、西と東の2組に分かれ、島太鼓の「チジン」と松明の灯りに先導され、各家々を巡る。子どもたちは、「バッケ、バッケ、トーティプリ、ムレガド、キャーオスカアタラシャアリンショチム、クレッタボレ。（おばさん、おばさん、カボチャ、もらいにやって来ましたよ、惜しい物でしょうが、ひとつ分けてください）」と唱えながら、各家

を訪問する。家主は子どもたちにお菓子などを与える。

　今は薩川小学校や古仁屋小学校の子ども会の子どもたちによって行われている。

●ハマオリ（浜下り）

　沖縄では、旧暦の3月3日に行われる行事。この日、潮干狩りを行う。浜におりて、海水に身体を浸して身を清めるという民間信仰によるものである。3月3日以外でも、鳥が家の中に飛び込んで来るなどの不吉な前兆があれば、いつでも「ハマオリ」をして災厄を払う。

　沖縄のこの行事の由来は、次のようなものである。「ある娘が美男子と通じて子を身ごもったが、その男の正体は「アカマタ」と呼ばれる蛇が化けた「マジムン（妖怪）」だった。そこで、娘は海に飛び込んで、身を清め、「アカマタ」の子どもを流した。それが「ハマオリ」の由来であるとする話が伝えられている。

●ビジュル信仰（石神信仰）

　沖縄本島でみられる霊石信仰。沖縄では、「ビジュル」は「石神」を意味し、その「石神」を信仰する、いわゆる「石神信仰」の形態をなすもの。沖縄県下には、「ビジュル」は91ヶ所あるといわれている。豊作・豊漁・子授けなど様々な祈願がされる。例祭は旧暦の9月9日。「ビジュル」は16羅漢のひとつ「賓頭盧（びんずる）」の訛った言い方である。釈迦の弟子で、16羅漢の中で第一の尊者といわれている。

　「ビジュル」の多くは人の形をした自然石で「ガマ（洞窟）」などに祀られている。

　沖縄県沖縄市泡瀬（あわせ）の地区では、このビジュル信仰が顕著である。泡瀬の「ビジュル」の形態は陽物（陰茎）の形をした自然石である。安置されている場所は神社にならって神殿を作り、扉の奥に「ビジュル」を祀る。この地域では、無病息災、子授かり、航海、交通安全などを祈願し、年中行事のひとつとして「ビジュル参り」をする習俗がある。祭祀は男性司祭者にゆだねられており、その係を「ビジュルヒチ」と呼んでいる。

　沖縄県大宜味村謝名城（おおぎみそんじゃなぐすく）は来訪神の祭祀で知られているが、その祭祀に至る

までの神々が通る「神道（ハミミチ）」の要所には、石神の「ビジュル」が2つある。この「ビジュル」は持ちあげることによって、吉凶の判断をする石である。

●ヒニャハムガナシ

奄美大島南部で火の神のこと。（「ヒヌカン」参照）

●ヒヌカン

沖縄や奄美群島で信仰されている火の神（竈神）のこと。奄美大島南部では、火の神のことを「ヒニャハムガナシ」ともいう。「ウカマヌカミ」、「ウカマガナシー」、「ウミチムン」などは別称。

「ヒヌカン」は家庭の守護神。主婦は家族の加護を願って台所に祀る。

琉球神道では、ウタキ（御嶽）信仰と「ヒヌカン（火の神）」信仰は二大潮流をなすものといわれている。「ヒヌカン」は琉球神道では「テダ（日神）」と同一視され、アジ（按司）や国王の実権の所在を表徴する役割を持つに至った。

●漂着神（ヒョウチャクシン）

潮流や風によって浜に流れ着いた漂着物を神として祀る信仰で寄神ともいわれる。この信仰の基盤には「ユイムン（海から寄せてくるもの）」は神の贈り物とする考えがある。漂着神として祀られてきたものは、古くは鯨があり、その他、流木など海辺に打ち上げられたものが漂着神として祀られた。

宮古島の「パーントゥ」の起源は、クバマ海岸に蒲葵の葉に包まれた仮面が漂着したことによると伝えられている。この「パーントゥ」の仮面も漂着神と考えられる。

●ビロウ（枇榔）

ヤシ科の木。古名は「アヂマサ」。沖縄方言では「蒲葵」という。別称は「ホキ」。葉は掌状に広がる。葉先は細かく裂けて垂れ下がるのが特徴。分布は中国南部、台湾、沖縄、南西諸島、九州などに自生。沖縄では、枇榔の葉は扇や笠に用いられる。乾燥させたビロウの葉で編んだ琉球列島の「クバ笠」は

漁師や畑仕事をする人に重宝された。またこの「クバ笠」は沖縄の来訪神の表象としても用いられている。

沖縄では、枇榔は神木としてウタキ（御嶽）などに植えられている。折口信夫はこの枇榔に扇の原型を見出し、扇は風に関する呪具であったとする。

●ファーマー（花子）

石垣島に受け継がれている来訪神「アンガマ」は、「ファーマー」（花子）と呼ばれる子孫を連れて現世に現れる。（「アンガマ」参照）

●ファ（子）パーントゥ

宮古島の島尻の集落で、「パーントゥ・プナカ」で用いられる仮面。「ウヤパーントゥ」の仮面を模して作られた2つの仮面のうちのひとつ。もうひとつの仮面は、「ナカ（中）パーントゥ」と呼ばれる面。（「パーントゥ・プナカ」参照）

●プーリィ（豊年祭）

豊年祭のこと。旧暦6月に行われる稲や粟の収穫祭。地域によって名称は異なる。「プーリィ」、「プーリン」、「プイ」、「ウガンフトゥティ」など。ウタキ（御嶽）で豊年祈願を行い、奉納舞踊や綱引きなど、芸能や神事、来訪神行事が行われる地域もある。西表島の古見、新城島、小浜島、石垣島宮良では、「アカマタ」が執り行われる。

鳩間島では、「ミルク（弥勒)」が登場する。2日間から4日間続く地域もあり集落全体で神に豊作を感謝する。

●フェーヌシ

南島踊りで、天狗のシンボルである棒を使った芸能である。複数の人数で1組になって演じられる。棒踊りの演舞や飛び上がる所作、奇声を発するなどの特色がある。そこには、猿田彦という異形の神の痕跡が認められる。

●フクルクジュ（福禄寿）

七福神の1人福禄寿のこと。寿老人とも呼ばれる。名称の福禄寿は道教で強

Ⅱ 琉球文化圏の仮面・仮装の来訪神

215

く希求される(1)幸福、(2)財産、(3)長寿の三徳を具現化している。福禄寿は背が低く、長い頭で長い髭、杖を持っている姿で描かれている。

　沖縄では、「福禄寿」は『中山紀略』に1663年、御冠船の宴会にその名前が登場している。

　近世になって「フクルクジュ」は「ミトゥクルヌ神」と呼ばれ、「子ウェーキ」、「銭ウェーキ」、「命ウェーキ」の3神の複合された存在として認識されるようになる。

　さらに「七福神」の1人として宝船に乗る福禄寿の姿には、時を定め、海の彼方から船に乗って福をもたらしにやってくる来訪神の性格が認められる。

●フサ

　沖縄県宮古島の狩俣で古くから謡い継がれてきた神謡のこと。「フサ」は正しくは「カンフサ」と称し、「神の草」という意味。これは冬の祭りの「ウヤガン祭」の時のみ歌われる。内容は祖先神「ウヤーン(親神)」の誕生や狩俣の神話や歴史などで、特に祖先神の降臨を祝う神歌。この「フサ」は祖先神「ウヤーン」に扮した神女たちによって謡われる。神女たちのうち、「フサヌス」という役の神女が先導して謡い、他の神女たちが、その後について謡うという形式をとる。「フサ」の数は23首。「フサ」と「フサ」の間には「オロオロオロ」という裏声のような高い声で呼び合う。これは鳥の声を模したものとされる。この「フサ」には祖先神「ウヤーン」に対する強い信仰が認めれ、そこには宮古島・狩俣の社会で生きる人々の根拠がはっきりと示されている。

●フサマラー

　沖縄県八重山郡竹富町波照間島の旧暦7月14日ムシャーマ(豊年、豊漁と祖先供養を祈願するお盆の伝統行事)で行われる「ミチサネー(仮面行列)」に登場する雨降らしの来訪神のこと。

　ムシャーマの仮面行列に現れる「フサマラー」は、かぼちゃのような仮面をかぶり、ヘチマのつる草に身を包む。昔は、仮面がひょうたんで作られたが、現在はハロウィンのような仮面になっている。この来訪神は「雨の神」といわれ、「フサマラー山からやって来る」といわれている。そして村の中の

井戸を巡るという。「フサマラー」という語には、「草から生まれる」という意味もある。

●フサマロ

　新城島・上地島の「アカマタ」、「クロマタ」は親子合せて4神出現するが、子どもの「アカマタ」、「クロマタ」のことを「フサマロ」と呼ぶこともある。

●フダチィミ

　西表島祖納・星立で行われる「シチィ（節祭)」で、豊穣を招来する「アンガー」行列に登場する。黒い披衣をすっぽりかぶって行列の先頭を歩く女性のこと。「フダチィミ」は1500年頃に祖納の長であった豪族の娘が異国に連れ去られ、数年後に島に戻って来たが、村人と顔を合わせるのが嫌で黒い布をかぶったことが始まりと伝えられている。

●フツムトゥ

　宮古島島尻のムトゥズマ（元島）で、「パーントゥ・プナカ」で使われる最も古い仮面である「ウヤパーントゥ」を保管してある拝所。（「パーントゥ」、「パーントゥ・プナカ」参照）

●プナカ（里願い）

　里願いのこと。（「パーントゥ・プナカ」参照）

●フボーウタキ（フボー御嶽）

　久高島の「フボーウタキ」は「ニライ・カナイ」から神々が来臨したと伝えられる聖地。古来より男子禁制の場所。現在では神女以外は女性であっても立ち入り禁止となっている。年2回（旧暦2月・9月）には「アカハンザァナシー」という来訪神の祭祀が行われる。（「アカハンザァナシー」参照）

●ホーイホーイ

　宮古島野原の来訪神行事「サティパロウ」の際に、婦人たちが発するかけ声。（「サティパロウ」参照）

●ホーイホーイブー

　宮古島の野原の「サティパロウ」（「パーントゥ」）の行事は集落では、かけ声とホラ貝の響きから「ホーイホーイブー」と呼ばれることもある。(「サティパロウ」参照)

●ホンジャー（大長者）

　竹富島の「タナドゥイ（種子取祭）」の8日目に仲筋村の奉納芸能として上演される演目、踊りキョンギン（狂言）「仲筋ホンジャー」に登場する翁姿の神。「ホンジャー（大長者）」は芸能の統括者、責任者であり、芸能の神様として君臨する神。その姿は白髪の翁で、鉢巻をしており薄（すすき）に粟（あわ）の穂をつけた棒を持つ。「ホンジャー」は「仲筋村の父」と伝えられ、生盛家の当主が代々その役を務め、当主の家の床の間には、「ホンジャー」が神として祀られている。この神は島々を巡って穀物の種子を船満載に詰め込み、竹富島の仲筋村に伝えたとされ、121歳と伝えられている。「タナドゥイ」の奉納芸能に初めて出演する人は「ホンジャー」の神前で「新入り」の儀式が行われる。

●マータ

　先を結んだ薄（すすき）。宮古島島尻で行われている「パーントゥ・プナカ」で、「パーントゥ」の仮装で頭部のつる草のところに「マータ」と呼ばれる先を結んだ薄（すすき）を差し込み固定する。魔除けの呪具として用いられている。

●マーニ

　上記の「マータ」と同様に宮古島島尻に伝承される「パーントゥ・プナカ」で「パーントゥ」に扮装する際に使われる。「マーニ」は薄（すすき）を輪にしたもので、頭部にかぶる。魔除けの呪具として使われる。

●マブイ

　霊魂のこと。「マブイ」には「イチマブイ」と「シニマブイ」の2種類があると信じられている。「イチマブイ」は生きている人間の霊魂であり、「シニマブイ」は死後まもない死者の霊魂のことである。　身体的なショックや身体の不調などによって、「イチマブイ」が離脱したとされる場合、「マブイグ

ミ」（霊魂込め）の儀礼が行われる。

一方、死後もこの世に留まる「シニマブイ」については、あの世へ送り出すためにの「マブイワカシ」の儀礼などが行われることがある。

●マヤの神

八重山の「マヤの神」。石垣島の伊原間周辺に出現する来訪神。

折口信夫は「国文学の発生（第2稿）」で、石垣島の川平の来訪神「マヤの神」について、「春の初めに、マヤの神・トモマヤの神の2神、楽土から船で渡って来て、蒲葵笠に顔を隠し、蓑を着、杖をついて、家々を訪ねて、今年の農作関係の事、其他家人の心をひき立てるような詞を陳べてまわる。つまり、祝言を唱えるのである」と記している。

「マヤの神」は黒い仮面をつけていて、その目と口には貝殻がはめ込まれている。石垣島の博物館には、伊原間の「マヤの神」、「トモマヤの神」の2面の仮面が保存されている。現在、この祭礼は消滅して行われていない。

●マユンガナシ

旧暦9月の戊戌の夕刻、沖縄県石垣市石垣島の川平で、年の節目である節祭り（5日間）の初日に出現する。「年神」の来訪神行事。「マユン（真世）」は「豊かな実りの世界」を意味し、「ガナシ（嘉那志）」は神や王の尊称。つまり、「マユンガナシ」とは、年の節目に出現する「豊かな実りをもたらす年神」である。

白い布で頬かむりをした上に蒲葵笠をかぶり、黒い着物に蒲葵の蓑を着て、6尺棒を持ち、2人1組で各家を訪問する。出発する前に「ニーラスク（ニライ・カナイ）」の方角に向かい「カンフティ（神口）」を唱える。来訪神となった青年たちは、行事が終わるまで集落の人々との会話は厳禁となっている。家々を訪れた「マユンガナシ」は「カンフティ」といわれる祝言を唱え人々を祝福して、次の家に向かう。

この「マユンガナシ」は大和文化圏の「カセドリ」によく似ている。

石垣島では、「マユンガナシが訪れたら、人々は新しい年を迎える」とされ、これを「初正月」と呼んでいる。

川平の集落では、海で難破した旅人の姿で現れた「マユンガナシ」を心を

II

琉球文化圏の仮面・仮装の来訪神

込めてもてなしたバイヌヤ（南風野家）が福を授かったのが、行事の由来だと伝えられている。

●ミーピツナ

これはパーントゥの扮装で、つる草を固定するのに使われる縄である。この「ミーピツナ」と呼ばれる縄は特別なもので、「パーントゥ・プナハ」の前に行われる「スマッサリ」という悪霊祓いの際に、豚骨を吊るして集落の各所の出入口に張っておいた縄である。

●ミルクガマシンコウ（弥勒洞窟信仰）

ガマ（洞窟・洞穴）から豊饒がもたらされると信じられている信仰。「ミルクガマ」は「ニライ・カナイ」から豊かさと幸せをもたらすウタキ。（「ミルクガミ」参照）

●ミルクガミ（弥勒神）

「ミルク」は弥勒の神のこと。沖縄県八重山郡竹富郡の西表島祖納では、七福神のひとつである布袋に似た仮面をかぶり、五穀豊穣をもたらす神として信仰されている。八重山諸島の「プーリィ（豊年祭）」などによく登場する。

ミルクの仮面は仏像にみられる弥勒菩薩とは異なる姿をしているが、これは、布袋和尚を弥勒菩薩の化生とする中国南部の弥勒信仰に影響を受けたものと考えられる。

八重山諸島では、各島に様々な来訪神の「ミルク神」が出現する。出現する時期も地域によって異なっている。石垣島では旧暦6月〜7月の「プーリィ（豊年祭）」、波照間島では旧盆の「ムシャーマ（盆の仮装行列）」、西表島では旧暦8月〜9月の「シチィ（節祭）」、竹富島では「タナドゥイ（種子取祭）」などである。

●ミルクユー（弥勒世）

過去にあった理想的な豊穣の世の中を指す。「ミルク踊り」は八重山の島の人々が「神遊び」をする祭祀の中で、弥勒節にのせて、子どもたちや女性を引き連れ、弥勒に扮した来訪神が踊る。

●ミルクユガフ（弥勒世果報）

弥勒が弥勒世果報（豊穣）を願うこと。八重山諸島の小浜島には、八重山を代表する「小浜節」という民謡が伝えられている。この民謡は島の「ミルクユガフ（弥勒世果報)」を讃えた歌で旋律は哀愁を帯びている。

●弥勒信仰（ミロクシンコウ）

琉球全域に分布する民間信仰で、弥勒菩薩が海の彼方から五穀豊穣と幸せを招き寄せるとされている。八重山諸島を中心とする各地に「弥勒踊り」が伝わっている。弥勒の神は八重山では、「ミルク」と呼ばれ、白い大きな仮面をつけた衆生救済の神といわれている。

●ムチムレ踊り

奄美大島、大和村に伝承される来訪神行事。旧暦10月16日、風呂敷などで顔を隠した男女が無病息災と家内安全を祈願して集落内の家々を賑やかに踊りながら巡る。大火事のあと、無病息災を願って始まったといわれる300年以上前から伝わる厄除け行事。

旧暦10月16日の晩、集落の人々で構成された踊り連は、午後7時頃、公民館に集合した後、チヂン（太鼓）の音にのって踊りながら出発。家々では、その昔、消火に使ったといわれる泥団子をかたどった「カシャ餅」を貰って歩く。

●ムラポーカ

宮古島に伝承される「パーントゥ」の前に行われる「スマッサリ（厄祓い)」の別称。ツカサ（神女）が集落を巡拝し、ミーピツナを張り、来訪神の訪れ前に集落を祓い清め災厄が入って来ないようにすること。「シマクサラシ」、「スマフサラ」などとも呼ばれる。

●ムンチュウ（門中）

日本本土の同族に類似した沖縄の親族集団を指す。始祖を共通にする父系の血縁集団。17世紀以降、琉球王府の士族階級を中心に沖縄本島の南部に発達し、やがて本島北部や周辺の離島にも広がった。

●ヤブニッケイ（藪肉桂）

クスノキ科クスノキ属の植物の一種。常緑高木だが、さほど背が高くならず、せいぜい15メートル程度といわれている。樹皮は灰黒色で滑らか。葉は楕円形で艶が強く、厚くはないが、革質でごわごわしており、波打っていることが多い。沖縄では、「シパニッケイ」や「マルバニッケイ」との雑種らしいものが知られている。福島県以南、四国、九州、沖縄、中国などに分布している。

宮古島の来訪神「パーントゥ」が登場する野原の「サティパロウ（里祓い）」といわれる行事で、婦人たちが両手に持っているのがこの「藪肉桂」の小枝。この行事は毎年、旧暦12月の最後の丑の日に行われる。「パーントゥ」の仮面をつけた小学校高学年の男子1名を先頭に、小学生の男子、両手に「藪肉桂」の小枝を持った婦人たちが続く。婦人たちは、小枝を上下させながら、時折「ホーイ、ホーイ」とかけ声をかけ、一行は集落内を厄払いしてまわる。

●ユー（世）

きわめて多義的な語で、世の中、治世、世代、豊穣のこと。歌謡集『おもろさうし』では「ユー」（世）は「豊饒」の意味を意味する。

●ユークイ（世乞い）

沖縄の豊穣祈願の神事。「ユー」は「豊饒」。「クイ」は「乞い」を意味する。宮古島の各村でも、かつて「ユークイ（世乞い）」が行われていたが、現在知られているのは平良市池間、西原などである。

旧暦9月、神女らが、ウタキに夜籠りして村の豊穣を祈願。翌未明、神となって集落の9ヶ所のウタキをまわりながら、豊穣を祈願する。

沖縄で最も有名な「ユークイ」は、八重山の竹富島の「タナドゥイ（種子取祭）」で行われる。この祭りは旧暦9月に実施されている。この祭は600年続く国指定の無形民俗文化財。この祭で行われる「ユークイ」は、神の使いである「カンツカサ（神司）」を先頭に100人前後が太鼓と銅鑼などを鳴らし、歌いながら、島内の3つの集落の家々を巡る。初めに、根原家を訪れ、その後、各集落に分かれて深夜まで行われる。

●ユタ（民間シャーマン）

　「ユタ」とは「神ダーリ（神がかり）」などの心身異常を経て、ウタキ（御嶽）やガマ（洞窟）などの聖地を巡る修行を行い、先輩の「ユタ」の指導を受けて、巫女となる。ノロ（祝女）に比べると、個人の祈願が中心で、「マブイワカシ」と呼ばれる死者の口寄せ、「マブイグミ」と飛ばれる病気の治療などが巫女としての主な仕事であった。宮古島の地域では、「カンカカリャー」、八重山列島では、「ムヌシリ、ヌシリ、ムヌスー、ニゲーピトゥ」などと呼ばれる。「ユタ」になる人物は幼少期から近隣者の死を予見し、神霊に関わる夢を見るなどの霊的体験をし、周囲から「サーダカンマリ（生れつき霊的な感受性が高い人）」と評されることが多い。また成人したのち、「カミダーリィ」という神霊に由来するといわれる心身不調（巫病）に見舞われることも少なくない。

　「ユタ」の多くは女性だが、男性もいる。男性の「ユタ」は、「ウガン（御願）」という儀礼で、神霊、死霊、祖霊（祖遷霊）などに働きかけ、生者らを加護し、幸福をもたらしてくれるよう、超自然的な存在に祈願する。一方で、超自然的存在によって引き起こされる災厄・不幸を断ち切る。親族の結びつきが強く、祖先祭祀も盛んな沖縄社会では、ユタは重要な祭礼の担い手である。依頼者から相談、祈願を委託された時やウタキ、沖縄の聖地で、沖縄の伝統的な歌の節にのせて託宣・祈願を行う「ユタ」もいる。

●リュウキュウ（琉球）

　沖縄の古名。古くは中国の古代から明代までの時代を記録した『隋書』には、「流求国」（第46東夷）の記載がある。この「流求」が「琉球（沖縄）」をあらわすという説がある。このことから「流求」は「琉球」の古名で隋が命名した名称といわれているが、「流求」は他に台湾をあらわすという説もある。このように古代・中世期の資料では、沖縄か台湾かの判別は難しい。

　唐の時代に書かれた『嶺表録異』には、「流虬」の記事があり、これは沖縄をあらわしているとされる。日本の9世紀以降の資料では、琉球は「留求」と表記され、『今昔物語集』では、「人を（喫）う地」と記されている。

　13世紀の『漂至流球国記』（1244）では、「流求」、「流虬」、「留求」を「流球」と記されている。このように13世紀から14世紀頃の日本では、「琉球」は

奄美以南の沖縄本島を中心とした地域と捉えられていたと思われる。この頃、沖縄本島には、「中山」、「南山」、「北山」の3つの大きな政治領域が形成された。15世紀の前半、「中山王」の思紹（1354〜1421）の長男・巴志王（1372〜1439）が琉球王国の最初の統一王朝を成立させた。在位中（1429〜1439）に首里城を整備し、創建し、中国の明をはじめ、朝鮮などと交易を盛んに行い、「琉球」の繁栄の基礎を築いた。これによって「琉球」は対外的に知られるようになり、名称も「琉球」に統一された。

　琉球王国は450年間（1429〜1879）、琉球列島を中心に存在した王国であったが、明治4年（1871）、明治政府は全国261の藩を廃し、県を置く廃藩置県を実施。翌年（1872）琉球王国は明治政府によって、琉球藩となり、国王は藩主となった。さらに明治12年(1879)、明治政府は首里城で廃藩置県を布達し、同年3月、琉球処分により、琉球藩を廃止し、同年4月沖縄県となった。戦後、米軍の支配下で「琉球」と称された時期もあるが、昭和47年（1972）5月、日本に復帰し、再び沖縄県となり、今日に至る。

●琉球弧

　九州から台湾の間にある島々の総称。弓状に並ぶ島々のこと。一般的には、奄美群島と沖縄県域の島々を指す。琉球列島のこと。

●琉球文化圏

　奄美群島・沖縄諸島では、それぞれの島の文化を総称して琉球文化圏と呼ぶ。この文化圏では、来訪神は**夏正月**に現れる。琉球では、この**夏正月**が本来の節替りであり、1年の節目と考えられている。奄美群島・沖縄諸島では、冬に稲、麦、粟を作る冬作システムで夏に収穫する。奄美大島では、旧暦8月の初丙の日を「アラセツ（新節)」といい、**冬正月**よりも心を込めて祝うという。

●リュウグウ（竜宮）

　中国や日本の各地に伝わる、海神にまつわる伝説に登場する海神の宮殿のこと。竜宮・龍宮とも書く。または竜宮城ともいう。海、川、湖畔、洞窟が竜宮への通路となっているといわれている。中国の伝説や物語では、竜宮の

主は竜王であるとされている。奄美や沖縄などで語られる竜宮は海の彼方、あるいは海底などにあるとされる「ニライ・カナイ」を指す言葉でもあるといわれる。

●リュウグウシン（竜宮神）

　竜宮神、竜宮の神、竜神、竜王のこと。南西諸島の海神信仰は種類が多い。例えば、竜神、竜王、竜宮の神など他に金毘羅、熊野、住吉などの信仰にもみられる。これらのうち、金毘羅信仰は与論島や沖永良部島にもみられるが、濃密に分布しているのはトカラ列島までである。熊野信仰は沖縄本島の琉球八社をはじめ各地に分布し、薩南諸島では、種子島、硫黄島などに大きな痕跡をのこしている。

　竜神信仰は、竜王、竜宮神、竜神などの呼称で日本列島の全地域にみられるが、南西諸島では、竜王と竜宮神（竜宮の神）の呼称が一般的であり、中でも竜宮神（竜宮の神）が多い。

　この竜宮の神は旧暦4月、初寅の日に「リュウグーダー（竜宮の拝所）」を訪れて、6月いっぱい滞在し、10月の「ウヤガン」の祭りにも訪れるという。この期間は初夏のサンゴ礁の海に回遊していくる小魚の漁期と一致し、神が魚を招く期間と考えられる。

●ワカミズ（若水）

　正月の早朝に初めて汲む水で、活力再生の力があるとされる水。「ワカミジ」、「バカミズ」などと呼ばれる。歌謡集『おもろそうし』の中では、「孵で水」と同義に使われている。

　家の男子が集落の古井戸から汲み、神仏に供え、家族の額に水をつける「ウビナディー（お水撫で）」をした。

●ンナフカ

　宮古島宮国などで行われている、人々に豊作をもたらす来訪神を迎え、送る祭事。「ンナフカ」は沖縄の言葉で「仮死」を意味する語。毎年、旧暦9月、壬午の日から3日間、宮古島にある「トマイウタキ」で「ンナフカ」という来訪神儀礼が行われる。「ユークイ」行事のひとつで「ンナフカ」は「福の神」。

現在、宮国をはじめ、新里、友利、砂川、保良、来間などでも実施されている。

●ンマリガー（井戸）

　井戸のこと。古代の宮古島・島尻の人々にとって井戸はとても大切な生活の空間であった。井戸は以前、子どもが誕生した時のお産の水として使われており、死者もこの井戸の水で浄められたという。つまり井戸の水は人が誕生した時と死ぬときにも使われる水であり、さらに若返りのために用いられる「す（孵）で水」であった。沖縄では、集落の共同井戸を「ガー」と呼び、産水を汲む井戸を「ウブカー」といい、「ノロ（祝女）」専用の井戸を「ヌルガー」と呼ぶ。

Ⅲ 混合文化圏の仮面・仮装の来訪神

●アクエキ（悪疫）

悪性の流行病。厄病。または厄病を流行させる神。厄病神。来訪神は、こうした悪疫を祓い、除去する。

●アニト

トカラ列島では、「悪魔」のことを「アニト」と呼ぶ。悪石島では、旧暦7月16日に若者が異形の仮面をかぶり、「枇榔（びろう）」の葉の腰蓑（こしみの）を巻き手首や足首に「棕櫚（しゅろ）」の皮を当て、来訪神「ボゼ」に扮する。

3体の「ボゼ」は「テラ（墓地に隣接する広場）」を出発し、島民が集まる盆踊りの会場へ向かう。会場では、女性や子どもを追いかけ「ボゼマラ」の先端についている「アカシュ（赤い泥水）」を擦りつける。この行為は、「アニト」と呼ばれる「悪魔」を祓う儀式で、「アニト」を祓われた女性は子宝に恵まれるといわれている。

●異郷人款待（イキョウジンカンタイ）

異郷から来訪する者を迎え、食事などを提供して款待（かんたい）すること。この「異郷人歓待」の根底をなす考え方は時を定めて来訪する異郷人を呪術的宗教的な力を帯びた存在とみる考え方である。この考え方は、全国の来訪神の行事にも広くみられる。

鹿児島県薩摩郡下甑島（しもこしきじま）では、混合文化圏を代表する「トシドン」と呼ばれる来訪神が大晦日の晩、集落の家々を年神として訪れ、家にいる子どもに「年餅」と呼ばれる餅を与える。

大和文化圏を代表する秋田県男鹿市の仮面・仮装の来訪神「ナマハゲ」も集落の人々は大晦日の晩、異形の神として来訪する「ナマハゲ」を迎え、款待する。

沖縄県八重山諸島石垣島（かびら）の川平では、旧暦8月の節目に沖縄文化圏を代表する「マユンガナシ」という来訪神が海の彼方から訪れ、人々に豊作と繁栄を

祝福する。各地域の人々はこのように時を定めて来訪する異形の神を款待し、幸福を得た。

「異郷人款待」の考え方は日本ばかりでなく、ヨーロッパでもドイツ、オーストリアなどの山岳地地帯などで古くから認められている。こうした「異郷人款待」の精神によって世界の来訪神の行事は今日まで行われている。

●オーヒチゲー（大日違い）

トカラ列島の悪石島では、旧暦の12月24日から27日をオーヒチゲーの日と呼ぶ。この日、芭蕉の皮で作った「フ結び」という注連縄をネーシ（内侍）が神に供えたのち、村中の全員の首にかける。この「フ結び」には悪鬼災厄祓いの呪力があると信じられている。

●オクダリ神事

薩摩半島の日吉町の日吉神社では、神輿の巡行を「ハマクダリ」といわずに「オクダリ」という。この「オクダリ」は奉納芸能の後、行われる。

●オニメン

鹿児島県三島村の黒島で、9月1日、「黒島大里八朔踊り」に登場する仮面・仮装の来訪神。「オニメン」と称する竹と紙とで使った仮面をつけ、踊る踊りを「メン踊り」と呼んでいる。面には、鬼の面や天狗の面など様々な面が用いられる。腰には、ひょうたんをぶらさげ、棕櫚（しゅろ）の皮で全身おおわれている。「オニメン」は作り物の大きな擂粉木（すりこぎ）と杓文字（しゃもじ）を打ち鳴らしながら、隊列を組んで踊り、人々の厄を祓い、子孫繁栄や五穀豊穣の実りをもたらす。

●オヤダマ（親霊）

祖先の霊（祖霊）のこと。「祖霊」には、3つのタイプがある。①「浮遊霊」②「高祖霊」③「近祖霊」。

①の「浮遊霊」は自分の死を受け入れることができず、現世をさまよっている霊。②「高祖霊」とは「祖霊」から「祖霊神」となり、正月や節の変わり目に来訪神として現れる霊。③「近祖霊」とは亡くなって時間の経過していない霊で、初盆などの「正祖霊」は「近祖霊」が対象となる。「オヤダマ」（親

霊）とはこのうちの「高祖霊」のこと。

●オヤダマ祭（親魂祭）

　先祖の魂を迎え、祝福する七島正月（トカラ列島独自の正月）の別称。先祖を敬い、畏れ、慎む行事である。

　トカラ列島の宝島では、11月30日の晩から始まり12月6日まで6日間祝われる。11月30日の晩に先祖霊である「親魂」を迎え、6日後、「親魂」はあの世へと帰っていく。

　正月に訪れる「親魂」は正月に訪れる「年神」としての性格を持つことから来訪神と考えられる。

●カーゴマー（蚕舞）

　鹿児島県の種子島で1月15日の小正月に白頭巾をかぶり、女装した若者を中心とした一団が家々を訪れ、柳の枝にさした餅団子を持って舞う正月行事。蚕の成長と豊作を願う。この行事は、本来養蚕が盛んだった時代に蚕の成長を祝う行事だったが、現在では、家内繁栄、無病息災を祝う行事として伝承されている。地域によっては「蚕舞」に「ひょっとこ踊り」が加わる地域もある。

　鹿児島県熊毛郡南種子町上中仲西の地区では、「カーゴマー」と呼ばれる蚕に似せた「蚕舞」が小正月の行事として1月の15日に白頭巾に白足袋着物姿の女装した成年男子の踊り子によって地域の各家々を訪問して舞われる。ただし前年に不幸のあった家には訪問しない。青年たちは、公民館で「カーゴマー」を舞った後、各家を訪問し、「カーゴマー」を舞う。

　家に着くと、まず先導役の者が玄関をあけ、「祝い申す」と言って、踊り子が中に入っていく。鉦と太鼓の鳴り物を担当する者は玄関の前で歌う。そして踊り子が座敷に行き、正座して挨拶をすると、「カーゴマー」が始まる。踊り子は「ヨメジョ（嫁女）」と呼ばれていて、踊り子の「カーゴマー」が終わると、家人は集中や寸志などの祝い物を渡し、ご馳走をしてもてなす。すべての家をまわると、再び公民館に戻り、全員揃って、「カーゴマー」を披露し終了となり、あとは宴会が始まる。

　種子島の「カーゴマー」で踊る「ヨメジョ」は「小正月の訪問者」といえ

る来訪神である。

●カズラメン

　鹿児島県三島村の竹島で旧暦8月1日、2日の仮面踊りに登場する異形の仮面・仮装の来訪神。硫黄島の「メンドン」と同系列の来訪神である。茅蓑を纏い、仮面をつけた青年たちは太鼓についてまわったり、子どもたちや女性たちを家まで追いかけたりして、手にした柴で人々を祓い清める。「カズラメン」の面は耳が大きく、鋭く、目も鋭い。口は歯をむき出し、猛々しい形相で、耳下からアゴへかけて髭をつけている。

●カゼ

　長崎県の五島地方に伝わる悪霊（妖怪）のこと。「精霊風」ともいう。盆の16日の朝に吹くといわれ、この風は死人の霊を運ぶため、不幸なことが起こるといわれている。五島では、これを避けるため、盆の16日には、墓や墓地に行かないという風習がある。名称の「精霊風」の精霊は仏教用語で死者の霊を意味する。

　「カゼ」は「悪霊」や「妖怪」の意味があるが、トカラ列島の小宝島では、「ボゼ」も同じように「妖怪」の意味で使われ、「人が死んだら、ボゼが来る」という時には、「幽霊」の意味で使われることもある。

　「カゼ」と同じように、来訪神「ボゼ」は「妖怪」の意味もあるが、同時に「幽霊」の意味もある。

●カセダウイ

　薩摩半島の知覧や入来などで、青年たちが仮装して新築の家を訪れて祝う「カセダウチ」と同系統の「小正月」の来訪神行事。大分県や宮崎県では、「カセドリウチ」といい、宮崎県都城市では、「カセダウイ」という。「カセダウイ」は顔の黒い福の神で、1年の無病息災と五穀豊穣を祈願する。都城市下水流町の代地区では、顔を黒く塗った地元の壮年会らが福の神に扮して、地区内を来訪神として訪問する。

　「カセダウイ」は「カセドリ」の語が「カセドリウチ」の語となり、「カセダウチ」となり、変化したものといわれている。「カセダウイ」は現在、蓑笠

をかぶっていないが、本来は蓑笠姿であったと伝えられている。

●カセダウチ

「七福神」などに扮した仮面・仮装の人々が新築の家にお祝いにやって来る、「小正月の訪問者」といわれる来訪神行事。鹿児島県南九州市知覧町で毎年、1月14日の晩に行われる。

「カセダウチ」の神々が座敷に入ると、座敷には座布団が並べられ膳が用意されていて、座布団の下には割り木が何本か敷いてある。

主人が「さあ、どうぞ、神様たち、座ってください」と言っても、神々は言葉を発せず、ただ「ウウウ」と唸りながら、座る。主人は「さあ、食べてください」と言うので、神々は吸物椀の蓋を取ってみると、椀の中には、黒いオタマジャクシが泳いでいる。神々は椀の中のオタマジャクシを呑み込む。皿には、いっぱい煮しめが盛られているが、よく見ると、生のニンジン、生の大根、生の魚が盛られている。神々はそれらを食べる振りをする。

神々は土産を主人に進呈。それは手彫りの大黒様の像とお金、その他の品が書き込んだ目録。集まった家族は喜んで皆拍手する。

やがて神々は「ウウウ」と唸りながら、立ち上がって縁側から庭に出て門口に行く。この時、家族の者が神々に水をかけ、神々は逃げ出す。

神々を迎える主人の行為には、**歓待**と**虐待**の両面が認められ、「カセダウチ」には、不気味な**恐ろしさ**と**親しみ**の両面が認められる。

この行事の名称は「よく稼いた家」という俗説、「笠取り」からきているという柳田國男の「笠取り説」、折口信夫の瘡を取るという「瘡取り説」など知られているが定説はない。こうした混合文化圏の「カセダウチ」は、大和文化圏の「カセドリ」と呼ばれる「小正月」の来訪神行事と名称も行事内容も酷似しており、同系統の来訪神行事と想定できる。わが国の「カセドリ」の南限はトカラ列島の平島であるといわれているが、そこでは枇榔の葉の蓑をつけ、枇榔笠をかぶった神が家々を訪れる。

●クサイモン（福祭文）

鹿児島県種子島の来訪神の正月行事。正月の神の「年神」の代わりに青壮年や子どもが各家を訪問し、門口で「クサイモン（福祭文）」を合唱しその家

の幸福と繁栄を祝う行事。「クサイモン」の合唱が終わると、祝い餅を貰って帰る。最近は、家人が祝い餅の代わりに金銭、菓子、果物などを渡すことが多い。

「クサイモン」の青壮年や子どもたちは、前年に不幸のあった家や注連縄が飾っていない家には訪れない。

「クサイモン」の「祭文」は祭儀の場で、迎える神や仏の由来、儀礼の内容が盛り込まれた独特の節を伴ったもの。「祭文」は本来、法会修法にあたり、祈願願意を述べたもので、修験者の関与により、「祭文」と呼んだ。その後、「祭文」は山伏などが神仏の由来などを説く「祭文」と、唱道芸能として説教と結びついた「説教祭文」に分かれていく。さらに楽器にあわせ歌謡を語って歩く門付け芸人の中から「祭文語り」が出て、江戸時代には三味線の伴奏に合わせた「歌祭文」が流行した。

種子島の「クサイモン」は、こうした口承で伝えられ、変容を繰り返してきた「祭文」が正月の来訪神の行事と融合され、伝えられたものと思われる。

鹿児島県西之表市下西区川迎の集落で行われている「クサイモン」は、青壮年と子ども会で構成されている。この集落では、毎年1月7日の午後6時から「クサイモン」の行事が行われる。この「クサイモン」は微妙な節まわしが必要で、青壮年は2日前に公民館に集まり、練習し、本番に備える。「クサイモン」の先導役は「ハナ引き」と呼ばれている。行事の当日は午後5時30分に公民館に集まり、班分けなどを行い、集落に分散して各家を巡回する。家を訪れると、門口で「門祝い申す」と全員で言う。家人が「祝っておくやりもうせ」と言った後、「クサイモン」を歌う場合が多い。最初の「祝い申す」は全員で言うが、次の「クサイモン」のところからは、「ハナ引き」の先導役が歌った後、残りのメンバーが繰り返して歌う。すべての家をまわり、行事が終わると、公民館に戻り、直会となることが多い。

「クサイモン」は地域によって、青壮年のみで各家を訪れるところもあるが、この地域のように青壮年と一緒に子どもたちも参加する地域も多い。屋久島などでも実施されている。

●コマヒチゲー

悪石島では、旧暦12月の「オヤダマ（親霊）」祭りの済んだ午の日を「コマ

ヒチゲー」といい、そのあとの24日から27日の本番の「ヒチゲー」が「オー
ヒチゲー」である。「ヒチゲー」は物忌みの期間のことで、「コマヒチゲー」
は物忌みの開始の日であり、「オーヒチゲー」はその物忌みの成就する日とい
える。

　この行事は、「ネーシ」と呼ばれる巫女と「タユー」と呼ばれる男性神役が、
「ヒチゲー」の神となって、各戸を訪問し、祓い清め、祝福してまわるのであ
る。

●サガシボゼ

　トカラ列島の悪石島を中心に伝承される来訪神行事「ボゼ」に登場する3体
の「ボゼ」のうち、家の中にあがって、隅っこなどに隠れている子どもを探
す小さいボゼのこと。

●七福神来訪（シチフクジンライホウ）

　佐賀県神﨑郡千代田村姉の各家々を七福神が来訪する行事。この行事は毎
年、青年男子8名によって、2月6日に実施される。面はつけず、顔は白塗り。
その上から墨でメーキャップする。

　黒紋付き、羽織を着て、手に提灯をもっている「サイド人」と呼ばれる者
を先頭に七福神が訪問する家に着くと、「サイド人」が門口で「七福神のお入
り」と叫ぶ。家の主人は「どうぞ玄関から入ってください」と戸をあける。
土間から一行はすぐに座敷にあがる。家に上がってから以下の儀礼を行う。

　「年徳」、「福は内、鬼は外」と豆を撒く。

　「大国」、「福はこの方にドッテン、ドッサリ。」

　「布袋」、「七の入り、七の入り。」

　「恵比寿」、「金の糸、5色の竿で大きな鯛を釣りあげた。大きさも、太さも、
一貫八百。」

　「ジジ」、「今年も豊年まんさくだ。」

　「ババ」、「ごもっともだ、ごもっともだ。」と唱えつつ、座敷につく。

　家の主人「祝ってくれてありがとう」と挨拶して8人、歌を歌う。歌い終わ
ると、主人は盃をさし、一献のあと、「高砂」を謡う。8人は蒲鉾などをつま
んで、すぐに次の家へ向かう。

こうして地区の全ての家を訪問し、夜中の12時過ぎに終了。

●シバ（柴）

特定の樹木を指す言葉ではなく、山野に生えているあまり大きくない雑木や枝をいう。柴は焚火の燃料となる他、榊（さかき）のように神を祀るのに用いられた。

鹿児島県薩摩三島村硫黄島（みしまむらいおうじま）の来訪神「メンドン」は旧暦の8月1日、2日に異形の姿で八朔（はっさく）踊りの中に突如現れ、手に持っている「スッベ」と呼ばれる枝でまわりの人々を叩き、悪いものを追い祓う。この枝が柴である。

●シバガミ

道行く人々の安全を守る路傍の神。山道の入り口などにあり、道の通りすがりに柴などを手向ける習俗がある。

●シャグマ

ヤクの尾の毛を赤や白、茶色などに染めた被り物。屋久島の宮之浦地区で大晦日に行われている来訪神行事「トイノカンサマ」で登場する来訪神は、白装束に身を包み顔は白塗りで、頭には白いシャグマをかぶっている。

●銀鏡神楽（シロミカグラ）

宮崎県西都市の銀鏡神社では、毎年、旧暦の12月12日から12月16日まで銀鏡神社大祭が行われていたが、近年では、新暦の12月12日から16日までに改められている。神楽の準備は12日の朝から始まり、準備が終わる13日の夕方から式一番「星の舞」が内神屋で舞われる。そのため14日は式二番「清山」が最初の舞になり、15日午後まで徹夜で式三十三番が舞われる。特に式三十二番「ししとぎり」では、神楽の中に独特の狩言葉や狩法神事が伝承されている。この銀鏡神楽は宮崎県内の神楽で、最初に国の重要無形民俗文化財に指定された。

●スッペ

シバのこと。鹿児島県三島村の硫黄島では、旧暦の8月朔日（ついたち）に大きな耳に大きな目、赤い顔をしたメンドンが出現。八朔（はっさく）踊りを見物している人たちを

「スッペ」と呼ばれるシバで打ちながら追いかけまわる。人々についた厄はこのスッペで払われる。

●セッペトベ

薩摩半島の鹿児島県日置市日吉町日置、吉利地域で行われる御田植祭の一種。日置市により無形民俗文化財に指定されている。日置八幡神社と吉利鬼丸神社が主体となり毎年6月初旬に開催される。

白襦袢に腰巻姿の「二才衆（成年式を終えた未婚青年の集まり）」が田植え前の田に入り、円陣をなして肩を組み、「セッペトベ（精一杯、とべ)」歌いながら、泥まみれになりながら飛び跳ねる所作をする。これは、豊作祈願と害虫駆除の祈願である。

日置八幡神社の「セッペトベ」では、巨大な仮面神「デオドン（大王殿)」が登場し、この神事を見守る。

●草装神（ソウソウシン）

仮面・仮装の来訪神には、それぞれ際立った特色がある。それは、出現時期と異装の姿である。古代の中国では、茅は神祭りに欠せない霊草だった。こうした中国の茅信仰は中国江南の少数民族のミャオ族に顕著に認められる。やがて中国の茅信仰は日本の神道にも受け入れられていった。日本の来訪神の多くは藁で草荘しているが、本来は茅で草装していたものと思われる。

薩摩半島の知覧永里には「ソラヨイ」と呼ぶ来訪神が出現する。「ソラヨイ」はかつて茅で草装していたが、現在は茅から藁に移行しつつある。

●ソラヨイ

旧暦の8月15日の夜、鹿児島県知覧町の十五夜の行事に出現する来訪神。現在では子どもたちの行事になっている。

ソラヨイは円錐状の藁帽子、茅の腰蓑をつけ、広場に円陣を作って「ソラヨイ、ソラヨイ」と叫びながら、四股をふむような仕種で踊る。ソラヨイは茅の腰蓑をつけているが、これは硫黄島や竹島の八朔メンと同じことから、同系の来訪神と考えられる。

●高千穂の夜神楽（タカチホヨカグラ）

　宮崎県西臼杵郡高千穂町に伝わる民俗芸能。毎年11月中旬から2月上旬にかけて町内のおよそ20の集落でそれぞれ氏神を民家などに迎えて奉納される神楽の総称。高千穂の里人が祀る神様の中心は、荒神様と呼ばれる山神と五穀豊穣をもたらす水源の神。神は、山から里へ下り、里人と共に舞い遊び、守護する神と伝えられる。来訪神の性格を有する。

　この神楽の起源はおおむね平安時代の末から源平時代と推定されている。昭和53年（1978）国の重要無形民俗文化財に指定されている。

　「夜神楽」の時期以外でも、高千穂神社境内の神楽殿では、毎晩午後8時から、夜神楽の代表的な演目である「手力雄の舞」、「鈿女の舞」、「戸取の舞」、「ご神体の舞」を公開している。

●タカメン

　鹿児島県三島村の竹島には、旧暦の8月1日に八朔踊りが行われる。そこには、来訪神「カズラメン」と共に、やはり異形な様相の大きな仮面をつけた来訪神「タカメン」が現われる。「カズラメン」と共に、シバで人々の厄を払ってまわる。

●太夫（タユウ）

　トカラ列島の島々で、女性神職者の「ネーシ（内侍）」に対して男性神役のこと。神まつりでは、司祭をつとめる。

●デオドン（大王殿）

　鹿児島県日置市日吉町日置で日置八幡神社が中心となって行われる「セッペトベ（御田植祭）」に登場する巨大な仮面神。「デオドン」に使われる仮面は、長さ49センチ、幅40センチ、高さ17センチ。「デオドン（大王殿）」は田で行われる神事を見守る。

●テゴ

　竹籠、背負い籠のこと。トカラ列島の万能運搬具。このテゴの古いものを使ってトカラ列島悪石島に伝承される「ボジェ」の面を作る。

●テコテンドン

　新暦の1月2日、大隅半島南部の内之浦町岸良では、北岳の「テコテンドン」という神様を地元の平田神社に迎えて祀る行事。標高743メートルの北岳山頂巨岩下に祀る北岳神社まで登り、供え物をし、榊の枝を採って束ねて人形を作り、赤木綿の服を着せて神事を行う。この「神籬」と呼ばれる榊の人形を持って神官の先導で下山する。その後、平田神社で本祭が行われる。本祭の後の直会で叩かれる太鼓の音から「テコテンドン」の名称が付いたと伝えられている。

●トイダシドン

　南九州の口寄せ巫女（シャーマン）のこと。

●トイノカンサマ

　大晦日に現れる屋久島の年神。「トイノカンサマ」は12月31日、大晦日の夜、屋久島の宮之浦岳から下りて来る。屋久島宮之浦地区に住む小学校低学年までの子どもを持つ世帯の各家を巡り、子どもたちの1年間の悪事を戒め、改心の誓いと引換に「年」をひとつ与える。白装束に身を包み、顔も白く塗り、頭部には、真っ白な長い「シャグマ」をつけている。手には、長刀を持ち、背には、言うことを聞かない子どもを入れて山に連れていくために、籠を背負っている。壁を叩いたり、1斗缶を叩いたりして、大きな音を立て、恐ろしさを引き立てる。家の主人と交わされる問答は、子ども1人1人に合わせたものになっている。

　20年間ほど途絶えていたこの行事は昭和45年（1970）に有志の手で復活され、現在に至っている。

●トカラ列島

　南西諸島のうち鹿児島側の薩南諸島に属する島々を指す。三島村（黒島、硫黄島、竹島）の他、主な島は、中之島、口之島、諏訪之瀬島、平島、宝島、小宝島、悪石島など。行政区分では全島が鹿児島県鹿児島郡十島村。

●トシダナ（年棚）

　年棚は正月に迎える「年神」を祀る棚のこと。「年神棚」、「正月棚」、「年徳棚」、「恵方棚」とも呼ばれる。煤掃きの後でその日に作る所が多い。板の四隅の穴に荒縄を通し、天井からその年の恵方へ向けて吊るす。大きさは30センチ四方のものから畳大のものまで様々で、1枚板のものや、割り竹や篠竹を新藁の縄で編んだものなど形態も様々である。また新年にあたって特別に棚を設けず、常設の神棚の一部を使用する所もある。いずれも注連縄や白幣を張り、松を飾って、鏡餅やお神酒などを供える。

　「年棚」には、「年神」の他、先祖の霊（祖霊）を併せて祀るところもある。「年棚」の飾りは15日までそのままにしておいて、「小正月」に繭玉団子や削り掛けに飾り代えて、20日正月に片づける所が多い。

　「年棚」の設営や供物を供える仕事は、古くは年男の家長の仕事とされた。「歳神」は恵方から大晦日に来訪し、人々に幸福をもたらす福神と考えられてきた。

　鹿児島県下甑島では、仮面をつけ、蓑を着た異装の来訪神トシドンを迎える際も、「年棚」を設け、「年神」の「トシドン」を迎える。

●トシダマ（年魂・年玉）

　新年を祝うために贈られる金品のこと。「お年玉」ともいう。現在は、特に子どもに金銭を与える習慣、およびその金銭の意味に用いられているが、「トシダマ」の語源は、「年神（歳神）」を迎えるために供えられた「丸い餅（年餅）」を「御歳魂」と呼んだことによると考えられている。この「丸餅（年餅）」は「年神」の霊魂が宿った依代と考えられる。

　鹿児島県の甑島の来訪神「トシドン」の行事では、「年神」の性格をもつ「トシドン」がこの「年神」の依代と考える大きな丸餅「年餅」を、地域の子どもたちに「御年魂」（おとしだま）として与える。「年神」の強い生命力の宿る大きな「年餅」を与えられた子どもは1年間、厄災を避ける生命力がつき、ひとつ年をとることができると信じられている。（「トシドン」参照）

●トシトイドン

　鹿児島県種子島の西之表市鞍勇や野木の平では、甑島伝来の「トシドン」

の行事がそのまま継承され、「トシトイドン」と称して行われている。(「トシ
ドン」参照)

●トシドン

　鹿児島県の甑島の仮面・仮装の来訪神の名称。甑島の人々が正月に迎え、
祀る年神。甑島の「トシドン」は、「トシドン」の伝説をもとにした鹿児島県
薩摩川内市の下甑島の年中行事。

　伝説では、「トシドン」はいつもは天道にいて大晦日になると、首切れの馬
に乗って、近くの山に降り、そこから村落へやって来るといわれている。

　この行事は12月31日の晩、地元の青年や年配の人々が鼻の長い鬼のような
仮面をつけ、棕櫚の木の皮や藁で作った衣を着て、厚紙の仮面をつけ扮する。
「トシドン」は2体、3体と連れだって、子のいる家を訪れ、庭で地を踏み鳴ら
し、馬の嘶きをまね、鉦を叩いて、出現する。その姿は恐ろしく、子どもは
ふるえあがる。

　「トシドン」は各家を訪れ、その年に悪さをした子どもを懲らしめる。その
後、子どもに「年餅」を与える。この「年餅」は丸餅で「トシドン餅」とも
呼ばれている。米は、かつて生命の源と考えられ、「餅」は子どもの生命の源
であり、魂を健康に成長させるものとされた。またこれを食べると、家族の
繁栄をもたらす「年神」の強力な生命力にあやかることができるとされた。

　この「年餅」は人にひとつ年を取らせる餅で、これを貰わないと年をとる
ことができないといわれている。「年餅」は「年玉」の原型とされる。

●トシノカンサマ

　鹿児島県屋久島の来訪神。同島宮之浦で大晦日に厚紙の仮面をつけ、鉦を
鳴らして現われ、子どもを諭し、餅を渡して去る。甑島の「トシドン」と同
系列の来訪神である。(「トシドン」参照)

●年餅（トシモチ）

　鹿児島県の甑島の来訪神「トシドン」の行事では、「年神」の性格をもつ「ト
シドン」が「御年魂」として「年餅」を子どもたちに渡す。

　「年餅」には、2種類ある。「白餅」と呼ばれる白い米の餅と「コッパ餅」と

呼ばれる唐芋をつき、作られた餅。「トシドン」は良い子には「白餅」を与え、悪い子には「コッパ餅」を与える。

「年神」の強い生命力の宿る大きな鏡餅を与えられた子どもは1年間、厄災を避ける生命力がつき、ひとつ年をとることができる。

●トド（田人）

薩摩半島の日置市日吉町日置で行われる日置八幡神社の「せっぺとべ（御田植祭）」で、幟（のぼり）とシベ竿を持って来るそれぞれのグループのこと。

●トビトビ

福岡県福岡市早良区石釜の小正月に行われる来訪神の行事。正月14日に実施されていたが、現在では14日に一番近い土曜日に行われている。この行事は現在、子ども会の行事として実施されている。「トビトビ」として家々を訪問する子どもは、藁束の上部を結わえた「トビ」と呼ばれるものをかぶり、訪問した家の前で「トービ」とかけ声をかけ、家人が出て来ると、「トビトビ」は家人に輪注連を渡し、代わりに祝儀を受け取る。その時、家人は用意していた水を「トビトビ」にかける。

また、その年に男の子が生まれた家には、輪注連とともに藁の馬を、女の子が生まれた家には、藁の海老が渡される。

福岡市の周辺では、「トビ」の語には2つの意味がある。ひとつは稲藁を積んだ上にかぶせる藁の覆いを意味する。この小正月行事の「トビトビ」と同じかたちをしているからである。もうひとつは年始贈り物、お年玉、あるいは供えものに使う米などを白紙で包んだものをあらわす。この「トビ」の語源をさらに探究すると、「給う」の口語「たうべ」にたどり着く。「ください」の意味をあらわす語。この「たうべ」が「トビ」へと変化し、行事の名称になったと考えられる。なお「トビトビ」は大正時代までは子でもではなく、青年団によって実施されていた。

●ナレキゼメ

成木責めは柿などの実の成る木をナタ（鉈）やノコギリ（鋸）などの刃物でおどして、秋の実りを約束させる小正月の予祝行事のひとつ。主として柿

の木に対して行われることが多い。ナレナレとも呼ばれる。2人1組で行われる。1人が刃物を持ち、柿の木に向かい、「成るか、成らぬか、成らねば切るぞ」と唱え、切る真似をしたり、少し切ったりする。そしてもう1人が「成ります、成ります」と答えながら、木に小正月の小豆粥を塗りつける。このような予祝儀礼は全国的に分布しており、フレーザーの『金枝篇』にも記され、ヨーロッパ各地にも日本のナルキゼメと類似した予祝儀礼が分布していることが知られている。

●ナレナレ

これは全国に分布している小正月行事。鹿児島県では、1月14日の晩、子どもたちが1軒の家を借りて餅を煮て食べ、15日の夜明けに3尺の長さの丸棒を持ってミカンや柿の木を叩いてまわる。この時、「サーヨイ、ナレキ、ナロートモスレバ、ナランナラン、ツシキロボウ」と叫ぶところもある。「ツシキロボウ」は「打ち切ってやる」の意味。これは樹木に刺激を与えて豊作を願う呪術である。

●ネーシ（内侍）

トカラ列島の女性神役、巫女のこと。「内侍」ともいう。「内侍」は宮中の「内侍司」の女官に由来する語といわれているが、「内侍」は神楽の「内侍舞」をする巫女として近世の薩摩、大隅にも存在していた。現在も鹿児島県の甑島では、古色を帯びた「内侍舞」が県指定の無形民俗文化財に」なっている。

トカラ列島の「内侍」は神楽の「内侍舞」を舞うだけでなく、「神がかり」するところに特色がある。「内侍」は祭祀組織内の地位としては男性神役の「太夫」の次にあって、琉球王国のノロ（祝女）のような最上位の者ではない。神祀りでは太夫が司祭を務めるが、「神がかり」するのは「内侍」である。またこの「内侍」には、「島ネーシ」と「若ネーシ」があり、「若ネーシ」は「内侍」の見習いというべき存在である。

●ハガマボゼ

鹿児島県十島村、悪石島に伝承される来訪神「ボゼ」は3体出現する。そのうちの人間の頭状のものをハガマボゼという

●八朔（ハッサク）

　8月の朔日の略。旧暦8月1日のこと。新暦では、8月25日から9月23日頃を指す。「八朔節供」ともいわれる。古くは、この頃、早稲の穂が実るので、農民の間で初穂を恩人に贈る風習があったとされる。またこの日を「たのむの祝い」といい、宮中に米などを献上する例があったといわれている。江戸幕府では、「八朔御祝儀」といい、正月に準じた盛大な祝いを行った。天正18年（1590）8月1日に徳川家康が江戸入りしたことに因むものといわれ、諸大名も白帷子姿で登城した。

　西日本では、八朔雛・八朔人形の贈答習俗も広くみられ、「八朔踊り」をしたり、「八朔盆」といって盆の終わりの日としたりする例が多い。神社の「八朔祭」も各地で行われているが、伊勢神宮でも「八朔参宮」といって、この日に初穂を神前に供える。この頃は、農作業の区切りの日でもある。このように「八朔」は、本来、民間の農作儀礼で、それが宮中・武家社会にも取り入れられたと考えられる。

●八朔太鼓踊り（ハッサクタイコオドリ）

　旧暦の8月1日（八朔）と2日に鹿児島県鹿児島郡三島村硫黄島で行われる、太鼓を打って群舞する民俗芸能の太鼓踊りのこと。この太鼓踊りは神社の前にある広場に、鉦をもった歌い手と太鼓を抱えた踊り手が入場し、祭りが始まる。歌い手のまわりを男たちが歩きながら節に合せて踊る。しばらくして、この「八朔太鼓踊り」に、突然、悪魔祓いの「メンドン」といわれる来訪神が神社から走り出て、踊り手の周囲を3周まわって立ち去る。その後、次々と「メンドン」が飛び込んで来て、踊りの邪魔をしたり、見物人の中でも特に若い女性に抱きつき「スッペ」と呼ばれる木の枝葉で、周囲の人々を叩いたりする。この「スッペ」で叩かれると、魔が祓われるとされる。

　2日目にも「メンドン」は「太鼓踊り」に現われる。その踊りが終わると、人々は海岸に出て、鉦や太鼓を打ちならし、島中の悪霊を海に捨てる「タタキダシ」といわれる儀礼を行う。「メンドン」もこの「タタキダシ」につき従う。

●八朔メン（ハッサクメン）

　鹿児島県の三島村（黒島、硫黄島、竹島）に出現する仮面・仮装の来訪神。いずれも八朔の時期に出現するので「八朔メン」、または、「メンドン」と呼ばれる。

　黒島では、何体もの「八朔メン」が腰に瓢箪、手には「メシガイ」と呼ばれる杓文字と摺りこぎをもって現われ「瓢箪踊り」を踊る。黒島の来訪神には踊りを踊る芸能神として要素が強く認められる。

　硫黄島・竹島では、「八朔メン」は「太鼓踊り」の時などに現れ、柴で人々を打ち祓い、清めて歩く。

　黒島・硫黄島の「八朔メン」の仮面は古い竹カゴを利用して作られる。これはトカラ列島の仮面神「ボジェ」と同じ作り方である。その仮面を頭からかぶり、「ドンザ」と呼ばれる古布製の仕事着を着る。

　硫黄島の「八朔メン」は「メンドン」と呼ばれている。「メンドン」に扮する「ニサイ」と呼ばれる青年は藁蓑を身につけ、手には「スッペ」と呼ばれる木の枝葉を持っている。「ニサイ」のかぶっている仮面は黒と赤の絵具で模様を施した独特の面で、渦巻き状の大きな眉に耳、頭には1本尖った角がある。胸には格子条紋の絵が描かれている。渦巻き紋と格子条紋は古い紋様である。耳や胸にある紋様は修験道と結びついたわが国の古い呪術紋様の残存と思われ、魔除けの呪法によるものとされている。硫黄島の「八朔メン」は、硫黄権現の鳥居の前の庭で島の男たちが「太鼓踊り」を踊っている時に出現する。この硫黄権現は熊野神社ともいわれ、紀州熊野権現を勧請したもといわれている。

　「八朔メン」の耳や胸にある紋様は、この熊野系修験道と結びついた紋様と思われる。

　竹島では、若者たちが「太郎御前様」と呼ぶ歌を歌い、踊る最中に「カズラメン」と「タカメン」と呼ばれる「八朔メン」が出現し、見物の人々を脅し、柴で祓い、清める。「カズラメン」は恐ろしい感じの顔つきをした「鬘面」で、「タカメン」は秋、竹島の空を飛んで南へ行く渡り鳥の鷹を表象した精悍さのある「タカ面」で、鋭い眼をしており、口は歯をむき出しにした猛々しい形相で、耳下からアゴにかけて髭をはやしている。

　「八朔」の時期は盆や十五夜と同じく、畑の収穫物である麦や粟がとれたあ

とであり、やがて里芋も収穫できるようになるという時期である。

　黒島、硫黄島、竹島の島々は、稲はわずかしかとれず、畑作中心である。したがって「八朔メン」は本来、畑作収穫儀礼に出現する来訪神であると考えられている。その仮面・仮装の姿は甑島などの「年神」に通じながらも、南九州の「モグラウチ」や「ソラヨイ」に通じる性格が認められる。

●ハラメウチ

　鹿児島県に分布する来訪神。1月15日、14歳以下の子どもたちが削りかけの棒を持ち、新嫁の家へ行き、「ハーラメ、ハラーメ」と言って、尻を叩いたりする。甑島では、蓑笠をかぶり、顔を隠した者がシバを持って現われ、「嫁女だっしゃれ」といって地を突いた。このようにハラメウチは女性の孕む力を地力に移しかえる呪術行為である。

●ヒチゲー（日違い）

　トカラ列島の各島で旧暦の12月から1月の間の「七島正月」と「親玉祭り」のあとに行われる物忌みの期間。中之島では、旧暦の1月17日が「ヒチゲー」の日。昔は、「ヒチゲー」の日には、1日中、戸も開けないで家族は家の中で過ごした。この日は、神様が洗濯して着物を干す日だといわれた。悪石島では、「親玉祭り」が済んだ旧暦の12月の午の日の「コマヒチゲー」と呼ばれる日が物忌みの開始日にあたり、その後の12月24日から27日の「オーヒチゲー」と呼ばれる日が物忌みの成就する日であった。26日の夕方、神様たちは集落に集まるといわれ、この晩、人々は家に籠り、早く寝る。昔は、この晩にボゼが現われ、集落の各家を訪れ、戸を叩き、子どもなどを諭したという。27日の朝、ネーシとホンボーイは神役を呼んで、食を共にし、神々をもてなし、その後、神々は帰るという。トカラ列島の悪石島のボゼは、現在では盆踊りの時に出現する。

●ヒモロギ（神籬）

　神道において神社以外の場所で祭祀をおこなう場合、臨時に神をお迎えするための依代となるもの。語源は「ヒ」が神霊を意味し、「モロ」は天下るを意味し、「キ」は木の意味で、「神の依代となる木」という意味である。

●ヒラボゼ

　トカラ列島の十島村、悪石島のボゼは3体出現するが、そのうち、頭が尖ったボゼをヒラボゼという。これが一番大きなボゼである。

●フッダマ

　ニンニクのこと。「フッダマ」は悪臭を放つところから悪石島では、災厄祓いの呪力があると信じられていた。

●ヘンベ

　宮崎県の神楽で「ヘンベ」と呼ばれる独特の足運びがある。「ヘンベ」は「ヘンバイ」（反閇）が訛ったもの。（大和文化圏「反閇」参照。

●ホオリノミコト（火折尊）

　日本の神話に登場する神。ホオリノミコトの宮は現在の鹿児島神宮にある。そこは高千穂にある千穂の宮の跡地と伝えられている。

●ボジェアワ

　穂が大きくて、イゲ（芒）の多いシャクアワ（粳粟）を、トカラ列島の中之島では、「ボジェアワ」という。これは来訪神「ボゼ」の姿からくる連想であろう。

●ホズシ

　法呪師のこと。

●ボゼ（ボジェ）

　鹿児島県トカラ列島の悪石島に伝わる仮面・仮装の来訪神の行事。悪石島・平島では「ボゼ」と呼ばれるが、宝島・小宝島・中之島では「ボジェ」と呼ばれている。「妖怪」というような意味。

　トカラ各島では、「泣くとボジェが来っど」などと言って親が子どもを諭すという。宝島・小宝島では、「ボゼ（ボジェ）」を「幽霊」の意味にも用いている。

盆の最終日翌日にあたる7月16日に、若者たちが赤土と墨で塗られた異形の仮面をかぶり、「枇榔(ヤシ科の植物)」の葉に腰蓑を巻き、手首と足首に「棕櫚」の皮を当て「ボゼ」に扮する。手には「男根」を模した「ボゼマラ (長い棒)」を持つ。午後、3体の「ボゼ」は島内の聖地とされる墓地に隣接する広場を出発する。「ボゼ」たちは島の長老の呼び出しと太鼓の音に導かれ、島民が盆踊りをしている公民館の前の広場に訪れ、主に女性や子どもたちを追いかけまわす。女性や子どもたちは異様な姿に叫び声をあげ、逃げまどう。「ボゼ」は人々に近づき「ボゼマラ」の先端に塗ってある「アカシュ (赤い泥水)」を人々に擦りつける。擦りつけられた人々には災厄が祓われ幸福が訪れると信じられている。特に女性は子宝に恵まれるという。しばらくして太鼓の音とリズムが変化すると、「ボゼ」は中央の広場に集まり、踊り始める。そして再び太鼓の合図で「ボゼ」は女性や子どもたちを追いまわしながら、その場を走り去る。

●ボゼイシ

　トカラ列島の悪石島では、旧暦の12月17日の晩に村の道端のボゼ石という小さな石を、籾殻を焚いて焼く。これはその呪力を期待しての厄除けである。この場合、ボゼは、いわば、悪鬼の象徴である。

●ボゼの足焼き

　トカラ列島の悪石島では、ボゼの足焼きという行事がある。集落内には「足焼き場」といわれる場所が2ヶ所あり、そこで、粟殻 (現在は初殻) を燃やす。これは「ボゼ」が、度々集落を訪れることがないように足を焼いて退治する呪法。

●ボゼの耳

　トカラ列島の平島では、「ボゼの耳」という餅を食べるが、この餅は「ボゼ」の体の一部であり、それを皆で食べるということは「ボゼ」の霊を身体に入れ、噛み殺すという意味があるのだろうか。そう考えると来訪神には、人を幸福にする福神の面と人に害を加える恐ろしい悪神の面の両面がある。

●ボゼマラ

トカラ列島の来訪神「ボゼ（ボジェ）」が手に持っている棒を指す。

長さ110センチくらいの少し曲がったタブノキを伐り取り、根元の端を丸めて亀頭状にこしらえたもの。その先端にはアカシュ（赤土）が塗られている。このアカシュをつけられた人には力がつき、子宝に恵まれ幸運が訪れるといわれている。

●ボゼまわし

トカラ列島の平島では、オーヒチゲー（大日違い）の前日をボゼ（ボジェ）まわしという。これは、昔、ヒチゲーの前夜に「ボゼ」が各戸をまわった名残と思われる。

●ホンボーイ（本祝人）

トカラ列島では、巫女にあたる「ネーシ（内侍）」と対になって、祭祀を行う男性の神役のこと。同じ男性神役に「太夫」があるが、「太夫」は、司祭を務め、この「ホンボーイ」は主に祝詞をのべる。

●メンドン（メン）

鹿児島県鹿児島郡三島村の薩摩硫黄島では毎年、旧暦の8月1日・2日に八朔太鼓踊りが行われる。その時に登場する仮面・仮装の来訪神。三島村は大和文化圏と沖縄文化圏の交わる混合文化圏で、「メンドン」はこの文化圏を代表する悪霊を祓う来訪神のひとつ。

仮面は竹カゴを逆さにし、小さく割った大名竹を使い、大きな耳、鼻、目、眉などの形を作り、それに紙を貼り重ねる。耳と眉は渦巻き模様で、その他は格子柄に模様をつけている。こうした模様には、熊野系の修験道にみられる呪術的な紋様の残存が認められる。藁蓑を身につけ、手には、神木の「スッベの木」と呼ばれる柴の枝でまわりの人々を叩き、悪霊を祓う。こうして「メンドン」は島を駆け回り、各集落に出没する。

翌日は熊野神社の奉納踊りの後、「叩き出し」といって、踊り手の若者たちは、「メンドン」を先頭に太鼓や鉦を打ち鳴らし、太鼓踊りを踊りながら、島を巡り、海岸に向かう。「メンドン」は海岸に到着すると、海に向かって、悪

いものを追い祓う。

　また三島村の竹島や黒島にも、それぞれ八朔踊りが伝わり、独自の「メンドン」が出現する。竹島では、「タカメン」と「カズラメン」と呼ばれる来訪神が登場し、黒島には、「オニメン」と呼ばれる来訪神が登場。黒島の「オニメン」は擂粉木（すりこぎ）と杓文字（しゃもじ）で人々の厄を祓う。

●モグラウチ

　佐賀県、熊本県をはじめ、九州各県で、1月14日の晩に「モグラウチ」が行われる。鹿児島県菱刈町では、垣根にさした木のうち、実のなる木をどれでも1本取り出し、その先に藁束をつけて縄でくくる。それを男の子が持って各家を訪ね、「モグラウチャトガ（罪）なし」と叫んで庭を叩く。主人は子どもたちに餅をくれる。

●モロクロガミ（諸黒神）

　対馬の鉱山の神。日本最古の対馬銀山が対馬の厳原町樫根にあったとされている。対馬では、坑道の漆黒の闇を意味する「モロクロガミ（諸黒神）」が対馬固有の神として祀られている。

　この神は対馬最高峰の矢立山(別称 室黒岳)に由来するといわれているが、異説として「異国からやってきた来訪神」という伝承もある。対馬は九州と韓国の間の対馬海峡に浮かぶ島で長崎県に属し、平成16年（2004）に対馬市となる。この神は対馬にやって来た朝鮮半島系の鉱山技術者たちが安全祈願のために祀った神ともいわれている。厳原町の久根田舎は対馬最高峰の矢立山を源とし、西海岸の久根浜に流れる久根川中流域に位置する集落に銀山上神社がある。同町阿連（あれ）の山中には、古い時代の鉱山跡が残されている。江戸時代には対馬藩により銀山の開発が行われ、朝鮮貿易の代価として藩の財政を支えた。

Ⅳ　世界の仮面・仮装の来訪神

●アダモ

　中国の来訪神。正月3日から15日にかけて中国貴州省イ族の間では、正月儀礼「掃火星」という民俗行事が行われている。この行事の中で「撮泰吉（ツォタイジ）」と呼ばれる芸能が演じられる。この中に登場する女性の来訪神の名前。

　この「撮泰吉」は普通、13人で上演され、6人が登場人物に扮し、3人が獅子を演じ、2人が牛になり、残りの2人が銅鑼を叩き、シンバルを打つ。登場人物は、面をかぶらない山林の老人「ガアプ」、白いヒゲの面をつけた1700歳の「アブモ」、ヒゲのない面をつけた1500歳の女性の「アダモ」、黒いヒゲの面をつけた1200歳の「マホモ」、ヒゲのない面の1000歳の「フィプ」、幼い子の「アアン」。全体の構成は祭祀、耕作、獅子舞、厄払いの4部からなる。まず「アダモ」は「アブモ」、「マホモ」、「フィプ」と杖をつきながら登場。「アダモ」は背に子を背負っている。彼らは、天地、五方の神々を招き、祀る。「アダモ」は子の「アアン」に乳を飲ませる。その後、「アダモ」と「アブモ」の「耕作」（性交場面）が演じられ、この場面に獅子が現れ、祝賀の舞いが行われる。その舞いが終わると、「ルガアプ」を先頭に4人は村の家々をまわる。

　正月儀礼の「撮泰吉」は中国の来訪神儀礼であり、そこに登場する「アダモ」らには、季節に来訪する来訪神の原像が認められる。

●アニトゥ

　「アニトゥ」はフィリピン諸島では、神霊、死霊、精霊などを表象する一般的な用語。フィリピンのルトン島の北部の山地民には、季節的に来訪する神のような存在があるとの説がある。しかし、一般的には、「アニトゥ（anitu）」と呼ばれる精霊信仰が今も根強い。

●アブモ

　中国の来訪神。中国貴州省イ族の正月儀礼「撮泰吉（ツォタイジ）」と呼ば

れる芸能の登場人物。「アブモ」は白い髭の面をつけた1700歳の男性。（「アダモ」参照）

●アラビデス

　ギリシアの東マケドニア地方にあるドラマ県では、クリスマスから公現日（Epiphany）までの期間、十二夜を「ドデカニクス（Dodeka nychtes）」と呼んでいる。この期間は北部では、仮面・仮装の者が現れるカーニバルの期間である。マケドニア特有の仮装である「アラビデス（Arapides）」の祭りは1月7日、すなわち洗礼者の聖ヨハネの日で、十二夜の期間の真ん中にあたる日に行われる。「アラビデス」を含む仮装者たちは、毛皮の衣裳を着て、円錐形の仮面をつける。そして熊の仮装をした者たち（Arkouda）は、通り沿いの家々を訪れ、「悪霊」をベルの音で追い払う。「アラビデス」は木製の剣を持っているが、この剣はトルコによるギリシアの占領期間に扮装に加えられたものといわれている。

●アルプ

　元来、ゲルマン神話の精霊。ドイツでは夢魔の一種。スイス方面では山の精。この精霊はドイツの「エルフ」や北欧神話の妖精の国に住む光の妖精「アールヴ」と同じ起源をもつ。しかしキリスト教の普及と共に「アルプ」は闇に住む悪魔とされるようになった。後の民間信仰では、病気をもたらし、睡眠を妨害する悪魔デーモンへと変容した。

●イェヴレの山羊（ヤギ）

　スウェーデンのイェヴレ中心区で毎年製作されるクリスマス飾り。これは、スウェーデンで伝統的に藁で作られているユールボック（室内やテーブルの上に飾るために作られた山羊をかたどったクリスマスの飾り）を巨大化したもの。

●ヴァルプルギス

　ドイツのハルツ地方のブロッケン山には、魔女たちが各地から集まり、悪魔崇拝のためにサバト（集会）を開いたという伝説が伝わっている。この山

頂には、「魔女の踊り場」といわれる岩がある。この山の伝説は14世紀頃から
みられる。現在、伝説に基づいて「ヴァルプルギス」の夜祭りが祝われる。
古代ケルトには、「バルティナ」と呼ばれる春の祭りが5月1日にあり、この祭
りの前夜祭が「ヴァルプルギスの夜」と呼ばれた。この日の夜に魔女たちが
集い、サバトを開くと伝えられている。

　サバトでは、山羊が中心となり、魔女たちはこの山羊を取り巻いて、どん
ちゃん騒ぎを行うと信じられていた。山羊は悪魔のシンボルとされ、悪魔が
化身したものといわれる。また山羊は好色な動物とみなされ、生命力を神格
化したものと考えられている。例えば、古代ギリシアの「ディオニュシス祭」
にも角をもつ山羊の仮面が用いられた。古代においては角をもつ仮面は来訪
神のシンボルとみなされ、崇拝の対象とされた。しかし、キリスト教は、こ
れらの異教の儀礼を否定し、山羊を悪魔化したのである。

●禹歩（ウホ）

　中国の夏王朝の禹王が治水のため天下を歩きまわった結果、歩行が不自由
になったという伝説による禹王の特殊な歩き方に由来する、中国や日本の「反
閇」の原型とされる道教の呪術的な歩行法。中国では「禹」王は治水の英雄
とされ神格化し、治水の神として崇拝されている。

　「禹歩」という語は、すでに中国の前漢の初めに使用されている。中国の晋
代には、『抱朴子』に記されているように、「禹歩」は特殊な歩き方による道
教の呪法であった。道教の呪術的な歩行法として「禹歩」は入山の折、病気
などを避けるため、旅の無事を祈るなど様々な目的で用いられた。「禹歩」は
このように道教の宗教的な祭祀儀礼の中で用いられていたが、中国の道教系
の祭りにも広く認められる。

　中国の明代の『武備志』には、「禹歩して北斗を拝する」という表現が用い
られている。また中国では、「禹歩」のステップを「踏罡歩斗」と呼んでいる。
「罡」も「斗」も「北斗七星」を意味する。このように中国では、「禹歩」と
は、北斗七星の図像を踏むステップであることが、古くから知られている。

　台湾の道教でも「禹歩」は足を引きずって歩む足の運びとして残っており、
北斗七星とも関連づけられて語られる。「禹歩」はこのように中国でも台湾で
も道教の道士によって行われている。

さらに日本の陰陽道の資料『若杉文書』には、「禹歩」の語が記されており、そこには、「禹歩」の足の運びについての図が掲載されている。日本では、「禹歩」は「反閇」の中で行われる特殊な足つきの一種として扱われている。

　中国の資料によれば、「禹歩」は「反閇」に先立つ、はるかに歴史とひろがりを持つ道教の呪法であった。

　星野紘の『歌垣と反閇の民族誌』では、インドネシア半島北部の少数民族ヤオ族による「北斗七星を踏む歩行」が紹介されているが、「禹歩」や「反閇」には、こうした少数民族の儀礼の足の運びによる何らかの影響があるかもしれない。

　日本では、陰陽道の資料『若杉文書』に禹歩の足の運びについての図が掲載されている。「禹歩」は「反閇」と同様に宗教的な祭祀の儀礼の中で行われ、日本では、「反閇」の別名と捉えられたり、「反閇」の足法とみられたり、「反閇」の略法とみなされた。『貞丈雑記』の「反閇の事」では、九字の呪文を唱えながら、陰陽道の「反閇」の足取りが右左右、左右左、右左右の足を交互に9歩に踏むことが記されている。この形は3歩ずつ3回、合計9歩踏む「三三九度形式」の足の運びをしているが、これは民俗芸能の花祭の「榊鬼」などにみられる足の運びと同じである。こうした「反閇」には、中国から伝来した「禹歩」の影響が認められる。

●エピファニー（公現祭）

　1月6日、この日はキリスト降誕を聞いた東方の3人の賢者（カスパール、メルヒオール、バルタザール）が、星に導かれてベツレヘムの馬小屋を訪れた日。「公現祭」とも「顕現節」とも呼ばれる。ギリシア語で「現れる」を意味する「エピファネイア（Epiphaneia）」に由来する語。元は東方会（正教会）の祭りで、主イエス・キリストの洗礼を記念するものであった。西方教会では、「公現祭」と呼ばれる。例えば、フランスでは、「公現祭」は「ガレット・デ・ロワ」と呼ばれている。この行事は古代ローマの農耕神「サトゥルヌス（Saturnus）」の祭り「サトゥルナリア」に由来する。

　西方教会（カトリック教会、聖公会など）では、イエス・キリストの顕現を記念する祝日。カトリックでは、「主の公現」とも表記される。聖公会では、この祝日を「顕現日」と呼び、対応する節を「顕現節」と呼ぶ。

民間では、「十二夜」の最後の夜暴れる悪魔を追い払う行事がある。オーストリアでは仮面・仮装の行列が盛大に行われている。

●エルフ

ゲルマン神話に起源を持つ北ヨーロッパの民間伝承に登場する種族。北欧神話では自然と豊かさを司る神族のひとつ。一般的に先祖崇拝と同様に豊かさと結びついた神聖な存在と考えられている。エルフ（elf）の存在は、自然の精霊や死者の魂に対するアニミズム的な信仰と類似がみられる。

●王爺（オウヤ）

台湾の来訪神。道教信仰の神「王爺」は疫病から漁民を守る神。台湾最南端、屏東県の東隆宮で、3年に1度、「王爺」という神を迎え、演戯でもてなし、東の海上に送り出す、「東港迎王平安祭典」という行事が行われる。福と無病息災を祈るため、王爺を乗せた「王船」に火を放って天に贈る行事。台湾の重要民俗文化財に指定されている。

「王爺」は病気平癒、航海安全、豊漁祈願などに効験のある神として、「媽祖」と共に、台湾では、最も人々に信仰されている神である。この神は祟りをもたらす性格よりも、幸をもたらす性格が濃厚である。

●王爺迎え（迎王）

台湾南部の屏東県で3年に1度、新暦10月頃に8日間にわたって「迎王祭典」が行われる。道教の神である「王爺」を迎えた後、古代の軍船を模して作った長さ13メートルの王船を焼いて不幸や邪鬼などを追い祓う儀礼。東港東隆宮、小琉球三隆宮、南洲渓洲代天府で行われる。（「王爺」参照）

●オーディン（ウォーデン、ヴォーダン）

北欧神話の主神。戦争と死の神でもある。天を支配する神で、天候気候を司る最高位の神。嵐（風）の神。農耕生活に多大な影響を与えると信じられている。ドイツ語では、「ヴォーダン」。「狂気の主」という意味だが、この狂気はシャーマンのトランス状態を指していると解釈し、「シャーマンの主」とも考えられている。

アングロサクソン人に信仰されていた時代には、「ウォーデン」と呼ばれていた。ローマ暦では、水曜日は「ウォーデンの日」といわれ、英語のウェンズディ（Wednesday）はこの神の日を指す。この神は知恵と魔術を習得するため、その代償として片目を失ったといわれている。絵画では、この神は片目の長い髭を生やした老人で、つばの広い帽子をかぶり、手には「グングニル」と呼ばれる槍を持って描かれている。本来は、「風神」としての神格を有していたといわれているが、現在では、様々な呼名で呼ばれている。その中には、「グリームニル」という呼び名があるが、これは「仮面をかぶる者」を意味する。北欧神話では、「オーディン」の父は半巨人的なボルと霜の女巨人と呼ばれるベスラとの間の子とされている。

●オム・ソヴァージュ

スイスのジュラ州ル・ノワールモンでは、懺悔の3が日の直前の満月を知らせるために「オム・ソヴァージュ（Homme sauvage）」と呼ばれる来訪神「ワイルドマン」が現われる。「野蛮人」という名前の通り、全身毛むくじゃらで、手には棍棒を持っている。

「オム・ソヴァージュ」は森を出てベルの音を響かせ、鞭を鳴らし、「ホイ、ホイ」という特徴的な声をあげながら、草地を突っ切って村に入る。その途中で出会ったすべての人の顔を黒く塗る。特に「オム・ソヴァージュ」はお気に入りの少女の1人を捕まえて、顔を靴墨で黒く塗り、泉に連れて行って、水の中に投げ込む。「オム・ソヴァージュ」は海の彼方から訪れる神だと考えられている。

この「オム・ソヴァージュ」は沖縄県宮古市の島尻で毎年、旧暦9月上旬の2日間現れる来訪神「パーントゥ」に類似している。「パーントゥ」に扮する青年は夕方、集落の古井戸に集まり、体にシイノキの蔓を巻きつけ、井戸の底に沈殿した泥を体に塗りつけ、片手に仮面を持ち、もう一方の手にダンチクで作った杖を持って集落を訪れる。途中出会った人々に厄除けとして泥を塗る。（「パーントゥ」参照）

●カーニバル（謝肉祭）

カーニバルは、元々カトリックなどの文化圏でみられる。四旬節の前に行

われる。そこで仮面・仮装のパレードが行われたり、菓子や花を投げる行事が行われてきた。現代では、宗教的背景のない祝祭の意味でも「カーニバル」という。ドイツ語ではカーネヴァル（Kameval）、ファストナハト（Fastnacht）やファシング（Fasching）とも呼ばれる。イタリア語でカルネヴァーレ（carneval）。フランス語でカルナヴァル（carnaval）、スロベニア語でプスト（pust）など。日本では、謝肉祭が訳語である。「カーニバル」の語源は俗ラテン語の「肉」を意味する語（carnen）と「取り除く」を意味する語（levare）に由来する。つまり「肉に別れを告げる宴」を意味する。ドイツ語で「断食の前夜」を意味するファストナハトは、この祭りが四旬節の断食の前に行われることに由来する。別の説には、古いゲルマン人の春の到来を喜ぶ祭りに由来するという。

　祭の期間は地域により異なるが多くは1週間であり、最終日はほとんどの場合火曜日（灰の水曜日の前日）である。

　英国の民俗学者、ジェームズ・フレイザーは著書「金枝篇」の中で、懺悔の火曜日や灰の水曜日に謝肉祭人形が焚殺される理由について、春の始まりに謝肉祭の疑似人格である人形を殺し、復活、再生後の豊穣を約束してもらうという予祝儀礼の意味があると指摘している。

●カリカンツァロイ

　19世紀ギリシアの来訪神。毎年、「十二夜」にギリシアでは、「カリカンツァロイ」と呼ばれる「恐ろしい化けモノ」が徘徊すると信じられていた。これは巨人で、身体も顔も真っ黒で、毛むくじゃら、腕と手は猿の腕と手で、目は赤く光っており、耳は山羊の耳をしている。口は大きく、その口からは血のように赤い舌が垂れさがっていて、2本の牙が口から生えている。爪は長く、猛禽のカギ爪。尻尾は長くて細い。足は山羊の足。ギリシア人はこの「恐ろしい化けモノ」はクリスマスから顕現節までの12日間だけ、この地上に出現する。それ以外は地下の世界に棲んでいると考えられている。

　ギリシアの北のテッサリア地方のポルタリアでは、この期間に古いマントを身につけ、扮装した男が衣服に鐘をつけ、カンテラを持って村の通りを歩きまわった。村人たちは「恐ろしい化けモノ」を村から追い祓うためにこのような行為を行った。

また少年たちは何人かでこの時期に服に鐘をつけ、仮面をつけ、狐の毛の房を手に持ち、歌を歌いながら、家を巡り歩いた。服装は自分たちが「恐ろしい化けモノ」にみえるような扮装をしていた。このギリシアの少年たちの習俗は日本の「小正月」の行事で少年たちが行う習俗と類似している。

●キェカタス

バルト海沿岸のラトビア共和国の仮面・仮装の来訪神行事。この行事は冬祭りの12月24日夕方から行われる。この日はラトビア人にとってはクリスマスではなく冬至の日にあたる。この行事では、熊、山羊、牛、魔女、小男などが登場する。熊は逞しい男性のシンボルで、冬眠から春を招く能力を持っているとされる。山羊は明るさのシンボルで、冬祭りに光をもたらす。牛は多産と豊穣のシンボル。魔女は人々に幸を与える存在。小男は道化の役を担い、背の低い女性が男装する。

仮面・仮装をした来訪神の「キェカタス」は熊を先頭に暗闇迫る雪道を歩いて家々をまわる。家では、「キェカタス」を歓待し、神と人間の交流が行われ、「キェカタス」は次の家へと向かう。

●鬼神（キシン、キジン、オニガミ）

普通、人の目ではとらえることのできない超人的な能力を持つ存在で、死後の霊魂や鬼、化け物などを指す。ミャオ族の鬼神観には、2種類ある。それは家の中に祀っている「祖霊」と戸口の外に棚を吊って祀る「鬼」である。共に「ヒャン」と呼ばれる。これは、日本の盆で、屋内の盆棚と戸外の餓鬼棚を設けるのと同義と考えられる。（「鬼」参照）

●クッ

朝鮮の「シャーマニズム」である巫俗（ふぞく）において「ムーダン（ムダン、巫堂）」と呼ばれる「シャーマン（職業的宗教者）」によって行われる儀礼、祭事。「ムダン」は「クッ」という神を憑依させ、お告げを行う祭儀を執り行う。朝鮮の土着の信仰として古代から現代に至るまで続いている。個人的な家についての「クッ」と集落単位での「別神クッ」に大別される。

慶尚南道の河回村（ハフェ）の「別神クッ（別神祭・ピョルシンクッ）」は、旧暦の小

正月に村の豊穣と厄祓いを願って行われる仮面戯。この仮面戯では、女神の来訪神が登場する。これは中国から伝承された都市の守護神・城隍神（じょうこうしん）の信仰と朝鮮半島の古くから存在していた山神の信仰が習合された独自の仮面戯である。1980年に国の重要無形文化財に指定された。

　この「別神クッ」で用いられている仮面は高麗中期と指定され、「切り顎（あご）」の形式になっている。この点、日本の雅楽面との類似点があり、仮面芸能史の上で貴重な仮面ともいえるものである。

　「クッ」は**神**、**人**、**巫覡**により構成される。土着の信仰として古代から現代まで続いている。

●クッケリ

　ブルガリア中部の薔薇の栽培の中心地カザンルックの「薔薇祭り」では、年末から3月上旬頃まで新春の予祝行事として仮面・仮装の来訪神「クッケリ」が鈴の音を響かせ、木刀をふりかざし登場する。「クッケリ」は仮面・仮装で農家の家々を訪れ、新春の祭りを行う。行事の内容は農耕の予祝、悪魔祓いなどである。「クッケリ」は古代のバルカン地方の伝説上の凶暴な神クックに由来する語で、クックの仮面をつけた者を指す。また、「クッケリ」の登場する新春の祭りのことも「クッケリ」と呼ばれる。

●クネヒト・ループレヒト

　ドイツでは、聖ニコラウスの日（12月6日）に聖ニコラウスと共に現われ、お祈りをしない悪い子を懲らしめるもの。「黒いサンタ・クロース」ともいわれている。

　「クネヒト」は「召使い」、「従者」などの意味で、「ループレヒト」は、一般的な男性名。伝統的な「クネヒト・ループレヒト」の姿は長い髭をもち、毛皮を着ているか、藁で身を覆っている。長い棒や袋などをもって現われることがあり、服には鈴などがつけられている。時には、顔を黒く塗り、老婆の服を着た男として現れることもある。

　「クネヒト・ループレヒト」は子どもにお祈りができるかと尋ね、「できない」と答えた悪い子どもには、袋で叩いたりして懲らしめる。ドイツ版の「ナマハゲ」ともいえる存在である。

●クランプス

　オーストリアの農村地帯、ミッテンドルフの村では、12月5日の夜、「ニコロシュピーレン」という新しい年を迎える仮面・仮装の悪魔祓いの行事が開催される。そこでは、恐ろしい仮面をつけ、羊の毛皮を着込み、大きな腰鈴を下げた悪魔の「クランプス（Krampus）」が鈴音を響かせ、叫び声をあげながら、村を走り回り、人々を箒で叩き、あらゆる悪を追い祓う。その意味で「クランプス」は善霊である。

　ヨーロッパ中部の民間伝承で、ドイツやオーストリア、ハンガリー、ルーマニアなどでクリスマスシーズンに聖ニコラウスに同行する行事で出現する。子どもを捕まえて親の言うことを聞くようにと諭す。

●クリスマス

　降誕祭。12月25日の「クリスマス（Christmas）」は「キリストのミサ」という意味で、古代ローマの宗教のひとつミトラ教にあるといわれている。このミトラ教では、ユリウス暦の12月25日は「不滅の太陽が生まれる日」とされ、太陽神ミトラを祝う冬至の祭りがあった。このミトラ教は皇帝ネロが「太陽王」と称するほど大きな影響を与え、冬至の日は国をあげての祝日であった。

　キリスト教では、こうした古代ローマなどの習慣を受け入れ、紀元4世紀にクリスマスを12月25日と定めたのである。

　クリスマスの前日の24日には、聖人伝説の中の聖ニコラウスがモデルになったサンタ・クロースは良い子に贈り物を与えてくれる来訪神だといえる。

●クレント（コラント）

　スロベニアの伝統的なプスト（謝肉祭）に登場する来訪神。プトゥイ、スティリアの「クレント（Kurent）」は広く知られた伝承で、「冬を追い払い、自然を目覚めさせ、豊作を祈る」といわれている。

　羊の毛皮を身につけ腰に鐘をさげ、顔全体を覆う仮面をつけ、足にも毛皮を巻きつけている。頭の飾りには2種類あり、牛の角をつけるものと鳥の羽根をつけるモノとがある。村から村へまわり、家々を訪れ、幸福をもたらすことから「クレント」は「ナマハゲ」のような「来訪神」であると想定できる。

クレントはほとんどの地域において集団で現れる。

●クロイセ

　クロイセはスイス・アペンツェル州のウルナッシュという小さな村で行われる、仮面行事に登場する新年の来訪神である。この神は福を招く神あるいは森の精霊、山の神といわれている。このクロイセは年の変わり目に森や山から人里に出現し、旧年の悪を追い払い、新年の福を招く神である。

　クロイセには、女性の衣装を身につけ、ビーズで作った半円上の大きなかぶりものと鈴をつけた「美しいクロイセ」、枯葉の衣を纏い、胸に鈴をつけ、豚や牛の歯、骨、角、毛皮などで作った恐ろしい仮面姿の「醜いクロイセ」、そして松かさ、どんぐり、かたつむりの殻など自然の材料で身を包み、顔をおおった「野生のクロイセ」の3種がいて、6人が1組になって、家々を訪ね歩く。クロイセは家を囲み、鈴を鳴らし、家族を呼び出し、ヨーデルを歌い、古い年の悪を追い払い、新年が平安で栄えるように祈る。家族はクロイセの訪問を喜び、「グレッグ」と呼ばれる香料入りの温かいワインを飲ませ、いくらかのお礼を渡す。このようにしてクロイセたちは家々を歩きまわる。

●ケルヌンノス

　ケルト神話の狩猟の神、冥府神。「ケルヌンノス（Cernunnos、Kernunnos）」は頭に2本の角を持っている。この角は牡鹿の角といわれている。この神はガリア（イタリア半島北部、フランス、ベルギー、スイス、オランダ、ドイツの一部地域）の人々に崇拝されている。

　ガリア語で"cernon"は「角」を意味する語である。また古いアイルランド語の"cern"も「角」をあらわしている。この神の名は「角のある男性的な霊」という意味を持つ。中世の教会では、山羊と同じように牡鹿の仮面・仮装は「サタン」（悪魔）を表現すると考えられているが、「牡鹿の角」は生命の樹とも考えられているのでそれは同時に「再生」のシンボルにもなっている。

　現在でもルーマニアやブルガリアのクリスマスの仮装パーティーでは、この「牡鹿」の仮装を見ることができる。

●サトゥルヌス

ローマ神話に登場する農耕神。その名は「種をまく者」を意味する。この神は農耕を初めて人間に伝え、ローマに黄金時代をもたらしたと信じられている。12月17日から24日までの7日間、この神を祀る「サトゥルナリア祭」が開催された。これはクリスマスの一起源かと思われる。またギリシア神話のクロノスと同一視される。

●サンタ・クロース

「サンタ・クロース（Sant Claus）」は12月24日のクリスマス・イブに良い子にプレゼントを持って訪れる人物で、キリスト教の聖人である。サンタ・クロースの起源は子どもたちの守護神で子どもたちに人気のある聖ニコラウスの伝説が基になっているといわれている。聖ニコラウスの行事は17世紀、新大陸に移民したオランダ人によって、アメリカに伝えられたといわれる。オランダ語の「シンタ・クラース」が訛って「サンタ・クロース」となり、アメリカ全土に広まり、やがて全世界に普及する。

●シヴァ神

ヒンドゥー教の神。「シヴァ」は「吉祥者」の意味。この神は神話では、慈悲深い面と恐ろしい面の二面性を有する。この二面性はギリシアのディオニュソスに通じる。アレクサンドロス大王の時代の文献には、「シヴァ」は「インドのディオニュソス」と呼ばれている。

また日本の七福神の中の大国天は、「シヴァ」から発展した神格であると考えられている。

「シヴァ」は多くの異名を持ち、創造、再生、破壊を司る。この「シヴァ」の神はインド、ネパール、スリランカなど全土で信仰されている。

●四旬節（シジュンセツ）

四旬節はカトリック教会などにおいて復活祭（イースター）の前の日曜日を除く40日間をいう。聖公会では、「大斎節」と呼び、プロテスタントの教派では、「受難節」と呼ぶこともある。正教会では、「大斎」に相当する。ラテン語で、四旬節は「40番目」を意味する「クアドラゲシマ（Quadragesima）」

という語であらわされている。「40」という数字は『旧約聖書』では、特別な準備期間をあらわす数字だった。「四旬節」の語源となる「クアドラゲシマ」は、元来は教会で復活祭を前に行っていた断食のことを指している。

英語では、一般的に「レント（Lent）」という語が用いられているが、この語はゲルマン語の「春」をあらわす語に由来している。春には、食事を質素なものにしたことから、断食に通じている。「四旬節」は基本的に節制の精神で自分を振り返る期間なのである。

●自然神

天候などの自然現象を司る霊的な神霊もしくは精霊。中国四川省涼山に住むイ族は、独特の「ピモ（宗教職能者）」と呼ばれる巫師の信仰を伝える民族として知られている。彼らは、神を「人神」と「自然神」の2つのタイプに分類する。「人神」は**祖先の神（祖霊）**を指し、「自然神」は「天神」、「地神」、「山神（山の精）」、「水神（水の精）」などの「自然霊」を指す。（「ピモ」参照）

●シャープ

オーストリアの農村地帯のミッテンドルフの村では、12月5日の夜、「ニコロシュピーレン」という仮面・仮装の行事が開催される。そこには、麦藁で全身を包み、ムチを打ち鳴らす「シャープ」という精霊が登場する。村の人々は麦藁には穀物霊が宿ると信じている。これは、古くからの農耕儀礼の名残である。「シャープ」は祭りの最初に村に出現し、ムチを打ち鳴らし、村を清める。この精霊は先払いの役割を果たしている。（「クランプス」参照）

●ジャディ・スミングスン（祖先）

ポーランドのマウォポルスカ県ドブラでは、復活祭（イースター）の翌日の月曜日に「ジャディ・スミングスン」と呼ばれる一団が通りを行進する。この一団は祖先を表象しているといわれている。手には、作り物の「水鉄砲」と水の入った桶を持ち、通りすがりの人に水をかける。特に未婚の若い女性が標的となる。一般的に水は復活祭に関連した行事で重要な役割を果たす。

ポーランドでは、中世の文献に復活祭の翌日の月曜日にびしょ濡れになることについての記録があり、「スミングス・ディングス（Smingus-dings）」と

記されている。「びしょ濡れの月曜日」という意味である。

　女性に水をかけることには意味がある。この行為は悪霊を追い払い、女性の多産と大地の豊穣をもたらすと考えられている。日本の来訪神行事である宮城県登米市の「米川の水かぶり」の水にも、同じような意味があると想定できる。

●シャドゥ

　影のようなもの。幽霊。人間の影のような真っ黒な姿をしたものを「シャドーピープル（shadow people）」または「シャドーマン（shadow man）」という。アメリカなど世界各地で目撃されたという報告が伝えられている。

●シャナルト

　中国四川省平武などの海抜2000〜3000メートルの峡谷地帯に居住し、白馬語を話す民族、白馬チベット族（ベマチベット人）は、万物に霊を認める原始宗教を信仰している。これらの神々の最高位の山神で別名「白馬爺さん」と呼ばれている神のこと。毎年、旧暦12月30日から正月15日の期間、「山神」を祀るため、祭壇をしつらえ、線香や紙銭を供える。祭りの最終日15日にはこれらの供え物、祭壇を山の麓まで運んで焼く。そして、山神が厄を祓い1年間の豊作などをもたらしてくれるよう祈願する。この期間には、「十二相」と呼ばれる魔除けの仮面をかぶった仮面踊りが奉納される。各村はそれぞれ固有の山神を信仰しており、シャナルトはそれらの総合神である。

　多くはチベット仏教を信仰せず、チベット族とは異なる宗教観を持つ。

●十二夜（十二燻夜・ジュウニヤ、ジュウニイブシヤ）

　古い年から新しい年へ移る頃、12月26日から1月6日の「エピファニー（公現節）までの期間を指す。年変わりのこの時期は、「クランプス」などの多くの悪魔、悪霊が暴れまわるので、悪霊から逃れるために酢漬けのキャベツを食べたり、家や家畜小屋を煙でいぶしたりする。そこから「十二燻夜」ともいわれる。（「ラウネヘテ」参照）

●シュトローベア（藁の熊）

　ドイツ、バーデン＝ヴェルテンベルク州、エヴァッティンゲンでは、「シェトローベア」と呼ばれる藁の熊が登場する。この来訪神の衣装は、天然のラフィア（ヤシ科の植物）を束にして仕立てたものである。熊の来訪神はヨーロッパ全土で見受けられるが、特にオーストリアやアルプスなどの山岳地帯でよく見かける。衣装は、家畜の毛皮や草、麦藁、豆の蔓などの植物で作られている。大抵、熊は熊使いの男と一緒に来訪する。熊は、一般的に11月前半の聖マルティヌスの日に冬眠のために穴籠りするといわれている。また2月1日、2日の夜、復活祭の到来を告げる冬の月が夜空に現れると、熊が穴から出ると神話ではいわれている。このように冬眠から目が覚めた熊は春の到来を告げる存在であり、春の神として現れる。

　スロバキア、リプトフ地方ルジョムベロクの「メドヴェド」、ドイツ、バーデン＝ヴェルテンベルク州のエンフィンゲンの「ライズィヒベア（柴の熊）」、「エルプセンベア（豆の熊）」ルーマニア、バカウ県パランカの「ウルスル」なども春の到来を告げる来訪神として知られている。

●シュトローマン（藁男）

　ドイツのライブフェルディンゲンでは、カーニバルに「シュトローマン」と呼ばれる藁男が登場する。藁男の扮装はカーニバルに携わる人々が10月に集まって作る。使われるのは大鎌で刈って干し、殻竿で打ったオート麦の藁で、筵に編んでから縫い合わせて衣裳にする。この藁男は日本の佐賀県佐賀市蓮池町の見島地区で毎年2月第2土曜日の晩に行われる「カセドリ」の扮装に類似している。「藁男」は「カセドリ」と同様に悪霊を退散させる目的で行われる。（「カセドリ」参照）

●シルバチカリ、シルバチカリチ（年神）

　ブルガリア、ベルニク州の地方では、かつて聖バシリウスの日だった1月13日に「シルバチカリ」という来訪神が現れる。この日は、昔、ユリウス暦で正教会の新年にあたる。「シルバチカリ」という名は「新年」を意味する「シルバ」に由来している。この「シルバチカリ」は、村人たちに繁栄をもたらすと信じられている。厳粛で、ある種の神性を持った行事である。

ブルガリアのガブロフ・ドル村では、1月13日の夜更けに焚火のまわりで仮面・仮装の行事が始まる。翌日、「シルバチカリ」は家々をまわって、住民たちに新年の幸福を祈る。この村の「シルバチカリ」の仮面は「リコーヴェ」とも呼ばれている。鳥の翼、毛皮、羽根、動物の剥製、小さな鏡などを飾りつけた帽子が特徴的である。体には、様々なひも状の布におおわれたブラウスとズボンを着用する。

　またブルガリアのバニシテの「シルバチカリ」は、ラフィアの繊維で作った衣裳をまとい、角をつけた仮面か、革や鳥の羽根で飾った丈の高い仮面をつける。仮面の形は村によって様々である。

　レスコヴェツの「シルバチカリ」は毛皮をまとって2本の角をつけている。この地区では、「シルバチカリ」の角を特に重要視している。突き出した顎には数本の牙もつけられている。

●スピリット（精霊）

　「息、魂」などを意味するラテン語「spiritus」に由来する語で、ヘブライ語の「ルーアハ」に相当する。精霊、妖精、妖怪、幽霊、聖霊、悪霊など超自然的な存在を指す。自然界には、草木、動物などの生物や無生物など万物に霊が宿っているアニミズムという精霊崇拝信仰に基づくもの。来訪神の思想の基盤には人々のこうした「スピリット」に対する信仰心が存在する。

●聖ニコラウス

　聖ニコラウスは、のちにサンタ・クロースと呼ばれ、世界中で知られるようになるが、ドイツ、オーストリア、スイスなどでは、この聖ニコラウスを祝う行事は「聖ニコラウス祭」として12月6日に盛大に行われる。この「聖ニコラウス祭」は聖人と結びついた行事だが、アルプスの山岳地帯では、異教時代の風習が残った祭りが現在でも行われている。例えば、オーストリアのミッテンドルフという村では、12月5日、「ニコロシュピーレン」と呼ばれる仮面行事が行われる。そこには、麦藁で全身を包み、鞭を打ち鳴らす「シャープ」と呼ばれる仮装した者がどこからともなく出現する。

●聖マルチン祭

聖マルティヌスを記念する日。（「聖マルティヌス」参照）

ヨーロッパでは、11月11日の聖マルチン祭をもって冬の始まりとされる。この日は収穫祭が行われる日であり、農民が1年を締めくくる日である。前日の10日の晩には、子どもたちが提灯に火を灯して光の行列を作り、プレゼントを大人たちにねだったりする風習がある。こうした聖マルチン祭の諸行事には、翌年の春の予祝的な意味が濃厚に込められている。

●聖マルティヌス

ローマ帝国の属州パンノニア（ハンガリー地方）に護民官の子として生まれた。ヨーロッパ生れのマルティン（マルチン）はフランク王国においてキリスト教の伝道普及に努め、初めて修道院を建て、祈りと瞑想の修道生活を確立したことなどで、ヨーロッパにおける最初の聖人となった。11月11日は、この聖マルティヌス（マルチン）を記念する日。

●ダイモーン

古代ギリシアおよびヘレニズムにおける神話・宗教・哲学に登場する人間と神々の中間に位置する超自然的な存在。「精霊」や「鬼神」などを意味する。「ダイモーン（daimon）」と呼ばれる「精霊」や「鬼神」などは、来訪神として村や町の「まつり」や「カーニバル」などに登場する。

●チェゲッテ（ロイチェゲッテ）

スイスのヴァレー州レッチェンタールでは、2月3日から灰の水曜日まで行われる行事に来訪神と考えられる「チェゲッテ」が出現する。「チェゲッテ」は、村の男性が木で彫った恐ろしい形相の仮面をつけ、ヤギや羊の毛皮をかぶって扮する怪物の様な姿をしている。

この「チェゲッテ」については諸説あるが、一説には、「生者を罰したり、報いたりするためにこの世に戻ってきた祖先を象徴したもの」といわれている。ヨーロッパの来訪神には、祖先を象徴したものが多い。20世紀の半ばまで「チェゲッテ」に扮することができたのは、独身の男性だけであったが、現在は子共も大人も「チェゲッテ」になって、村人たちを怖がらせることが

できる。

●チガヤ（茅）信仰

茅はイネ科の植物。中国の江南の稲作民のミャオ族には、「茅信仰」が顕著に認められる。日本でも古くから尖った葉が邪気を防ぐと信じられていて魔除けとしても用いられた。

現在、来訪神の多くは藁で草装するが、本来は茅で草装したと考えられる。

「茅信仰」は現在、ミャオ族は貴州省を中心に湖南、湖北、広西チワ族自治区に広く分布している。

●チャプセク（雑色）

韓国の農村で行われる伝統的な民俗音楽「農楽（ノンアク）」には、仮面をかぶっておどけたりする道化役・「チャプセク」（雑色）が登場する。

●ツェルチ

チェコ共和国の来訪神。プラハでは、12月5日は聖ニコラウスの日。この日の夜に聖ニコラウスに付き従って天使、スマルト（死）、ラウフル（跳躍者）と共にツェルチ（悪魔）が家々を訪れる。ツェルチの姿は地域により異なるが、一般的には黒っぽい毛皮を着ていて、口から長い舌の垂れた角が2本ある仮面をかぶっているのが特徴的。手には鋤と悪い者たちを地獄へ連れ帰るための袋を持って子どもたちを恐がらせる。よい子どもにはお菓子を与え、悪い子には、石炭やジャガイモを与える。「ツェルチ」は「プラハのナマハゲ」といわれる。

●ツォゲ（曹・大鬼）

中国の四川省と甘粛省に住む白馬チベット族の来訪神。山の神。春節や旧暦4月の山神祭りでは、「ピモ」と呼ばれる宗教者が経文を唱え、山羊を犠牲にし、五穀豊穣や駆邪を祈る。白馬チベット族は言語・風俗においては、いわゆるチベット族とは異なり、むしろチャン族に近い。

●ツオタイジー（撮泰吉）

　中国貴州省の背骨をなす山岳地帯の村には、イ族の正月儀礼「撮泰吉<ruby>つおたいじー</ruby>」と呼ばれる芸能が伝えられている。これは普通、13人で演じられる。6人が登場人物に扮し、3人が獅子を演じ、2人が牛となり、残りの2人が銅鑼を叩き、シンバルを打つ。全体は祭祀、農耕儀礼、獅子舞、厄祓いの4部からなる。ここに登場する5人の老人は、明らかにイ族の祖先神である。この中国の貴州省のイ族の正月儀礼では、季節に来訪する神の原型が祖神であることを明確に示している。（「アダモ」参照）

●ディオニュソス

　ディオニュソスは古代ギリシアの葡萄酒の神であり、演劇の神。この神は冬に外からギリシアの村々を訪問すると信じられている神で、その祭礼は、どれも外からやってくる来訪神のディオニュソスを迎えるための祭りである。アテネで行われたこの神の祭りは、冬から春の初めにかけての時期に集中している。

　まず11月の終わりから12月の初めに田舎のディオニソス祭が行われその後、1ヶ月後にレナイア祭が行われ、アンテステリア祭が1月の初めに行われた。そして最後に大ディオニュソス祭が2月の終わりに行われる。この時期は、現在、ヨーロッパの至るところで来訪神を迎える祭りが行われる時期と重なる。西洋古典学者の吉田敦彦は、古代ギリシア神話に登場するディオニュソスと日本神話に登場する須佐之男命<ruby>すさのおのみこと</ruby>とは大変共通するところがあると指摘。共に「来訪神としての性格を持っている」としている。

●デーモン

　ギリシア神話では、半神半人。ギリシア語の「ダイモーン（daimon）」を語源とする。キリスト教では、「デーモン（demon）」は邪悪な悪魔を意味するが、古代ギリシアの「ダイモーン」は「精霊」や「鬼神」を意味する超自然な存在である。（「ダイモーン」参照）

●テルフス・ヴィルダー

　オーストリア西部に位置するチロル州のテルフスでは5年に1度、1月ある

いは2月の日曜日に「シュライヒャーラウフェン」と呼ばれるテルフスのカーニバルで仮面行列が開催される。

　その仮面行列には、「ヴィルダー」と呼ばれる来訪神が登場する。ドイツ語で「ヴィルダーマン」、英語で「ワイルドマン」、フランス語では、「オム・ソヴァージュ」と呼ばれる「ヴィルダー」は伝説では、1匹の熊と1人の人間の女性が結ばれ、その間に生まれた息子だといわれており、「超人」的な存在である。ヨーロッパの伝説では、**異類婚**で生まれた者を先祖としていることが多い。「ヴィルダー」は動物の毛皮などを身にまとい、仮面をつけて登場する。仮面の代わりに顔を黒く塗ったり、藁帽子をかぶったりする場合もある。

　仮面には、「老人」、「悪魔」、「老婆」、「魔女」など人間を思わせる造型がされた仮面の他、動物の仮面が用いられる。

　ヨーロッパのカーニバルの仮面行列では、熊、山羊、鹿などの動物の仮面がよく用いられる。特に熊の仮面・仮装はヨーロッパ全体に広まっており、オーストリア、北ヨーロッパ、アルプスなどの山岳地方でよく見かける。熊は「春の神」として登場し、「ヴィルダー」と密接な関係をもつ存在である。

　また山羊の仮面・仮装はヨーロッパの東部に分布している。オーストリアでは、「ハーベルガイス」と呼ばれ、仮面のあごの部分が動かせる。聖ニコラウスのお供をする役として登場する。

　また牡鹿の仮面・仮装は、山羊の仮面・仮装と同じように考えられている。

　「ヴィルダー」の手には、木の枝でつくった杖やこん棒のようなものを持っている。時には、大きな鈴を腰にぶらさげ、動くたびに大きな音を立てる。伝統的に「ヴィルダー」になることができるのは男性である。

　このテルフスでは、「ヴィルダー」は「先祖の化身」とも「冬の悪魔と暗闇の化身」と考えられている。

　「ヴィルダー」に扮する者は顎（あご）の部分のない木製の仮面をかぶり、牛の尾、馬のたてがみや尾で作った髭（ひげ）をつけ、手には長い杖を持っている。このカーニバルは1890年以来、5年ごとに行われ、2020年の2月にも開催された。

●ドゥク・ドゥク

　ニュー・ブリテン島やニュー・アイルランド島の死者の霊。時を定めて海の彼方の国から来訪神として訪れる。「ドゥク・ドゥク」の祝祭は1月の初め

に行われる。この1ヶ月程前に長老は「ドック・ドック」の出現をあらかじめ集落の人々に知らせ、食べ物の用意をさせておく。出現の前日から女性たちは家の中に隠れ、外出しないようにする。「ドック・ドック」は海の彼方からやって来る来訪神と信じられており、島の男性たちは海岸に出て「ドック・ドック」を待ち受ける。しばらくすると、太鼓の音、歌の声が海上から聞こえ、それから間もなく、姿をあらわす。「ドック・ドック」は木舟の上に作られた壇の上に立って、叫び声をあげ、踊る。そして上陸すると、「ドック・ドック」は叫び声を発しながら、島中を横行する。島の長老たちは島の人々の供えた食べ物を「タライウ」と呼ばれる叢林の聖地に運ぶ。こうして「秘密結社」の入団式が始まる。

　文化人類学者の岡正雄は、ニュー・ブリテン島の「ドック・ドック」のような来訪神と、秋田県男鹿市の「ナマハゲ」や八重山諸島の「アカマタ・クロマタ」のような日本の来訪神との間に親縁性があると考えた。そして岡は集落の人々の祖先（祖霊）崇拝から「ドック・ドック」が死者の国から訪れるという宗教観念が生まれたと考えた。来訪神の文化の基盤をなす観念も、こうした海の彼方から時を定めて「祖霊」が死者の国から訪れるという宗教観念によって生まれたと考えられている。

●戸叩き

　カトリックでは、イエス・キリストの降誕を待ち望む期間を「アドベント」（待降祭）というが、その「アドベント」の木曜日ごと、あるいは、待降節の第3木曜日の夜に顔を隠し、変装した若者が村の家の戸や扉を叩いて歩き、クリスマスが近づいて来たことを知らせる習俗。

　木曜日はゲルマンの雷の神「ドナール（Donar）」の日で、「戸叩き」は雷鳴によって、天の意志を告知すると考えた古い習俗に基づく。雷が轟くのは、春の到来の兆しを意味する。この「戸叩き」の行事は、最初は男性が行っていたが、次第に子どもの行事となり、チェコと国境を接するバイエリッシャー・ウァルト地方では、子どもたちの門付けの行事になっている。この「戸叩き」はクリスマスあるいは新年の祝いの言葉を言って歩く子どもにパンやリンゴなどを恵む。

　日本の来訪神にも「コトコト」、「ホトホト」など来訪神の来意を告げると

される畳語の唱え言から来訪神名やその行事名がつけられているものがある。

●戸叩き薪

　「戸叩き」の日、「戸叩き薪」と称して薪に樅の若枝を添え、リボンを結び、こっそりプレゼントとして玄関や床に置いてゆく。このプレゼントの薪をクリスマスの夜に燃やし、キリストの誕生を祝う。

●トリックスター

　各国の神話の中で自然界の秩序を破り、物語を展開するもので、善と悪、破壊と生産など、異なる両面性を持っているものを「トリックスター（trickster）」という。往々にして、いたずら好きとして描かれている。シェイクスピアの喜劇『真夏の夜の夢』に登場する妖精パックは、トリックスターの典型。

　日本の神話では、須佐之男命、猿田彦がトリックスターの原型と考えられている。ナマハゲに代表される人神的来訪神の「マレビト」にも、トリックスターのもつ両面性が認められる。

●芦笙柱（トンカー）

　中国広西チワン族自治区大苗山のミャオ族は新年になると集落の中央広場に「楓香樹（楓と同じ。ミャオ族はこの樹から誕生したと信じられている）」から作った「芦笙柱」を立てる。すると、祖先神が家族で現われ、柱をまわり、若い女性の尻を杖で叩いて子授けの呪法をする。この祖先神の家族は来訪神と考えられる。

　また、この柱は中央に円孔のある石製の壇の真ん中に突き立てられており、子宝を願う女性はここに小石を並べる。ミャオ語では、芦笙は「カー」柱は「トン」といい、「芦笙柱」は「トンカー」という。

●ナハトイエーガー

　ゲルマン民族の「百鬼夜行」。夜に暴れまわるため「夜の狩人」と呼ばれている。首領はヴォータンであり、その配下には、ドラゴン、首なしの騎士、カラス、フクロウ、蛙、蜘蛛、ムカデ、コーボルト、アルプ、モースロイテ

などが叫び声をあげながら、ついて来る。伝説では、夜にこの百鬼夜行の「ナハトイエーガー」に遭遇したら、身を伏せて通り過ぎるのを待つか、3つの十字架を置けば助かるといわれている。

●ニッコロヴァイプル

　聖ニコラウスの妻。このニッコロヴァイプルは「ニッコロ行列」で先頭の「ブットマンドル」のうしろを、籠を手にさげ、聖ニコラウスを案内しながら、歩く。聖者に妻がいるはずがないが、原始ゲルマンでは、神は男神と女神の対で考えられていたことによるものである。

　神に対しても、このように男性的要素と女性的要素が不可欠と考えるのは、ゲルマンだけではないが、キリスト教の聖者にもこれを想定するところにゲルマンとキリスト教の習合が認められる。「ニッコロ行列」では、「ニッコロヴァイプル」は10歳から13歳ぐらいの少女がその役を演じている。このように聖者が女性と共に歩くのは、聖者に豊穣の力があることをあらわしている。

●ニッコロ行列

　現在もドイツ語文化圏内のカトリック信仰の地域には、白布をまとい、お伴のクランプスやループレヒトを連れて、子どものいる家を訪れ、恵みを施す聖ニコラウスの行事がある。この聖ニコラウスは子どもたちに 躾 などを厳しく戒め、教育する聖者である。このような聖者が登場する行事がオーストリアの山間部に残っている。オーストリア近くのドイツの保養地ベルヒテスガーデンでは、聖ニコラウスの祭りの夜、行列を作って町や村を歩く。これを「ニッコロ行列」という。子どもたちは聖ニコラウスに対して親しみを込めて「ニッコロ」と呼ぶ。

●ハーベルガイス

　一説には、ヤギをデフォルメした妖怪的な怪物ともいわれているが、白い髯の雄山羊の仮面をかぶり、白布で全身を包んでいる穀物霊である。聖ニコラウス行列で「ハーベルガイス」が、聖ニコラウスと一緒に歩くのは、農耕開始の告知の意味がある。

●パヒテル

　オーストリアの農村地帯のミッテンドルフの村では、12月5日の夜、「ニコロシュピーレン」という仮面・仮装の行事が開催される。その中に登場する「パヒテル」は不気味な仮面を身につけ、お菓子がいっぱい入った大きなかごを背負い、子どもたちに配る。

●バリーマン

　8月の第2金曜日にスコットランドのサウス・クィーンズフェリーのフェリー・フェアには、「バリーマン」と呼ばれる来訪神、草木の精霊が現われる。「バリーマン」については1687年に最初の記述がみられる。しかし、「バリーマン」はそれ以前のずっと昔からいると信じられている。

　この名前は扮装の材料に使われている「ゴボウ」（牛蒡）から来ている。スコットランド語で「ゴボウ」は「バー（barra）」という。伝承によれば、この仮装は「悪霊を脅かして追い払い、自然の再生と農作物の豊穣を象徴している」という。「バリーマン」は花で飾られた2本の杖をつき、その上に手を置いている。

　「バリーマン」は1日中、町を歩きまわるが、しゃべってはならない。「バリーマン」と一緒に家々をまわる子どもたちは、家々でお金を集めてまわる。

　スコットランドでは、「バリーマン」にウィスキーをふるまったり、お金を与えたりすれば、幸運がもたらされると考えられている。

●ハロウィン

　10月31日に行われる「ハロウィン（Halloween）」は古代ケルト人が起源と考えられる祭り。ケルト人の1年の終わりは10月31日である。この日は冬の始まりで、死者の霊たちが家族を訪ねて来ると信じられていた。「ハロイン」の語は「諸聖人たちの日」を意味するスコットランドの表現から来ている。元々は秋の収穫を祝い、悪霊などを追い出す宗教的な行事。現代では、アメリカの民間行事として行われている。カボチャの中身をくり抜いて「ジャック・オー・ランタン」を作り、子どもたちは魔女や悪魔、幽霊などの恐ろしい仮装をして家々を訪れる。

●ピィー信仰

主にタイ族が信仰する精霊信仰。「ピィー」とはタイ語で「精霊」などの霊を意味する語。「ピィー」には、善い「ピィー」と悪い「ピィー」がある。善い「ピィー」は祖先霊などをあらわし、悪い「ピィー」は「悪霊」や「餓鬼」などをあらわす。この信仰には、「マーキー」と呼ばれる「シャーマン」がいる。「ピィー」信仰は「マーキー」に憑依霊が憑依する憑依儀礼である。

ラオス北部山地のレンテン族は「ピィー」の祭りに正月の家で主人が木彫りの仮面をつけ、「ヒューコンクー」という仮面神になって祈る。この仮面は角が1本生えており、人間ではなく、異界のものであることを示す。

この仮面は家々をまわって来るシャーマンがつける場合もある。そして亡き父や母、祖父母の善い「ピィー」になって、悪い「ピィー」を追い出す。

●ピィモ

中国雲南省のイ族の巫師（シャーマン）。中国雲南省の少数民族・イ族は正月、家族が病気になった時、「ピィモ」と呼ばれる祭りをする。先祖霊を祀ると共に不幸な死に方をした者の霊を祀り、これらの霊を鎮めて家族の安泰を祈る。この時、「ピィモ」と呼ばれるシャーマンは藁を纏い草装の「鬼神」となる。「ピィモ」のそばには、高さ50センチぐらいのもうひとつの「鬼神」をあらわす小さい藁人形を置く。「ピィモ」はそれを叩いて、悪い霊を追い出す。

●ヒュスリ・シュネッケ

ファストナハト（謝肉祭）に入ると、仮面・仮装の人々が太鼓、笛、ヴァイオリンの一種のフィデルなどを弾き、奇声をあげて小路から姿を現す。

この一団に登場する「ヒュスリ・シュネッケ」は全身にかたつむりの殻を縫いつけたおどけ者。

●ファストナハト

ドイツ、スイス、オーストリアなどの」山岳地帯では、カーニバルは「ファストナハト」と呼ばれている。これは民間信仰に根ざしたもので、春の生長と実りの前夜を意味し、冬や死、あらゆる悪霊などを追放し、太陽の輝く、農作物の生長と実りをもたらす正義の神々を強めるための儀礼だった。厳し

い風土の中で飢えと寒さに怯えて生きていた農民たちは仮面・仮装して冬の悪魔と闘い、冬を追放し、冬を焼き殺す「火祭り」などを行ってきた。

バート・ヴァルゼーという町では各地の「ファストナハト」の合同仮面行列が行われ、5千人を越える仮面・仮装のグループが集まる。

ドイツ南部のバート・デュルハイムには、こうした「ファストナハト」の仮面や仮装を集めた博物館がある。

●フィプ

中国貴州省イ族の正月儀礼「ツオタイジー（撮泰吉）」に登場する来訪神。猿が歩くような異様な歩き方をする。（「ツオタイジー（撮泰吉）」、「アダモ」参照）

●フィングストル

エルツ山地はドイツとチェコの国境線となっている山地で、西端はベーマーヴァルト（ボヘミアの森）と交差している。

このベーマーヴァルト地方では、「フィングストル」という習俗がある。村の少年（あるいは若者）2人が森の奥に入って、「フィングストル」と呼ばれる森の精霊を迎えにゆき、村に連れて来る。この「フィングストル」は白樺の緑の枝を全身にまとい、樹の皮で作った仮面をかぶっている。村に連れてこられた「フィングストル」は村の家々を1軒ずつ訪ね、祝福を与える。訪問を受けた家の者は、この「フィングストル」に菓子、パン、果物などを感謝の気持ちを込めて差し出す。この行事はゲルマンの古い習俗に基づいて行われる。こうした精霊は、来訪神であると考えられる。

●ブショーヤーラーシュ

ハンガリー南部、ドナウ川の流れる街モハーチで、クロアチア人の一派とされる民族集団のショカツ人によって行われる、毎年恒例の祭事。

この祭には、「ブショー」と呼ばれるハンガリーの「ナマハゲ」ともいえる来訪神が登場する。「ブショー」は冬に別れを告げ、春の到来を知らせる「春来る鬼」ともいえる存在。毎年、「レント」と呼ばれる「四旬節」のはじまる「灰の水曜日」の前日まで続く「謝肉祭」の期間の最後の木曜日から翌週の火

曜日までの6日間開催される。

　「ブショーヤーラーシュ」の「ヤーラーシュ」はハンガリー語で「行進」の意味。「ブショーの行進」という意味で、これは「ブショー」と呼ばれる来訪神の練り歩きの祭りである。2009年には、ユネスコ無形文化遺産に登録されている。

　この行事の起源には、2つの伝承が伝えられている。

　モハーチは、1526年、ハンガリー軍がトルコ軍に大敗した「モハーチの戦い」で有名な地。この地の住民はオスマン帝国によるハンガリー支配下の時代に街を脱出し、付近の沼や森で、オスマン帝国の軍が街を通り過ぎるのを待ちながら過ごしていた。ある夜、住民たちが火を囲んで話している時、ショカツ人の老人が現れ、次のように告げた。

　「恐れるな。お前たちは、じきに家に帰れる日が来るだろう。その時まで戦いに備え、武器を持ち、恐ろしい仮面をかぶって待つのだ。嵐の夜に、覆面の騎士が来る。」

　老人は、こう話すと姿を消した。住民たちは老人の教えに従い、騎士を待っていると、数日後の嵐の夜にその騎士が現れ、恐ろしい仮面をかぶって、できるだけ大きな音を立てながら、モハーチに戻るように指示した。住人たちはこの指示に従った。嵐の夜、モハーチの街にやって来たオスマン帝国のトルコ人の兵士たちは大きな音と恐ろしい仮面の姿に恐れ、悪魔が襲って来たと思い、日の出前に街から逃げ出したと伝承されている。

　もうひとつの起源は、「ブショー」は「春来る鬼」そのものであるというもの。悪魔を思わせる仮面をかぶったこの来訪神は、オスマン帝国のトルコ人を脅かすために出現したのではなく、冬そのものを追い出し、春の到来を告げるために出現したものと伝承されている。

　「ブショー」の仮面は柳の木を彫って作られており、山羊または羊の角で飾られた悪魔のような鬼の仮面。しきたりによれば、仮面には、一部に動物の血が塗られていなければならないといわれている。この仮面を身につけ、「ブショー」は羊の皮などを着て出現する。「ブショー」は大きな「カウベル」（牛などの家畜の首につける金属製の鐘鈴）や、ガラガラと音を立てる「ラトル（rattle）」と呼ばれる振って音を出す打楽器などを身につけている。

　古い伝承では、旧市街地の対岸にある「モハーチ島からブショー（悪魔）

275

が小舟に乗ってやって来る」と伝えられている。この伝承に従い、「ブショー」は小舟で船着き場に着くと、出発点の「コーロー広場」に向かう。そして催しの中心となる「セーチェニー広場」では、モハーチの「ブショー」をはじめ、スロベニアやクロチアの「ブショー」が舞台で「ブショーダンス」などを披露し、観客を楽しませる。

また「ジェンケレ（jankeke)」と呼ばれる覆面姿の少年少女たちがこの祭りを盛り上げる。

この祭りのメイン・イベントは棺桶を冬に見立て、夜、火の中にこの棺桶を入れ、焼く場面である。この棺桶を焼く行為は冬との決別を意味し、冬の終わりを象徴している。

●ブットマンドル

春を告げるダイモーンの一種に、「ブットマンドル」と呼ばれる穀物霊がいる。麦藁で全身を包み、長い棒の先端にムチをつけ、それを夜の天空に振りまわす。頭には、1メートルにも及ぶ長い触覚をつけている。「ブットマンドル」は大地、天空、その他、すべての自然の精霊を目覚めさせ、悪い精霊を追い払い、春を告げ、次の年の豊穣を願って、村の家々を歩きまわる。

●ペール・ノエル

フランスの北部や東部では、「ペール・ノエル」というナマハゲのような存在が信じられている。悪い子にはムチを打ち、良い子にはプレゼントを配るという風習があった。そのため、一般的には杖を持った聖職者の姿が多いが、時には腰に鞭を差し、鬼のような姿で現れることもある二面性を持つ存在であった。

やがてこの「ペール・ノエル」が聖ニコラウスとなり、現在のようなサンタ・クロースが子どもにプレゼントを配るという形態になったのである。

●ヘクセファストナハト

謝肉祭の仮面・仮装の行列で中心的な存在は「ヘクセ」と呼ばれる魔女である。魔女たちは黒っぽい上着に赤いスカート、藁で編んだ靴を履き、前掛けをつけ、顔には太い眉の大きな赤鼻と大きな眼の年をとった魔女の仮面を

かぶり、手には棒や箒を持ち、赤いスカーフで頭を包んでいる。この魔女は町の男たちが変装して演じている。

　魔女たちは、町中を踊り狂い、「ファストナハトの火」と呼ばれる大きなかがり火を焚いている広場に集まる。このかがり火のところでは、腐った樹木や灌木などを燃やし、最後に藁人形を火の中に投げ込んで、魔女たちは歓声をあげる。この藁人形は冬と死を象徴する悪魔（デーモン）である。これを燃やすことがこのファストナハトの目的である。魔女たちは春をもたらす主役である。

●ペルツメール

　ドイツのバーデン＝ヴュルテンベルク州バート・ヘレンアルプのクリスマスには、藁男の伝統を受け継いだ「ベルツメール」と呼ばれる「ドイツのナマハゲ」が現れる。「ベルツメール」は親の言うことを聞かない子どもたちを叱り、樺の枝で鞭打ちの罰を与える。その扮装は編んだ藁を組みあげたものを衣服に直接、縫いつけたものである。

●ペルヒト

　「現われ」という意味のギリシア語の「エピファニア」が変容した語といわれているが、定説はない。「ペルヒト（Perchta）」は、しばしば女性的な精霊として民間信仰に現われる。時には、家畜を襲い、引き裂いてしまう。こうした野獣を引き裂いてしまう姿には、ギリシアのディオニュソスの姿が投影されているかもしれない。春の「ファストナハト」の祭りの時には、「ペルヒト」は「醜いペルヒト」と「美しいペルヒト」の2つの姿で「百鬼夜行」の行列に加わる。「醜いペルヒト」は生命の衰えた追い出すべき自然であり、「美しいペルヒト」は迎えるべき新しく若々しい生命力ある自然である。自然は冬になると、人間を脅かし、危害を加える存在となる。人間は「美しいペルヒト」の訪れを待ち、暖かい春の自然を取り戻すため、ひたすら神に願ったのである。

●ペルヒト走り

　ペルヒトには祖霊や死者の霊という観念があったが、やがて冬の自然とお

それをあらわすものとなり、各地には、これに関する習俗が各地に残っている。まず枯葉や薪を燻し、ペルヒトを家や村の外へ追い払う。「ペルヒト走り」とは、角や牙をついた恐ろしい奇怪な仮面をつけ、毛皮を身にまとった村の若者たちが叫び声あげて走っていくことをいう。

●芒嵩

　ミャオ族の来訪神。新年を祝う芦笙会に出現する。樹木のカズラなどで身体中を覆い、仮面をかぶった異形のモノ。それが、芦笙舞（ろしょうまい）の踊り手の中に出現する。ミャオ族の芦笙舞は2006年に国の無形文化遺産に指定された。

●ホルダ（ホレ）

　ゲルマン民族の豊穣の大地母神。ホレとも呼ばれる。「ホレ（Holle）」は、「覆う」とか「地下」の意味。このことから「ホレ」あるいは「ホルダ」は生命を育む大地母神的な存在であり、同時に死者を司るそんざいでもあったことが伺える。ヴォーデンと結びついて対となる。

●マオグース（毛古斯）

　中国の湖南省西部の少数民族のトゥチャ族では、来訪神を「マオグース」と呼ぶ。これは、トゥチャ族の語で「毛むくじゃらの祖先」という意味で、その装いには茅（ちがや）または稲藁（わら）が使用される。

　トゥチャ族の正月に演じる芸能に登場するマオグースは中国の来訪神の儀礼である。登場人物は全員、裸体の上を藁で覆い、頭には、やはり藁で細長い髷を作ってつける。大きな作り物の男根をぶら下げるのが特徴的である。

●マナ

　イギリスの文化人類学者ロバート・マレットが提唱した説によれば、非人格的な、超自然的な力を指す。元々はメラネシア語で「力」をあらわす語。「マナ（mana）」は人や物に付着し、その人や物に特別な力を与えるものとされる。このような起源をもつものを「アニマティズム」という。こうした「マナ」の観念は、メラネシア、ポリネシア、ミクロネシアに広く認められる。

●マホモ

　中国貴州省のイ族の正月儀礼「掃火星」という民俗行事の中で演じられる「撮泰吉（ツォタイジー）」に登場する黒い髭の面をつけた1200歳の人物。中国の来訪神。「撮泰吉（ツォタイジー）」は「人類変化の戯」または「変人戯」の意味。この地方一帯で流布している由来伝説を「変人戯」として表現したもの。この「変人戯」は日本の来訪神について考察する上で多くの示唆を与えてくれる。（「撮泰吉（ツォタイジー）」参照）

●マンガオ

　ミャオ族の人々は来訪神を「マンガオ」と呼ぶ。「マンガオ」はミャオ語で「古い祖先」を意味する。仮面は「祖霊」に変身する道具であり、稲藁で草装する。「マンガオ」は母、嫁、子の3人1組を基本として出現し、子孫に農耕の技術を教え、その繁栄を願う。

●メラネシアの仮面・仮装の来訪神

　メラネシアの諸島では、バンクス諸島のタマエ、ニュー・ブリテン島のドゥク・ドゥクなどに来訪神儀礼を中心とした秘密結社がある。（「ドゥク・ドゥク」参照）

●ユールボック

　スウェーデンで伝統的に作られている、藁でできた室内やテーブルに置くクリスマス飾り。

●ヨンドンハルマン

　慶尚道地方を中心とした韓国南部の農村や済州島で2月1日に風雨の神を迎える祭りの名称であり、その祭りで出現する風雨の神である来訪神の名称。
　「ヨンドンハルマン」は2月1日に天から降って来て、2月20日（あるいは15日）に帰るといわれている。この神は慶尚道では、一般的に老女と信じられており、娘を連れてきたり、嫁を連れて来たりする。娘を連れて来る年は娘の着物をなびかせて綺麗に見せるために風が吹くので、農作に悪く、嫁を連れて来る年はびしょぬれにして醜く見せるので、雨が降り、豊作になるとい

う。このように「母・子（娘・嫁）」の神の形をとって来訪する。「ヨンドンハルマン」は、現在、「風雨の神」としての性格が強調されているが、その本質は「穀物神的な天上の豊穣の女神」であるとみなされる。この「ヨンドンハルマン」は天上からこの世に豊穣をもたらすために毎年、時を定めて訪れる、穀神的な「マレビト」の来訪神であると捉えることができる。

「ヨンドンハルマン」とは異なる来訪神であるが、同時期に済州島では、古来より「ヨンドンソンマジ」という燃燈あるいは迎燈神の祭儀が行われている。「ヨンドン」とは、燃燈あるいは迎燈神という神の名前であり、「ソン」は「お客」、「マジ」は「迎える」という意味である。

この「ヨンドン」に対する盛大な祭儀が行われる。この祭りは「ヨンドンソンマジ」と呼ばれている。「ヨンドン」はこの神の名。「ソン」は「お客」の意味。したがって年に1度、2月の初旬の来訪客に対する祭りということになるが、済州島語の「ソン」は、まさに折口信夫のいう「客人（まろうど）」、「マレビト」のニュアンスに合った語である。

済州島の「ヨンドン」の神に対する伝承には、異伝もあるが、一般的には、この神は2月1日に島を訪れ、わかめ・あわび・さざえなど海女（あま）の採取物の種子を播いて、豊穣を与え、15日にまた海の彼方の聖域へ帰っていくと信じられている。

「ヨンドン」の神は海の彼方の聖域から時を定めて来訪し、この世に豊穣をもたらす「マレビト」であると捉えることができる。この来訪神は沖縄の「ニライ・カナイ」の来訪神と極めて類似している。

●ラウネヘテ（十二燻夜）

「燻し夜」をあらわす「ラウネヘテ」は、「燻す（rauchen）」ことに由来する語だが、「荒々しい」という意味の「ラウ（rauh）」という形容詞から生じたという説もある。クリスマスになると、8月、9月の頃、採集して日干しにした薬草を燻して悪霊や災いを追い出す習わしがある。

この季節には、毛皮をまとい、仮面をかぶり、妖怪や死者に扮して暴れたり、騒いだりするペルヒト走りなどが行われる。そのためラウネヘテは「怖ろしい騒ぎの夜」とも呼ばれている。

●ルガアプ

　中国貴州省イ族の正月儀礼「撮泰吉（ツォタイジー）」と呼ばれる芸能に登場する、面をかぶらない山林の老人。「ルガアプ」はイ族の祖先に文明を伝えたとされる猿人の最高神。イ族の語で「ルガアプ」は「森林上方の祖先」という意味。この「ルガアプ」は、4人の老人を率いて登場する。

●レループレヒト

　スイスの来訪神。聖ニコラウスの従者。レッチェンタールの仮面行列に登場。

●ロイチェクタ

　レッチェンタール渓谷のファストナハトには、山羊の毛皮を身にまとい、恐ろしい仮面をつけた「ロイチェクタ」が登場する。この仮面をつける者は男性に限られ、一言もしゃべってはならない。腰に大きな鈴をつけ、杖を手にし、唸り声をあげながら、村から村へ走りまわる。家々に入り、悪魔を追い出し、子どもたちを脅している。この「ロイチェクタ」は村人の想像した悪魔であり、同時に災いを追い払い、春の到来を促す神々でもあった。仮面は死者あるいは死霊や祖霊の象徴であった。また仮面は善と悪の両面を供えている。

●老虎笙（虎踊り）

　中国の雲南省のイ族に伝承される「老虎笙」は旧暦の1月8日から15日までの行事の中で行われる。黒いフェルト状の布で身体を覆い、大きな耳、長い尻尾をつけて虎の形に装った者たちが一団となって、各戸を巡り、悪鬼払いを行うと共に雄虎と雌虎が長い尾をくっつけあって交尾の態を演じる。この虎踊りの虎は、豊穣予祝的な演技をする一種の来訪神と想定できる。

●ロノ神

　「ロノ」はハワイの農業、豊穣を司る神で、農業に関連する気候や天気も司る神である。

　古代ハワイの最大行事といわれる収穫祭の「マカヒキ」の主神も「ロノ」

である。「マカヒキ」とは、ハワイの言葉で毎年10月中旬、昴が東の夜空に上がり始めた頃から4ヶ月間の季節のことをいう。ハワイは主に2つの季節に分かれるが、この期間は雨季の続く冬に相当する。

またこの期間は農業収穫の季節であるため、収穫の税を集める季節でもあった。税の徴収は、「ロノ」の神像がゆっくり時計まわりで島を巡っていくことによって行われた。

この収穫祭の時の「ロノ」は「ロノ・マクア」と呼ばれた。「父なるロノ」という意味である。この「父なるロノ」は農耕儀礼の神にして、マカヒキの季節にやってくるハワイの来訪神である。

●ワイルドマン

英語では、「ワイルドマン」、ドイツ語で「ヴィルダーマン」、フランス語では、「オム・ソヴァージュ」と呼ばれる来訪神は冬至、春分、夏至、12夜などの特定の日に開催される仮面の祭りに登場する。特に冬は人々が最も仮面の力を必要とする季節である。この時期に仮面・仮装の来訪神が世界各国の祭りに登場する。

ワイルドマン」は伝説では、1匹の熊と1人の人間の女性が結ばれ、その間に生まれた息子だといわれており、「超人」的な存在である。ヨーロッパの伝説では、**異類婚**で生まれた者を先祖としていることが多い。

「ワイルドマン」は動物の皮などを身にまとい、仮面をつけて登場する。仮面の代わりに顔を黒く塗ったり、藁帽子をかぶったりする場合もある。仮面には、「老人」、「悪魔」、「老婆」、「魔女」など人間を思わせる造型がされた仮面の他、動物の仮面が用いられる。

ヨーロッパのカーニバルで催される仮面行列では、熊、山羊、鹿などの動物の仮面がよく用いられる。特に熊の仮面・仮装はヨーロッパ全体に広まっており、特にオーストリア、北ヨーロッパ、アルプスなどの山岳地方でよく見かける。熊は「春の神」として登場し、「ワイルドマン」と密接な関係をもつ存在である。

また山羊の仮面・仮装はヨーロッパの東部に分布している。オーストリアでは、「ハーベルガイス」と呼ばれ、仮面のあごの部分が動かせる。聖ニコラウスのお供をする役として登場する。牡鹿の仮面・仮装は山羊の仮面・仮装

と同じように考えられている。

　「ワイルドマン」の手には、木の枝でつくった杖やこん棒のようなものを持っている。時には、大きな鈴を腰にぶらさげ、動くたびに大きな音を立てる。伝統的に「ワイルドマン」になることができるのは、男性である。

　さらに仮面・仮装の来訪神の伝統行事には「女性」の仮面・仮装をよくみかけるが、演じることができるのは、伝統的に男性である。こうした仮面・仮装の来訪神行事は、共感呪術を通して冬における**死**の再現と自然の**再生**を描いている。

付　録

▌全国　仮面・仮装の主な来訪神　行事一覧

旧暦で行われている行事には、日付の前に「旧」をふした。

※印は、国の重要無形民俗文化財に指定されているもの。

開催日が干支や節気、曜日により定められているものや、日取りが定まっていない行事は各月の末尾に示した。

開催日が変更されることもある。

【1月】

●※遊佐町の小正月行事　「アマハゲ」（女鹿：3日・滝ノ浦：1日・島崎：6日）

◎1日
●山形県飽海郡遊佐町吹浦　滝ノ浦の「アマハゲ」が開催。

◎2日
●※能登の行事「アマメハギ」
●石川県輪島市門前町の「能登のアマメハギ」が開催。
●石川県輪島市五十州の「能登のアマメハギ」が開催。
●石川県輪島市皆月の「能登のアマメハギ」が開催。

◎3日
●山形県飽海郡遊佐町吹浦　女鹿の「アマハゲ」が　開催。

◎6日
●山形県飽海郡遊佐町吹浦　鳥崎の「アマハゲ」が　開催。
●※石川県輪島市五十洲　能登の「アマメハギ」が開催。

◎旧7日

●※大分県豊後高田市　天念寺の修正鬼会が開催。

◎14日

●※能登の「アマメハギ」

●石川県輪島市輪島崎町の「アマメハギ」が開催。

●※長野県下伊那郡阿南町新野　雪祭が開催。

●※奈良県五條市　念仏寺の陀々堂の鬼走り（修正鬼）開催。

◎15日

●※岩手県大船渡市三陸町　吉浜の「スネカ」が開催。

●岩手県大船渡市三陸町　越喜来地区では、「タラジガネ」が開催。

●秋田県由梨郡象潟町小滝地区の「アマノハギ」が開催。

●秋田県秋田市豊岩の「ヤマハゲ」が開催。

◎20日

●※能登の「アマメハギ」

●石川県輪島市輪島崎町の「アマメハギ」が開催。

●※岩手県西磐井郡平泉町摩多羅神祭・毛越寺の延年が開催。

【2月】

◎3日　節分

●※能登の行事「アマメハギ」

●石川県鳳珠郡能登町　能登の「アマメハギ」が開催。

●福井県福井市国見地区の白浜では、「アマメン」が開催。

◎6日

●福井県福井市越廻地区の蒲生と茱崎の「アッポッチャ」が開催。

◎14日　初午
●※宮城県登米市東和町米川五日町　米川の「水かぶり」が開催。
●2月の第2土曜日佐賀県佐賀市蓮池町見島地区では、「見島のカセドリ」が開催。
●2月の第2金曜日・土曜日・日曜日の3日間、男鹿の真山神社で「ナマハゲ柴燈まつり」開催。

【3月】

●東大寺の「修二会」（3月1日〜14日）。もとは旧暦2月1日から始められたので「修二会」と呼ばれるようになった。正式な名称は「十一面悔過（けか）」。東大寺には、大観音と小観音があり、大観音の後戸に安置され、祀られているのが小観音。修二会では、7日に「小観音出御（しゅつぎょ）」と「小観音御入（ごにゅう）」が夕方から深夜にかけて行われる。この観音は補陀落から海を渡って来たと伝承される来訪神の様相が認められる。

【4月】

●※やすらい花　京都市北部の地域に伝わる春の祭。京都・今宮神社（第2日曜日）この祭りでは鬼の踊りがある。

【5月】

◎1日
●平泉　春の藤原祭
●※岩手県西磐井郡平泉町毛越寺の延年

【6月】

●八重山の「アカマタ・クロマタ」。八重山郡竹富町古見・小浜・新城・石垣市宮良では、旧暦6月の壬の日から3日間、「アカマタ・クロマタ」が開催。

●旧暦6月、壬の日から3日間、「プーリィ」と呼ばれる祭り。

【7月】

●旧暦　初亥　沖縄北部の「ウンガミ」。沖縄県国頭村にて開催。
●旧暦7月13日（迎え火）14日（中の日）15日（送り火）の旧盆に沖縄県の石垣島で「アンガマ」開催。
●旧暦7月16日、鹿児島県のトカラ列島の十島村悪石島で「ボゼ」の出る盆踊り開催。
●※塩谷湾の「ウンガミ」。沖縄県国頭郡大宜味村字田港・屋古・塩谷・白浜。

【8月】

●旧暦　8月1日、鹿児島県鹿児島郡三島村の硫黄島で「メンドン」が登場する行事が行われる。また竹島、黒島には、それぞれ八朔踊りが伝わり、独自の「メンドン」が現われる。竹島では、「タカメン」、黒島では、「オニメン」とそれぞれ呼ばれている。

【9月】

●旧暦　9月上旬　※宮古島のパーントゥ。沖縄県宮古島市島尻で「宮古島のパーントゥ」が開催。
●旧暦9月戊戌の夕刻、沖縄県石垣島・川平の節祭に2神1組で家々をまわる「マユンガナシ」の来訪神行事が開催。

【10月】

●旧暦10月、初丑の日より、宮古島市平良狩俣（ひららかりまた）では、「宮古島のウヤガン（祖神祭）」が開催。
●旧暦10月、子の日より、宮古島市平良島尻では、「宮古島のウヤガン（祖神祭）」が開催。

【11月】

◎1日
●平泉　秋の藤原祭　※毛越寺の延年。岩手県西磐井郡平泉町、中尊寺・毛越寺で開催。

◎3日
●マダラ鬼神祭。茨城県大和村の雨引観音（雨引山・楽法寺）で「マダラ鬼神祭」開催。
●11月～翌年3月　※花祭。愛知県北設楽郡設楽町・東栄町・豊根町で「花祭」開催。

【12月】

◎31日
●※男鹿の「ナマハゲ」。秋田県男鹿市の各集落（約90集落）で「ナマハゲ」の行事が開催。
●※甑島の「トシドン」。鹿児島県薩摩川内市下甑島町（4集落）で「トシドン」の行事が開催。
●能代の「ナゴメハギ」。秋田県能代市の「ナゴメハギ」の行事が開催。
●※宮古の「パーントゥ」。12月最後の丑の日、沖縄県宮古市野原で「パーントゥ」が開催。

主要参考文献

赤坂憲雄『岡本太郎の見た日本』（岩波書店、2007年）

男鹿のなまはげ保存伝承促進委員会編『なまはげシンポジウム　男鹿のなまはげ　その伝承と基盤を探る』（男鹿のなまはげ保存伝承促進委員会、1997年）

男鹿のなまはげ保存伝承促進委員会編『なまはげ研究紀要』（男鹿のなまはげ保存伝承促進委員会、1998年）

鳥海町教育委員会編『本海番楽－鳥海山麓に伝わる修験の舞－』（鳥海町教育委員会、2000年）

秋田県文化財保護協会男鹿支部編『男鹿（第5号）』（秋田県文化財保護協会男鹿支部、1999年）

秋田魁新報社編『秋田大百科事典』（秋田魁新報社、1981年）

秋田市編『秋田市史（第16巻）民俗編』（秋田市発行、2003年）

天野文雄『翁猿楽研究』（和泉書院、1995年）

アレキサンダー・スラヴィク（住谷一彦。クライナー・ヨーゼフ訳）『日本文化の古層』（未来社、1984年）

石井昭彦「来訪神祭祀の諸相－沖縄のウンジャミに関する比較考察」（村武精一・大胡欽一編『社会人類学からみた日本』河出書房新社、1993年、所収、91頁～109頁）

石川直樹『まれびと』（小学館、2019年）

稲　雄次『ナマハゲ』（秋田文化出版社、1985年）

稲　雄次『ナマハゲ　新版』（秋田文化出版、2005年）

伊藤幹治『稲作儀礼の研究日琉同祖論の再検討』（而立書房、1974年）

井上隆明編『秋田民俗事典』（秋田経済大学　雪国民俗研究所、1968年）

植田重雄『ヨーロッパの神と祭』（早稲田大学出版部、1995年）

植田重雄『ヨーロッパの祭と伝承　光と闇の習俗』（早稲田大学、1985年）

遠藤紀勝『仮面　ヨーロッパの祭りと年中行事』（社会思想社、1990年）

岡正雄著、大林太良編『岡正雄論文集　異人その他』（岩波書店、1994年）

大林太良『正月の来た道日本と中国の新春行事』（小学館、1992年）

大森惠子『年中行事と民俗芸能：但馬民族誌』、岩田書院、1998年、）

岡本太郎『沖縄文化論：忘れられた日本』（中央公論社、1972年）

岡本太郎・泉靖一・梅棹忠夫共編『世界の仮面と神像』(朝日新聞社、1970年)

岡本太郎写真・文、岡本敏子、飯沢耕太郎監修『岡本太郎の東北』(毎日新聞社、2002年)

表章『大和猿楽史参究』(岩波書店、2005年)

男鹿のナマハゲ保存会編『記録 男鹿のナマハゲ (第1集)』(1980年)

男鹿市教育委員会編『男鹿市の文化財 第9集 (五社堂特集)』(男鹿市教育委員会、1991年)

男鹿市・若美町編『記録 男鹿のナマハゲ (第2集)』(1981年)

男鹿市教育委員会・若美町教育委員会『記録 男鹿のナマハゲ (第3集)』(1982年)

沖縄県宮古郡上野村教育委員会編『上野村文化財調査報告書 第4集 宮古のパーントゥ 「野原のパーントゥ」調査報告書』(沖縄県宮古郡上野村教育委員会、1986年)

『沖縄文化財百科 (第3巻)』(那覇出版社、1988年)

小野重朗『南日本の民俗文化 (小野重朗著作集) 神々と信仰』、第2巻、(第一書房、1992年)

小野重朗『南日本の民俗文化 (小野重朗著作集) 祭りと芸能』、第4巻、(第一書房、1993年)

小野重朗『南日本の民俗文化 (小野重朗著作集) 南島の祭り』、第6巻、(第一書房、1994年)

折口信夫「春来る鬼」、『折口信夫全集』、第17巻、(中央公論社、1996年)

景山春樹『比叡山寺 その構造と諸問題』(同朋社、1978年)

景山春樹『神像 神々の心と形』(法政大学出版局、1979年)

鎌田幸男「男鹿のナマハゲの考察－柴燈祭事の視点から－」(秋田県男鹿市男鹿のなまはげ保存伝承促進委員会編『なまはげ研究紀要』、1998年、28頁〜55頁)

北上市立鬼の館編『小正月の訪問者：秋田のナマハゲ・三陸のスネカ：第7回企画展』(北上市立鬼の館、1997年)

国立歴史民俗博物館編『変身する 仮面と異装の精神史』(平凡社、1992年)

後藤淑『民間の仮面発掘と研究』(木耳社、1969年)

後藤淑『民間仮面史の基礎的研究』(錦正社、1995年)

後藤淑・廣田律子編『中国少数民族の仮面劇』（木耳社、1991年）

小林幸弘『国東半島の庚申塔』（大分合同エデュカル、2017年）

小松和彦『異人論』（青土社、1989年）

小松和彦『鬼と日本人』（KADOKAWA、2018年）

小松和彦編著『怪異の民俗④　鬼』（河出書房新社、2000年）

小松和彦『憑霊信仰論：妖怪研究への試み』（ありな書房、1984年）

ジェーン・エレン・ハリソン（佐々木理訳）『古代芸術と祭式』（筑摩書房、1964年）

小山隆秀「来訪する神々－青森県内の事例報告－」（『青森県立郷土館研究紀要』、第43号、2019年、所収）

シャルル・フレジェ『WILDER MANN：欧州の獣人－仮装する原始の名残』（青幻舎、2013年）

シャルル・フレジェ『YOKAI NO SHIMA：日本の祝祭－万物に宿る神々の仮装』（青幻舎、2016年）

ジャン＝ルイ・ベドゥアン『仮面の民俗学』（白水社、1963年）

島袋源七『山原の土俗』（郷土研究社、1929年）

下野敏見『カミとシャーマンと芸能：九州の民俗を探る』（八重岳書房、1984年）

下野敏見『ヤマト・琉球民俗の比較研究』（法政大学出版局、1989年）

下野敏見『日本列島の比較民俗学』（吉川弘文館、1994年）

下野敏見『民俗学から原日本を見る』（吉川弘文館、1999年）

菅江真澄「牡鹿の寒かぜ」（『菅江真澄集』、第1巻、所収、秋田叢書刊行会、1930年）

菅原信海『山王神道の研究』（春秋社、1992年）

菅原信海『日本思想と神仏習合』（春秋社、1996年）

菅原信海『神仏習合思想の研究』（春秋社、2005年）

菅原信海『日本仏教と神祇信仰』（春秋社、2007年）

鈴木正崇『神と仏の民俗』（吉川弘文館、2001年）

鈴木平十郎重孝『絹篩』（『新秋田叢書(4)』所収、歴史図書社、1971年）

須藤義人『マレビト芸能の発生：琉球と熊野を結ぶ神々』（芙蓉書房出版、2011年）

住谷一彦・クライナー・ヨーゼフ『南西諸島の神観念』（未来社、1977年）

諏訪春雄『日本の祭りと芸能：アジアからの視座』（吉川弘文館、1998年）

諏訪春雄『日中比較芸能史』（吉川弘文館、1994年）

諏訪春雄、川村湊編『訪れる神々：神・鬼・モノ・異人』（雄山閣出版、1998年）

諏訪春雄編『東アジアの神と祭り』（雄山閣出版、1998年）

平良市教育委員会編『島尻のパーントゥ調査報告書』（平良市教育委員会、1985年）

平辰彦「男鹿のナマハゲにおける仮面の源考：摩多羅神と外来芸能の影響をめぐって」（『民俗芸能研究』、第35号、2002年）

平辰彦「世界の＜鬼＞フェスティバルにおける比較研究：男鹿の＜ナマハゲ＞と＜鬼＞の観光アトラクションをめぐって」（『ノースアジア国際観光研究』、創刊号、2007年）

辰己衛治「キツネガエリ考」（『柴田実先生古稀記念日本文化史論叢』、柴田実先生古稀記念会、1976年、所収）

谷川健一『沖縄　辺境の時間と空間』（三一書房、1970年）

谷川健一『青と白の幻想』（三一書房、1979年）

谷川健一『南島のフォークロア　共同討議』（青土社、1984年）

谷川健一『南島文学発生論』（思潮社、1991年）

谷口幸男・遠藤紀勝『図説　ヨーロッパの祭り』（河出書房新書、1998年）

谷口幸男・遠藤紀勝『写真でみる西洋の仮面と祭り』（日本図書センター、2013年）

天王町教育委員会『天王町の文化財　第6集　ナマハゲ特集』（天王町教育委員会、1999年）

中沢新一『精霊の王』（講談社、2003年）

中野幡能『八幡信仰と修験道』（吉川弘文館、1998年）

日本海域文化研究所『ナマハゲ：その面と習俗（改訂版）』（日本海域文化研究所、2016年）

仲松弥秀『神と村』（梟社、1990年）

野間清六『日本仮面史』（藝文書院、1943年）

野本寛一編、筒江薫、谷阪智佳子、・岩城こよみ文『日本の心を伝える年中行

事事典』（岩崎書店、2013年）

芳賀日出男『ヨーロッパの古層の異人たち：祝祭と信仰』（東京書籍、2003年）

芳賀日出男『写真民俗学　東西の神々』（KADOKAWA、2017年）

萩原秀三郎『鬼の復権』（吉川弘文館、2004年）

萩原秀三郎『神樹：東アジアの柱立て』（小学館、2001年）

馬場あき子『鬼の研究』（三一書房、1971年）

浜本隆志編著『異界が口を開けるとき　来訪神のコスモロジー』（関西大学出版部、2010年）

浜本隆志・柏木治編著『ヨーロッパの祭りたち』（明石書店、2003年）

比嘉康雄『神々の古層③　遊行する祖霊神ウヤガン〔宮古島〕』（ニライ社、1991年）

比嘉康雄『神々の古層④　来訪する鬼　パーントゥ〔宮古島〕』（ニライ社、1990年）

比嘉康雄『神々の古層⑤　主婦が神になる刻イザイホー〔久高島〕』（ニライ社、1990年）

比嘉康雄『日本人の魂の原郷　沖縄久高島（集英社、2000年）

廣田律子『鬼の来た道：中国の仮面と祭り』（玉川大学出版部、1997年）

福田アジオ他編『日本民俗大辞典（上）』（吉川弘文館、1999年）

福田アジオ他編『日本民俗大辞典（下）』（吉川弘文館、2000年）

福島吉彦『中国の英傑3漢の武帝：雄才大略燃えて』』（集英社、1987年）

藤井裕之「来訪神慣行としてのキツネガエリ」（『関西大学博物館紀要』、6巻、所収、2000年）

保坂達雄・福原敏男・石垣悟『来訪神・仮面・仮装の神々』（岩田書院、2018年）

星野紘『歌垣と反閇の民族誌：中国に古代の歌舞を訪ねて』（創樹社、1996年）

星野紘・芳賀日出男監修、全日本郷土芸能協会編『日本の祭り文化事典』（東京書籍、2006年）

本田安次『沖縄の祭と芸能』（第一書房、1991年）

本田安次、萩原秀三郎『毛越寺の延年の舞』（毛越寺、1986年）

前田憲二『日本のまつり　どろんこ取材記』（造形社、1975年）

前田憲二『渡来の祭り渡来の芸能：朝鮮半島に源流を追う』（岩波書店、2003

年)

三隅治雄『祭りと神々の世界　日本演劇の源流』(日本放送出版協会、1979年)

三崎義泉「翁猿楽と摩多羅神をめぐる本覚思想について」(『池坊短期大学紀要』、第18号、1988年、5頁～31頁)

南江二郎『原始民俗仮面考』(地平社書房、1929年)

宮家準・鈴木正崇編『東アジアのシャーマニズムと民俗』(頸草書房、1994年)

宮田登『妖怪の民俗学：日本の見えない空間』(岩波書店、1985年)

宮本常一『民間暦』(講談社学術文庫、1985年)

門前町アマメハギ編集委員会編『重要無形民俗文化財　門前のアマメハギ』(石川県門前町教育委員会、1981年)

柳田國男『狐猿随筆』(岩波文庫版、2011年)

柳田國男『妖怪談義』(修道館、1957年)

柳田國男「をがさべり」(『定本　柳田國男集(2)』所収、筑摩書房、1978)

山内登貴夫『民俗の仮面』(鹿島研究所出版会、1967年)

山本ひろ子『変成譜：中世神仏習合の世界』(春秋社、1993年)

山本ひろ子『異神：中世日本の秘教的世界』(平凡社、1998年)

Yamamoto Yoshiko, The Namahage: A festival in the northeast of Japan, a publication of the institute for the study of human issues philadelphia, 1978.

吉田敦彦『鬼と悪魔の神話学』(青土社、2006年)

吉田三郎『男鹿寒風山麓農民手記』(アチックミューゼアム、1935年)

吉成直樹『琉球民俗の底流：古歌謡は何を語るか』(古今書院、2003年)

リチャード・シェクナー「地戯、ナマハゲと＜民俗芸能＞という問題」(たおフォーラム編『東アジアにおける民俗と芸能』、国際シンポジウム論文集、『東アジアにおける民俗と芸能』国際シンポジウム論文集刊行委員会、1995年、所収、13頁～20頁)

来訪神用語辞典索引

付録・主要参考文献・来訪神用語辞典索引

ナ

ニ

ネ

平　辰彦（たいら・たつひこ）

　昭和33年（1958）6月30日、東京都杉並区に生まれる。玉川大学文学部英米文学科卒業。同大学院修士課程（英文学専攻）修了後、早稲田大学大学院文学研究科修士課程（芸術学専攻）修了。明星大学大学院人文学研究科博士課程（英米文学専攻）修了。博士（英米文学）。日本演劇学会、民俗芸能学会、日本比較文学会、国際融合文化学会各会員。

　主著に『Shakespeare劇における幽霊―その演劇性の比較研究―』（学位論文）、編著に『撩乱女性川柳』（緑書房）、『十六世川柳　青田川柳作品集　牛のマンドリン』（あざみエージェント）など。桐朋学園大学短期大学部、文教大学女子短期大学部などの非常勤講師を経て秋田栄養短期大学准教授。現在、尚美学園大学で「舞台芸術」、「伝統芸能論」、「日本文化論」、「文学」などを担当。平和新聞「平和川柳」選者、東京川柳会主宰、18世 川柳宗家 平川柳として活動。

来訪神事典

2020年8月13日　初版発行　　2023年8月26日　3刷発行

著者　　　　　平　辰彦

編集　　　　　新紀元社 編集部
　　　　　　　上野明信

発行者　　　　福本皇祐
発行所　　　　株式会社新紀元社
　　　　　　　〒101-0054 東京都千代田区神田錦町 1-7
　　　　　　　錦町一丁目ビル 2F
　　　　　　　Tel 03-3219-0921　　Fax 03-3219-0922
　　　　　　　http://www.shinkigensha.co.jp/
　　　　　　　郵便振替　00110-4-27618
印刷・製本　　中央精版印刷株式会社

ISBN978-4-7753-1834-8
Printed in Japan